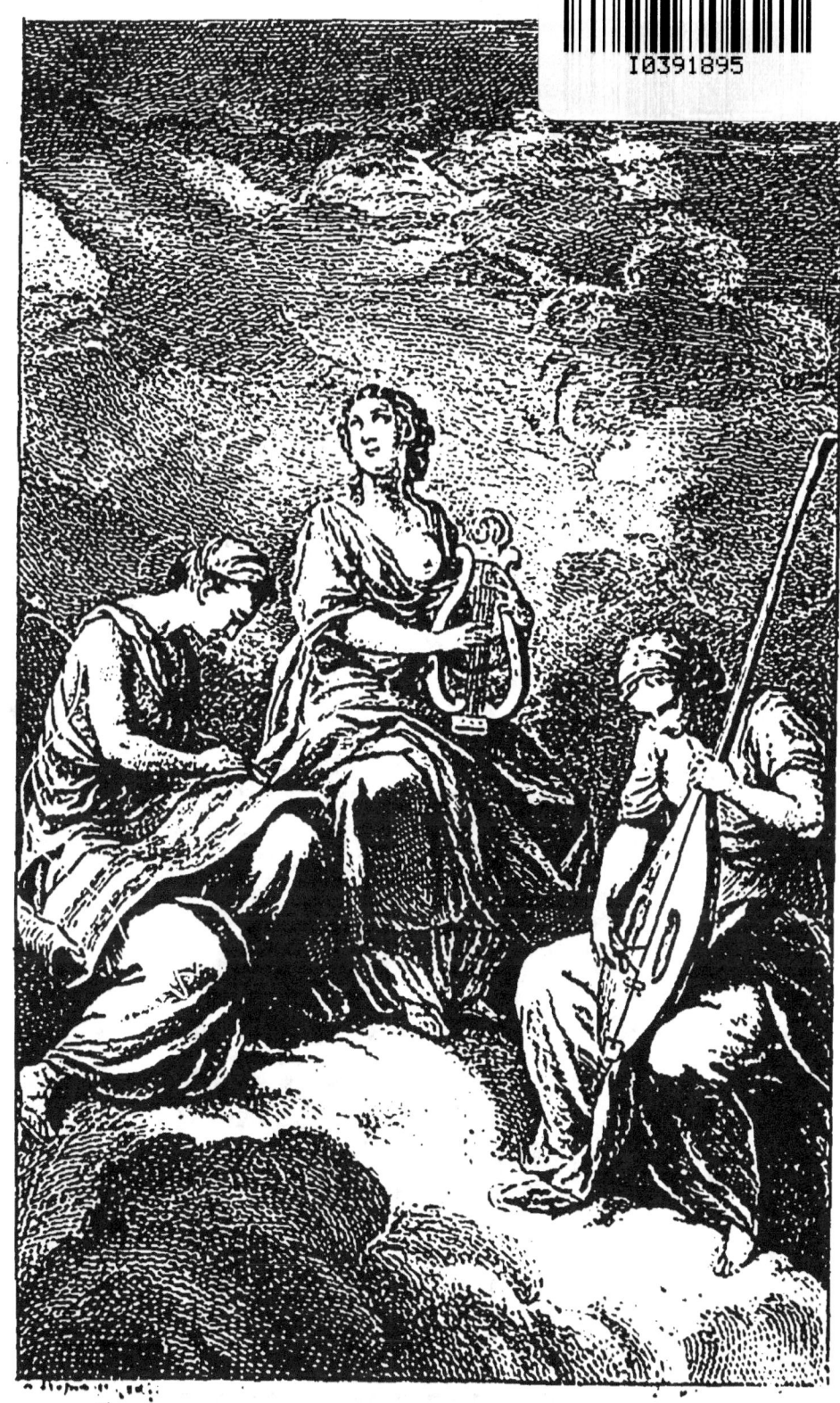

CODE

DE

MUSIQUE PRATIQUE,

OU

MÉTHODES

Pour apprendre la Musique, même à des aveugles, pour former la voix & l'oreille, pour la position de la main avec une méchanique des doigts sur le Clavecin & l'Orgue, pour l'Accompagnement sur tous les Instrumens qui en sont susceptibles, & pour le Prélude : Avec de Nouvelles Réflexions sur le Principe sonore.

Par M. RAMEAU.

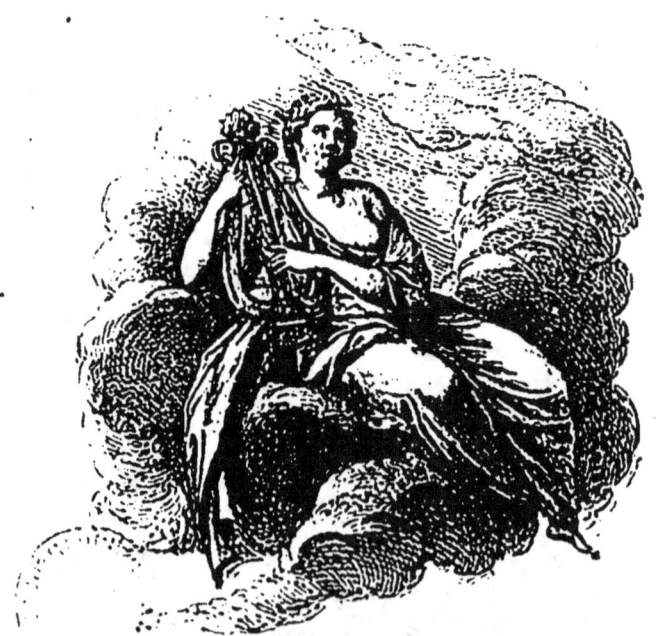

A PARIS,

DE L'IMPRIMERIE ROYALE.

M. DCCLX.

TABLE

des Chapitres contenus dans ce Volume.

CHAPITRE I.

Nouveau moyen d'apprendre à lire la Musique.

CHAPITRE II.

CHAPITRE III.

CHAPITRE IV.

CHAPITRE V.

CHAPITRE VIII.

CHAPITRE IX.

CHAPITRE X.

CHAPITRE XI.

CHAPITRE XII.

CHAPITRE XIII.

CHAPITRE XIV.

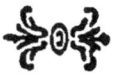

Fautes à corriger.

*P*AGE *33*, *ajoûtez à la fin du quatrième à linea :* Cette confonance eft toûjours ici la tierce, comme on doit le reconnoître par les trois lignes tirées d'une note à l'autre dans l'exemple B.

46, EXEMPLE C, *lifez* EXEMPLE G.

60, *Sixième à linea*, XIV*e*, *lifez* XVIII.*e* Leçon, *page 50.*

63, *A la fin de la neuvième ligne*, ce Ton régnant, *lifez* fon Ton régnant, qui eft le mineur de *mi : & fix lignes plus bas*, il y a le Ton régnant, *lifez* le premier Ton régnant.

98, *Deuxième ligne*, il y a tierce, *lifez* quarte, *& effacez la troifième ligne jufqu'à ces mots*, fe fauve, &c.

104, *Quatrième ligne du troifième à linea*, il y a feptième, *lifez* quinte.

106, Effacez le point & la virgule qui font à la fixième ligne du troifième *à linea*.

119, *Sixième ligne du cinquième à linea*, mineur, *lifez* majeur.

122, *Septième ligne*, première B. F. *lifez* B. F. du 3.*e* L.

128, Le dernier *c* qui renvoye à l'exemple, indique le dernier accord de la deuxième accolade.

131, Virgule *avant le mot* & *de la pénultième ligne du deuxième à linea*.

137, *Dernière ligne du premier à linea*, VI.*e* Moyen, *il y a* page 111, *lifez* articles XIV & XVII, pages 92, 93 & 96.

147, Supprimez la note (*1*).

175, *Dans la note* (*i*), *lifez feulement* de la page 58, *au lieu de ce qui fuit ces mots*, dernier à linea. L'origine du double emploi, dans les Nouvelles Réflexions, &c. m'a fait reconnoître qu'une dominante cenfée tonique, pouvoit defcendre fur la fous-dominante, portant fa *fixte ajoûtée*, & repréfentant pour lors, felon le cas, la fu-tonique dont elle porte la même harmonie.

217, *Première ligne*, retranchez le mot entre.

PLAN

PLAN DE L'OUVRAGE.

JE crois qu'il suffit d'expofer le Plan des fept Méthodes dont ce Code de Mufique eft compofé ; en y ajoûtant quelques légères réflexions, pour fatisfaire les Curieux fur les différens objets auxquels ils voudront s'appliquer, me réfervant néanmoins de m'étendre un peu plus (au cas qu'ils veuillent pouffer leurs vûes plus loin) fur les *Nouvelles Réflexions, &c* déduites à la fuite de ce Code.

La première de ces méthodes eft pour enfeigner la Mufique, même à des aveugles; il ne s'y agit que de la gamme ordinaire divifée en trois, l'une felon l'ufage, l'autre par tierces, & la dernière par quintes: ce n'eft qu'une affaire de mémoire dont on peut même amufer les enfans, jufqu'à ce que ces trois gammes leur foient bien préfentes à l'efprit dans tous les ordres fpécifiés, avant que de les occuper d'autre chofe, finon de les accoûtumer petit à petit à reconnoître dans l'objet, qui leur tiendra lieu des cinq lignes où fe placent les notes, les lignes & les milieux où doivent fe trouver celles qu'on leur nommera. On y recommande fur-tout d'Accompagner, avec une harmonie complette, tout ce qu'on fait chanter aux Commençans, & de leur enfeigner l'Accompagnement du Clavecin ou de l'Orgue, dès qu'ils pourront aifément reconnoître fur les cinq lignes où doit fe placer une telle note, soit à la tierce, à la quarte, &c. de celle d'où l'on partira: leur oreille s'accoûtumera insensiblement à sentir la différence des intervalles, & c'est l'unique moyen de les rendre promptement Musiciens. L'oreille se forme difficilement à chanter seul, même en duo; c'est l'ouvrage de l'Harmonie, qu'on ne s'y trompe pas, la Nature nous le dit assez par la résonnance du corps sonore.

Si le François se fût nourri d'Harmonie dès les premiers momens de son penchant pour la Musique, il seroit devenu Musicien comme les plus grands Maîtres, du moins par le même canal qui les a tous formés, c'est-à-dire, par l'oreille; ce qui suffit à qui ne veut que jouir: le Poëte sans doute en auroit profité, & connoîtroit mieux ce qui convient à l'Art.

La deuxième méthode donne la position de la main sur le Clavecin & sur l'Orgue, avec toutes ses dépendances, de sorte qu'elle y sert également pour les pièces & pour l'Accompagnement, même pour tous les arts d'exercice. Cette méthode se trouve ici placée pour servir à celles qui suivent.

La troisième méthode contient l'art de former la Voix, c'est-à-dire, qu'elle enseigne à tirer de la Voix les plus beaux sons dont elle est capable dans toute son étendue, d'où suivent les moyens d'augmenter cette étendue au delà des bornes qui paroissent d'abord naturelles, & d'arriver à toute la flexibilité nécessaire pour exécuter les plus grandes difficultés; méthode non encore usitée en France, où l'on se contente d'enseigner le goût du Chant, lorfque ce goût ne peut naitre que du fentiment qui ne fe communique point. Le défaut de connoiffance fait qu'on s'en tient au hafard, qui donne aux uns les facultés dont il s'agit, & les refufe aux autres. Plus on eft fenfible à la perfection, plus on fe preffe d'y arriver; alors le travail, la gêne, la torture, tout s'en mêle, de forte que plus on avance dans la courfe, plus on s'éloigne du but, parce qu'on a pris la mauvaife route : on perd un temps infini dans ce labyrinthe, on fe décourage à la fin ; & toute la confolation qu'on croit pouvoir en tirer, c'eft d'attribuer à la Nature des vices que de mauvaifes habitudes ont fait contracter, & qu'il feroit bien facile de réformer, fi l'on vouloit oublier qu'on a jamais chanté, pour rentrer tout de nouveau dans la carrière: il ne faut pour cela que *confiance, confiance & patience*, fur-tout *prendre la peine de n'en point prendre*; la grace en dépend; elle eft incompatible avec la gêne. On peut dire que les graces font filles de l'aifance, comme elles font compagnes de la beauté: & qu'eft-ce que la beauté, fi ce n'eft la perfection!

L'extrême étendue & la grande flexibilité des voix chez les Italiens, doivent certainement prévenir en faveur d'une méthode qu'on tient en partie d'eux; on y ajoûte feulement un moyen, par lequel toute perfonne d'une oreille fenfible pourra juger de la plus grande beauté du fon, puis un Accompagnement très-néceffaire pour entretenir les fons fur le même degré quand on les file, car il eft affez commun aux Commençans de les hauſſer en les enflant, & de les baiſſer en les diminuant. Cet Accompagnement pour le Clavecin ou l'Orgue ſe conçoit & s'apprend à la première lecture. En cela, comme dans tout le reſte, le moyen d'arriver prompte-ment eſt de ſe bien examiner dans toutes ſes opérations & de ne point ſe preſſer. Voyez marcher cet enfant au ſortir du berceau, ſe preſſe-t-il! hélas! il n'oſe encore, il ſent qu'il tomberoit; mais inſenſiblement ſa force augmente, ſes mouvemens ſe forment, ſon courage s'évertue, il arrive enfin à courir comme les autres ſans trop ſavoir comment. Voilà l'image & l'exemple de notre Élève en Muſique; il lui ſuffit d'être bien dirigé. Le progrès dans les arts marche comme l'aiguille d'une montre, elle avance toûjours ſans qu'on s'en aperçoive.

La quatrième méthode regarde l'Accompagnement du Clavecin ou de l'Orgue; elle eſt totalement établie ſur le plan que j'en ai donné en 1732, excepté que je l'ai ſoûmiſe aux chiffres en uſage, où les doigts d'un côté, & l'oreille de l'autre, préviennent toûjours à temps & à propos le jugement. Cette méthode ſemble être imaginée pour les Aveugles, comme il ſemble auſſi que la Nature ait prévû que la marche la plus naturelle aux doigts ſur le Clavier ſuivroit exactement l'ordre le plus régulier de l'harmonie. Cette marche eſt une pure mé-chanique, dont l'acquiſition peut ſe faire en moins de deux mois d'exercice, avec une main ſouple & toûjours obéiſſante au mouvement des doigts; ce qui demande toute l'attention poſſible: auſſi n'eſt-ce pas ſans raiſon qu'on a cru devoir s'étendre fur la pofition de la main, dont dépend le prompt fuccès. Par cette méchanique, bien-tôt les doigts prennent, pour ainfi dire, connoiffance du Clavier; connoiffance d'autant plus néceffaire, que l'œil doit toûjours être porté fur la Mufique qu'on Accompagne; connoiffance qui d'ailleurs nourrit l'oreille de toutes les routes harmoniques, pendant qu'elle préfente à l'efprit un exemple fidèle de toutes les règles dont il doit être inftruit; de forte que le jugement, l'oreille & les doigts d'intelligence concourent enfemble à procurer en peu de temps les perfections qu'on peut defirer en ce genre: telles font du moins les vûes de l'Auteur. Par exemple, fans regarder le Clavier ni les doigts, après les avoir arrangés pour un premier accord, on reconnoît fur le champ au feul tact, & la Baffe fondamentale, & la diffonance quand il y en a. Sans s'occuper des règles, toutes les marches poffibles s'exécutent dans leur jufte précifion & dans toute la promptitude néceffaire. Ces doigts *préparent* & *fauvent* toutes les diffonances comme d'eux-mêmes: connoît-on l'une des deux notes à la feconde, toûjours indiquées par ces chiffres, $\frac{4}{7}$, $\frac{4}{3}$, 7 ou 2, l'autre fe trouve fur le champ & tout l'accord enfemble, ne s'agiffant pour cela que d'arranger par tierces les doigts qui reftent, de quelque côté que ce foit, l'octave de la Baffe repréfentant partout la feconde de 7 & de 2, l'une au deffus, l'autre au deffous: le plus bas des deux doigts, à la feconde l'une de l'autre, defcend toûjours d'un demi-ton fur la

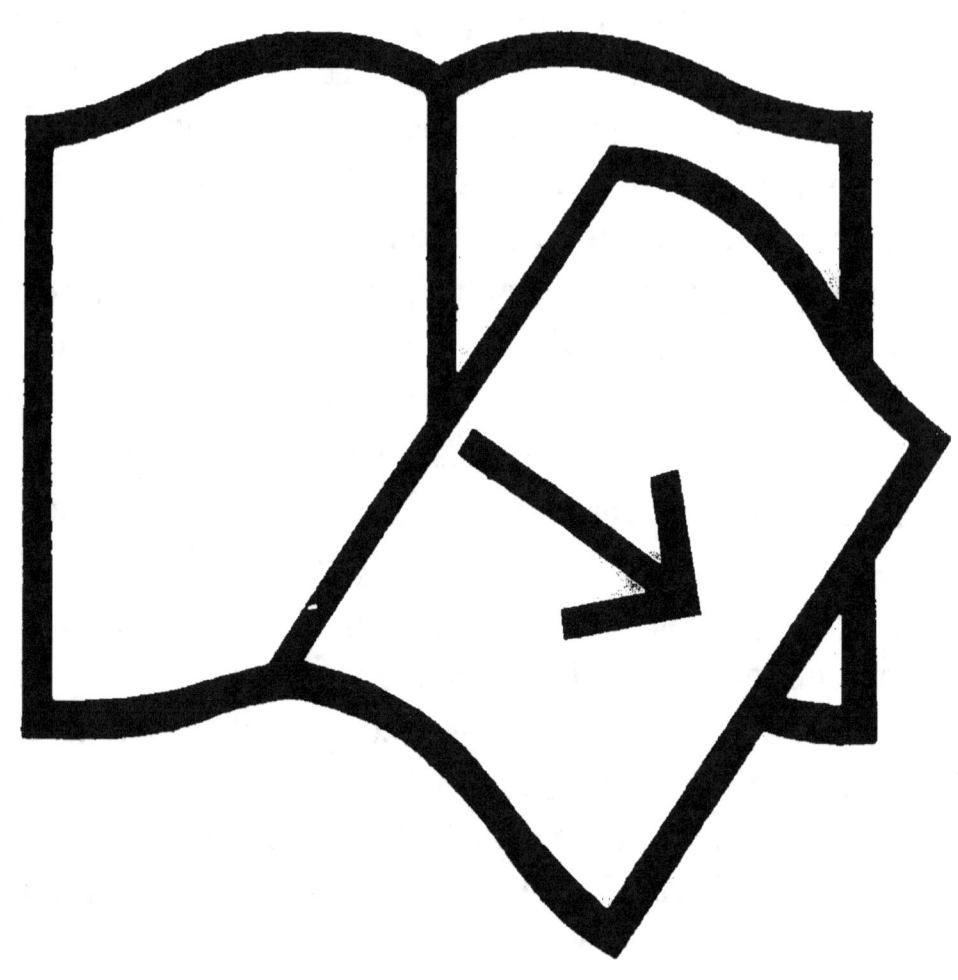

Documents manquants (pages, cahiers...)

NF Z 43-120-13

nous le faire continuer aussi long-temps que nous le
voudrons, même avec les variétés de modulations les
plus agréables. On s'explique d'ailleurs, dans la méthode,
sur les talens qui ne se donnent point, mais qui se développent à mesure que l'oreille se forme ; & pour cet
effet, il faut écouter souvent de la Musique de tous les
goûts. Embrasser un goût nationnal plustôt qu'un autre,
c'est prouver qu'on est encore bien novice dans l'Art.

On doit juger, sur le modèle de nos sensations en
Musique, c'est-à-dire, sur ce qui résulte de la Trompette
ou du Cor, quelle doit être notre aptitude pour la Composition : c'est pour lors qu'il faut se méfier de sa présomption. Sentir le fond d'harmonie sur lequel roulent
les Airs de Trompette, c'est déjà beaucoup, quoique
ce ne soit rien encore en comparaison de ce qu'il faut
sentir de plus. Quelle opinion avez-vous de l'Auteur
des Tymbales, qui donnent justement la Basse fondamentale de ces Airs en question ! on a pû l'en applaudir ;
mais en a-t-il été beaucoup plus avancé pour cela ! *Il a
fait de la prose sans le savoir,* si le bon mot de la comé-
die peut être hasardé sur un pareil sujet, & voilà tout.
Lisez Zarlino, *ce Prince des Musiciens* selon quelques-uns,
reconnoissez combien il étoit encore borné : voyez
toutes les méthodes de Composition & d'Accompagnement qui ont paru depuis, vous y trouverez bien
quelque chose de plus, mais non pas tout, à beaucoup
près. Or, s'il a pû échapper des connoissances, tant du côté
du jugement que du côté du sentiment, à des personnes
nourries

nourries dans l'Art, & qui ont cru pouvoir y donner des loix, jugez de ce qui doit vous manquer, à vous qui n'êtes guère plus avancé que l'Auteur des Tymbales, & qui voulez décider : cela vous suffit cependant pour entrer dans la carrière ; mais ne vous flattez pas trop. Savez-vous, ou sentez-vous, par exemple, dans quel *Ton* débute un Air, s'il est *majeur* ou *mineur ;* dans quel rapport est celui qui le suit, si ses phrases ont une longueur proportionnée à son rapport, quelles en sont les *cadences ,* dans quel moment il change ; distinguez-vous aisément un intervalle d'un autre ; sentez-vous la différence du *majeur* au *superflu ,* du *mineur* au *diminué ,* du demi-ton diatonique ou majeur, au demi-ton chromatique ou mineur, d'une quarte à la quinte, &c. Savez-vous seulement laquelle des deux vous entendez ! & vous voulez décider, encore une fois, sans pouvoir même juger si le défaut vient de l'exécution ou de la chose : attendez, vous êtes en chemin, mais un peu trop loin du but : vous trouverez de vous-même, par exemple, la Basse fondamentale de tous les repos d'un Chant *(a),* & ces repos se font souvent sentir de deux en deux mesures, du moins de quatre en quatre : n'est-ce pas déjà beaucoup ! insensiblement vous irez plus loin & vous arriverez. Souvenez-vous de l'aiguille d'une montre.

Les deux dernières méthodes, l'une pour Accompagner sans chiffres, l'autre pour le Prélude, tiennent tout des deux précédentes, dont il ne s'agit que d'expliquer

_____

(a) Nouveau Système de Musique, Chapitre X, *page 54.*

les principes ; relativement à leur objet. Trouver la
Baſſe fondamentale de tout Chant donné, doit certainement ſuppléer au chiffre, puiſque la Baſſe ſur laquelle
on diſtribue l'Harmonie eſt un Chant. Avoir toutes les
routes fondamentales ſous les doigts, par l'exercice qu'on
doit en avoir fait ſur les exemples qu'on en donne, il
y a là de quoi fournir au Prélude, dont la variété eſt
même aſſignée par les renverſemens poſſibles & connus ;
on ſuppoſe d'ailleurs une habitude acquiſe ſur le Clavier
par un exercice de différens Airs, d'où l'on tire mille
petits ricochets, plus agréables les uns que les autres,
pour l'ornement du Chant.

Par ces méthodes, on ſaura comment il faut enſei-
gner, & comment on doit l'être.

Il faudra ſéparer les exemples gravés du livre des
Méthodes, du moins lorſqu'il s'agira de l'Accompagnement, pour les placer ſur le pupitre d'un Clavecin pendant que les méthodes ſeront à côté, de façon qu'on
puiſſe aiſément jeter la vûe de côté & d'autre.

Les Curieux qui voudront paſſer de la pratique à la
théorie, ou de la théorie à la pratique, ne ſeront peut-
être pas fâchés de trouver, à la ſuite du Code, de
Nouvelles Réflexions ſur le principe ſonore: il y eſt queſtion, entr'autres, de deux découvertes, ſavoir, la proportion géométrique dans la réſonnance du corps ſonore,
& l'origine des diſſonances dans une quatrième proportionnelle. Quoique ce dernier moyen ſoit très-familier
au Géomètre, il a mieux aimé attribuer cette origine

à l'Art, que de porter plus loin ses vûes, rebuté apparemment de ses vaines recherches dans ce même Art. Comment a-t-on pû cependant attribuer à l'Art ce qui doit paroître avoir été naturellement inspiré presque de prime abord à tous les hommes, comme le prouve la gamme *ut ré mi fa, &c.* sur laquelle sont fondés tous les sistèmes de Musique, jusqu'à mon Traité de l'Harmonie, & dont l'ordre forme par-tout dissonance d'une note, ou d'un Son à l'autre.

Ces nouvelles Réflexions m'ont conduit à forgere un Histoire sur le compte du premier homme, où l'ordre que je lui fais tenir dans ses recherches, n'est autre que celui que j'ai tenu à peu près dans les miennes.

Cette histoire me conduit à son tour à l'origine des Sciences, où je compte arriver par une *Question décisive,* savoir laquelle de ces deux connoissances, celle de l'arithmétique ou celle des rapports harmoniques a dû conduire à l'autre!

Les nombres sont de simples signes, qui n'ont d'autres vertus que celle de représenter les rapports qu'ont entre eux les différens objets qui frappent nos sens; & comme il ne peut naître d'idées en nous que de ces différens objets, il ne s'agit donc plus que de connoître celui dont on a pû le plus facilement tirer les lumières dont nous sommes éclairés aujourd'hui. Les nombres sont les outils de l'Arithmétique, l'Arithmétique est celui de la Géométrie, & de la Géométrie nous obtenons les Sciences.

Toutes les Sciences ne sont point encore découvertes; le principe en est encore inconnu : l'Analyse, quoique elle doive immortaliser ses Auteurs, n'a pû nous faire pénétrer jusque-là. Ce principe nous est donné dans un phénomène dont la Nature a bien voulu nous faire part, en nous y prescrivant toutes ses loix primitives dans l'ordre de la synthèse. Qu'en penser ! si la Musique s'est refusée aux recherches du Géomètre, toûjours préoccupé de son analyse, & si tous ses mystères se développent aisément dans l'ordre de la synthèse, cela ne demande-t-il pas qu'on y réfléchisse !

CODE

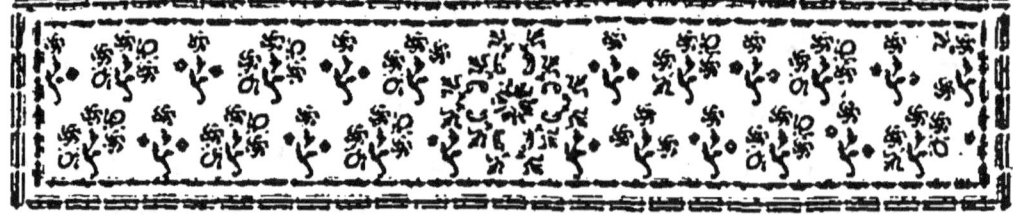

CODE
DE MUSIQUE PRATIQUE,
OU
MÉTHODES

*Pour apprendre la Musique, même à des aveugles ;
pour former la voix & l'oreille, pour la position de
la main avec une méchanique des doigts sur le
Clavecin & l'Orgue, & pour l'accompagnement
sur tous les instrumens qui en sont susceptibles, &c.*

CHAPITRE PREMIER.

Nouveau moyen d'apprendre à lire la Musique.

ARTICLE PREMIER.

Des Gammes.

JE propose ici trois gammes comme les racines de toute la
Musique pratique, soit pour apprendre à la lire, soit pour
l'exécuter, soit pour en composer.

En effet, les consonnances, les dissonances, leur renversement,

A

l'ordre des dièſes & bémols, la tranſpoſition, les ſons fondamentaux du *mode* ou *ton*, les cadences *(a)* c'eſt-à-dire la ſucceſſion naturelle de ces mêmes ſons fondamentaux, dont ſe forment des repos plus ou moins abſolus, & toute la modulation tant en harmonie qu'en mélodie, la ſucceſſion particulière des toniques entr'elles, en un mot tout eſt compris dans ces gammes, à la réſerve du chromatique & de l'enharmonique.

Gamme diatonique.

Cette gamme s'appelle *diatonique*, parce qu'elle marche par les tons naturels, autrement dit par les moindres degrés naturels à la voix.

Gamme par tierces & ſixtes.

ut　mi　ſol　ſi　ré　fa　la　ut 8.ᵉ

Gamme par quintes & quartes.

ut　ſol　ré　la　mi　ſi　fa　ut

fauſſe 5.ᵗᵉ　　8.ᵉ

Il faut avoir ces trois gammes tellement préſentes à l'eſprit; qu'on puiſſe les réciter de mémoire, non ſeulement en les commençant par chacune des notes qu'elles contiennent juſqu'à ſon octave qui porte le même nom, mais encore en rétrogradant, c'eſt-à-dire, de droite à gauche. Par exemple, ſi je commence l'une de ces gammes par *ſol*, je la continue juſqu'au dernier *ut*,

---

(a) Tâchons de nous ſervir de termes propres, & ne donnons plus au *tremblement* le nom de *cadence*, qui n'appartient qu'aux repos de l'harmonie ou du chant, comme qui diroit chûte finale de chant.

Ainſi j'appellerai dans la ſuite *tril*, mot tiré de l'Italien, ce *tremblement* qu'on a toûjours improprement nommé *cadence*.

auquel je substitue le premier, pour continuer de-là jusqu'au même *sol* qui sera l'octave de celui par lequel j'ai débuté.

Si je récite la même gamme en rétrogradant, son dernier *ut*, sous le nom de *8.ᵉ* c'est-à-dire octave, sera pour lors le premier, & l'autre sera son octave.

On doit regarder toutes les notes à l'octave comme la même, puisqu'elles portent en effet le même nom, ne différant entr'elles que du haut & du bas que chacun prend selon la portée de sa voix, croyant entonner le même son, la même note.

De cette représentation d'une même note dans ses octaves, suivent de belles connoissances ignorées jusqu'au Traité de l'harmonie.

La première de ces connoissances consiste à trouver toutes les consonnances dans les deux dernières gammes, & à en prendre occasion de se les représenter si souvent, qu'on puisse distinguer, par exemple, la quarte de la quinte. Pour ce qui est de la différence de la tierce majeure à la mineure, celui qui la sent dans un accord, comme entre *ut mi*, & *mi sol*, peut compter sur un talent décidé du côté de l'oreille.

Pour reconnoître les consonnances dans ces deux dernières gammes, remarquons que toutes les notes du milieu peuvent être également comparées à la première & à son octave, & que ces deux-ci étant censées la même, changent seulement l'ordre des notes qu'on leur compare ; ce qui s'appelle *renversement*. Par exemple, si dans la gamme des tierces je trouve une tierce de *la* à *ut*, je trouve une sixte d'*ut* à *la* dans la première: si pareillement dans la gamme des quintes, je trouve une quinte de *fa* à *ut*, & une fausse quinte de *si* à *fa*, je trouve dans la première une quarte d'*ut* à *fa*, & une quarte superflue, dite *triton*, de *fa* à *si*; différence indispensable entre toutes les notes que l'on compare aux deux de quelque octave que ce soit, qui les embrassent.

On appelle *intervalle* la distance qu'il y a d'une note à une autre: or, pour trouver sur le champ l'intervalle renversé, il suffit de se représenter le nombre qui fait 9 avec celui de l'intervalle qu'on se propose; d'où l'on conclura que la septième & la seconde, la sixte & la tierce, la quinte & la quarte seront renversées l'une de l'autre, puisque 7 & 2, 6 & 3, 4 & 5 font également 9.

Par les titres de *seconde, tierce, quarte, &c.* donnés aux notes de la gamme diatonique, on doit comprendre que les gammes marchent de gauche à droite en montant, & de droite à gauche en descendant; mais si l'on s'imagine monter toûjours, de quelque côté qu'on récite ces gammes, leur renversement y sera visible & sensible: la première qui d'un côté donne des secondes d'une note à sa voisine, donnera des septièmes de l'autre; la deuxième qui donne d'un côté des tierces, donnera des sixtes de l'autre; & la troisième qui donne d'un côté des quintes, donnera des quartes de l'autre.

Il n'y a de consonnances que tierces, quartes, quintes & sixtes, lesquelles se trouvent toutes contenues dans la tierce & la quinte, à la faveur du renversement que l'octave y introduit.

Il n'y a qu'une dissonance primitive, qui est la septième, dont le renversement est donné par les *secondes* d'une note à l'autre dans la première gamme; *secondes* dont le rapport est exprimé par les termes de *ton* & *demi-ton.*

Il ne s'agit ici que d'un petit effort de mémoire, qui consiste seulement à pouvoir se représenter sur le champ, & sans hésiter, l'intervalle que forment entre eux *ré* & *sol,* par exemple, & son renversé, ainsi des autres intervalles pris entre toutes les notes indistinctement; de sorte que, pour cela, il faut avoir bien présentes à l'esprit les trois gammes récitées, tant de gauche à droite, que de droite à gauche, en les commençant, tantôt par une note, tantôt par une autre, & s'arrêtant à moitié chemin, puis continuant un moment après, en les entre-mêlant, pendant qu'on se dit, *voici une seconde, une quarte, une septième, une sixte, &c.* n'ayant en vûe le nom des notes que pour en distinguer les intervalles, & n'ayant en vûe non plus ces intervalles que pour les entonner, ou du moins pour en sentir le juste degré, supposé qu'on n'apprenne la musique que pour l'exécuter sur un instrument.

Si l'on y réfléchit bien, on jugera que le nom des notes, loin de donner le sentiment des intervalles & de leur différence, n'en présente pas même l'idée aussi promptement à l'esprit que les lignes, fur & entre lefquelles ces notes font placées : or, lorfqu'il s'agit de l'intonation, ce n'eft pas là le cas d'exiger de la mémoire une chofe qui non feulement peut en échapper & diftraire de la fonction naturelle & la plus néceffaire, mais qui ne peut pas même y fervir de véhicule.

Si l'habitude d'entonner une tierce, une quarte, &c. avec certains noms peut être regardée comme un véhicule pour l'oreille, quoique le même intervalle reçoive à tout moment différens noms de notes, écrivons ces noms fous les notes, en guife de paroles, cela foulagera d'autant un commençant, dont la moindre préoccupation le diftrairoit d'une fonction qui doit lui devenir enfin naturelle.

Pour que le fentiment des intervalles puiffe les faire entonner fur le champ à la vûe des notes, il faut qu'on foit fenfible à l'harmonie & à fa modulation : or croit-on pouvoir procurer cette fenfibilité en faifant chanter un commençant feul, en chantant à l'uniffon avec lui, ou même en *duo !* Erreur : ce ne fera qu'après un grand laps de temps qu'il pourra devenir Muficien, encore très-médiocre, fi on ne le conduit que de cette forte. Tel eft cependant l'ufage en France : n'en foyons plus la dupe ; ce n'eft qu'en entretenant continuellement l'oreille d'harmonie qu'elle peut s'y former promptement : n'ayons donc plus de Maître de Mufique, de Maître à chanter, qu'il ne foit capable d'accompagner fon Élève fur le clavecin ou fur l'orgue ; c'eft l'unique moyen d'en faire un Muficien ; c'eft le feul qu'on emploie en Italie, où l'on engage même l'Élève à s'accompagner, dès qu'on le croit en état de pouvoir fe livrer à cet exercice.

Si l'on pouvoit entendre tous les jours de la mufique en pleine harmonie, cela fuppléeroit au défaut d'Accompagnement ; mais tout le monde n'eft pas à portée d'en jouir affez fréquemment.

De pareils avis ne doivent point être indifférens aux commençans, non plus qu'aux Maîtres.

Point d'impatience fur-tout, attendons que ce qui vient d'être recommandé foit bien inculqué dans la mémoire avant que de paffer outre : fallût-il un mois pour cela, on y gagneroit infiniment ; l'intelligence de toute la fuite en dépend. Quand une fois deux objets nous préoccupent, ils se détruisent l'un l'autre, & nous tiennent toûjours en suspens. Plus on a de goût pour la chose, plus on en est avide; mais plus on se presse, plus on s'éloigne du but.

ARTICLE II.

De l'application des Gammes aux doigts de la main.

On conçoit assez que les cinq doigts de la main peuvent fort bien représenter les cinq lignes sur lesquelles on copie la musique : or en regardant ou supposant sa main bien ouverte, le petit doigt du côté de la terre, on y voit, on y juge cinq lignes avec leurs milieux, qui sont les vuides qui séparent les lignes, les doigts; & pour lors, quelque note qu'on imagine sur le petit doigt, la position des autres notes sera connue par la connoissance des gammes.

Je me servirai des chiffres 1, 2, 3, 4, 5, pour indiquer les doigts : 1 indiquera le petit doigt, 2 son voisin en montant, & ainsi de suite toûjours en montant jusqu'au pouce qui sera 5.

Cet ordre suit aussi la dénomination des lignes de Musique, la plus basse étant appelée la première, sa voisine la seconde, ainsi de suite jusqu'à la plus haute, qui est la cinquième : si l'on en ajoûte au dessus ou au dessous, on peut les supposer de même au dessus du 5, & au dessous du 1.

Sachant que les notes se placent dans les milieux aussi-bien que sur les lignes, on reconnoît sur le champ la gamme diatonique depuis 1, appelé ut, jusqu'à son octave, qui est le milieu au dessous du 5 : on juge toutes les tierces d'un doigt à son voisin, ou d'un milieu à son voisin; on juge de même des quintes en passant un doigt, un milieu, comme du 1 au 3, du 2 au 4, du 3 au 5; on jugera de même encore des septièmes, comme du 1 au 4, du 2 au 5. Ainsi, quelque nom de notes qu'on donne au 1, la position de sa seconde, de sa tierce, de sa quarte, tout en un mot sera connu.

Par les deux dernières gammes on voit, on juge que la quinte est composée de deux tierces, dont la note du milieu leur est commune; par conféquent la feptième eft compofée de trois tierces.

On remarque enfuite que tous les impairs vont d'une ligne à une autre, & d'un milieu à un autre, & que les pairs, au contraire, vont d'une ligne à un milieu, d'un milieu à une ligne.

Amufons un enfant, dès le plus bas âge, à s'inculquer peu à peu dans la mémoire les trois gammes dont il s'agit, & dans tous les ordres preferits; lui fallût-il un an pour s'en rendre maître, rien ne preffe, ce feroit autant de gagné : amufons-le de même à lui faire reconnoître l'ordre de ces gammes fur fes doigts, peut-être cela lui fauvera-t-il l'ennui des leçons ordinaires, du moins je le crois. La chofe lui eft-elle un peu familière? préfentons-lui des notes d'égale valeur, comme rondes ou noires, fur les cinq lignes, où il fe rappellera fes cinq doigts; bien-tôt toutes les pofitions de ces notes lui feront connues, auffi-bien que les intervalles qu'elles formeront entr'elles.

S'agit-il d'un aveugle? qu'on lui fabrique cinq lignes de bois ou de métal, qu'on y tienne des crochets où l'on puiffe attacher des notes & tous les fignes néceffaires: par le nom donné à la note de la première ligne, il jugera au feul tact, & de la pofition des autres notes, & de leur nom, & de leurs intervalles. Mais eft-ce à cette feule connoiffance qu'il doit tendre, excepté qu'il ne veuille copier lui-même fur cette machine des idées de fa compofition? qu'il s'attache pour lors à l'Accompagnement (b), qu'il en tire les moyens de préluder, le voilà compofiteur; le refte n'eft plus qu'un amufement.

Je ne parlerai point de la valeur des notes, ni des fignes qui l'équivalent, je laiffe ces minuties aux maîtres; tous les élémens de Mufique en difent d'ailleurs autant qu'il faut là-deffus.

(b) J'ai enfeigné l'Accompagnement en moins de fix mois, avec la même méthode que je donne ici, à un aveugle âgé de vingt à vingt-cinq ans, mais déjà doué de quelques talens pour la Mufique, & l'ai mis au point de pouvoir préluder : il peut en rendre compte lui-même.

ARTICLE III.

Des Dièses, Bémols & Béquares.

Pour faire monter une même note d'un demi-ton, on lui associe un *dièse* placé à sa gauche, & pour la faire descendre d'autant, on lui associe de même un *bémol*.

Le *béquare* efface le *dièse* & le *bémol*, en remettant la note dans son premier état naturel; cependant on est assez dans l'habitude d'effacer le *dièse* avec le *bémol*, & celui-ci avec l'autre. Voyez l'exemple *A* dans la Musique gravée.

ARTICLE IV.

Des Clefs & des Transpositions.

EXEMPLE *A, page 1.*

Il y a trois Clefs, celles de *fa*, d'*ut* & de *sol*, qui se placent sur telle ligne qu'on veut, quoique pour l'ordinaire les lignes qu'elles occupent dans l'exemple *A* leur soient plus communes.

En appelant ainsi *fa*, *ut* ou *sol* la ligne sur laquelle la Clef de l'une de ces notes est posée, la position de toutes les autres notes est connue, dès qu'on a les gammes présentes à l'esprit, tant en montant qu'en descendant.

Pour conserver l'ordre naturel de la gamme diatonique, lorsqu'on veut la faire rouler sur l'octave d'une autre note que *ut*, on est obligé de placer à la droite des clefs les dièses ou les bémols nécessaires à un certain nombre de notes pour cet effet. S'il s'agit, par exemple, de l'octave de *sol*, où il y a un ton de *fa* à *sol* (c), au lieu qu'il n'y a qu'un demi-ton de *si* à *ut*, il faut donc ajoûter un dièse au *fa*, pour que le demi-ton se trouve également de part & d'autre. Si d'un autre côté la quarte d'*ut* à *fa* est composée de deux tons & demi, pendant que celle de *fa* à *si* est composée de trois tons (d), il faudra donc diminuer ce *si* d'un demi-ton par un bémol, lorsqu'il s'agira de l'octave de

(c) Voyez la Gamme diatonique. | (d) Ibidem.

fa pour égaler fa quarte à celle d'*ut*, ainfi de tout le refte à proportion; ce qui s'appelle *tranfpofer*, puifqu'en effet on tranf-pofe l'ordre des notes comprifes dans l'étendue de l'octave d'*ut*, en celui des notes comprifes dans l'étendue d'une autre octave.

Comme la Clef peut être armée de cinq ou fix dièfes ou bémols, felon le cas, il fuffit d'y reconnoître le dernier pour ne fe faire qu'un jeu de la tranfpofition, dès qu'on poffede affez les gammes pour reconnoître la fituation des notes relativement à celle qu'on aura fuppofée fur telle ligne, fur tel milieu.

Les dièfes & les bémols tirent leur fucceffion de la gamme par quintes: les dièfes commencent par *fa*, & continuent cette gamme; les bémols, au contraire, commencent par *fi*, & conti-nuént la même gamme en rétrogradant; fi bien que d'un côté fe trouve cet ordre, *fa, ut, fol, ré, la, mi, fi*, & de l'autre, *fi, mi, la, ré, fol, ut.*

En nommant *fi* le dernier dièfe, à compter depuis celui de *fa*, & en nommant *fa* le dernier bémol, à compter depuis celui de *fi*, la ligne ou le milieu ainfi nommé donnera le nom à tout le refte dans l'ordre des gammes. Si la clef eft armée d'un dièfe fur *fa* (exemple *A*), ce *fa* s'appellera *fi*, par conféquent fa feconde s'appellera *ut*, ainfi du refte: s'il y a pareillement un bémol fur *fi*, il s'appellera *fa*, & par conféquent fa feconde s'appellera *fol*.

S'il y a plufieurs dièfes ou bémols à côté de la clef, ce fera toûjours le dernier dans l'ordre des quintes depuis *fa*, & dans celui des quartes depuis *fi*, qui prendra le nom convenu. Voit-on ces cinq dièfes, *ut, fa, la, ré, fol; la* doit y être reconnu pour le dernier & s'appellera *fi*: voit-on au contraire ces cinq bémols, *mi, fi, fol, la, ré; fol* n'y fera-t-il pas également reconnu pour le dernier, & ne lui donnera-t-on pas en conféquence le nom de *fa!* Exemple *A.*

On appelle *folfier* cette façon de réduire les tranfpofitions au naturel, mais elle ne convient qu'aux perfonnes qui veulent fimplement lire la Mufique ou la chanter: pour ce qui eft des inftrumens, les notes n'y changent jamais de nom, & l'on y pratique les dièfes & les bémols par-tout où ils fe rencontrent.

B

Auſſi vaudroit-il mieux apprendre à chanter d'abord ſans tranſpoſition, ſi l'on pouvoit compter ſur l'oreille des commençans;
d'autant plus que dans le courant d'un air il arrive ſouvent des dièſes
ou bémols accidentels dont il faut bien ſe garder, malgré l'opinion
de certains Maîtres, de changer le nom donné aux notes qui
les portent, relativement au premier *ſi* ou *fa* décidé ; cela jette
dans un trop grand embarras, vû qu'un accident en amène néceſſairement un autre, puiſqu'il faudroit changer le nom des
notes à chaque inſtant. Mais c'eſt aux Maîtres d'attendre que
l'oreille ſoit aſſez formée pour varier leurs leçons de différentes
modulations ; pour lors le moindre accident met l'oreille ſur la
voie, la prévient au ſeul coup d'œil, & ſouvent même l'harmonie
la lui fait deviner, y eût-il faute dans la copie.

Concluons de cette dernière réflexion, que les premiers ſoins
d'un Maître doivent être de former l'oreille : & comment la
former, ſi on ne la nourrit à tout moment d'harmonie! c'eſt
le ſeul moyen de réuſſir; les lignes, les notes, leurs noms, les
yeux ſont de foibles agens en Muſique en comparaiſon de
l'oreille *(e)*.

Les notes, leurs figures, leurs valeurs, & celle des ſignes qui
les repréſentent, ſont à la portée de tous les Maîtres, c'eſt pourquoi je leur laiſſe le ſoin d'en inſtruire eux-mêmes leurs élèves.

(e) Il y a quatre ou cinq ans qu'un jeune homme, qui ne ſavoit du tout point la Muſique, chanta au troiſième jour le rôle d'un Intermède bouffon ſur un théatre particulier, à la ſeule vûe des paroles dont on lui avoit joué le chant ſur un inſtrument, auſſi-bien que celui des accompagnemens, avant, pendant & après leſquels il devoit ceſſer & recommencer, quelquefois à un quart, demi-quart de temps. On connoît une Dame qui ſolfie très-imparfaitement, & qui chante cependant à livre ouvert, lorſqu'elle eſt bien accompagnée : tel eſt l'effet de l'oreille, tel eſt l'empire de l'harmonie ſur cet organe.

CHAPITRE II.

De la position de la main sur le Clavecin ou l'Orgue.

IL faut regarder les doigts attachés à la main, comme des ressorts attachés à un manche par des charnières qui leur laissent une entière liberté; d'où il suit que la main doit être, pour ainsi dire, morte, & le poignet dans la plus grande souplesse, pour que les doigts agissant de leur propre mouvement, puissent gagner de la force, de la légèreté & de l'égalité entre eux.

Cela étant, placez les cinq doigts sur cinq touches consécutives du clavier, où le pouce s'avance sur la sienne, l'ongle tout-à-fait en dehors, à peu près jusqu'à sa première jointure, pendant que les autres doigts tombent perpendiculairement sur les leurs, & cela de leur propre poids, en s'arrondissant d'eux-mêmes sans les contraindre, le 1 *(f)* moins rond que les autres, puisqu'il est plus petit.

A mesure que la main s'ouvre, les doigts perdent de leur rondeur; mais quand on les laisse agir de leur propre mouvement, ils déterminent pour lors la main à s'y prêter dans les intervalles plus ou moins grands qu'ils embrassent, & tout marche à l'aise; le 5 même s'y prête à son tour, en s'avançant moins sur sa touche.

Pendant que la main se trouve dans cette position, les coudes doivent tomber nonchalamment sur les côtés au niveau du clavier, ce qui dépend du siége; ils se prêtent pour lors au mouvement de la main, qui, de son côté, se prête à celui des doigts.

Il faut aussi que la main soit horizontale avec le clavier, ce qui se reconnoît aux jointures qui l'attachent aux doigts, où pour lors il faut la lever un peu du côté du 1 par un simple mouvement du poignet, sans qu'il y perde rien de sa souplesse.

Cette dernière position coûte un peu aux commençans, par

(f) Les chiffres désignent ici les doigts, comme dans l'Article II du Chapitre I.er

rapport au petit tour de poignet en faveur du 1 ; mais aussi sans cela ce 1 ne tomberoit plus perpendiculairement sur sa touche, & n'auroit plus la même force ni la même légèreté que les autres doigts. Quelques jours d'exercice avec un peu de patience rendent enfin cette position comme naturelle.

Dans toutes les positions, dans les plus grands écarts, la main obéit aux doigts, la jointure du poignet à la main, & celle du coude au poignet ; jamais l'épaule ne doit y entrer pour rien.

La souplesse recommandée doit s'étendre sur toutes les parties du corps ; une jambe roide, déplacée, des coudes serrés sur les côtés, qui s'en écartent, s'avancent ou se reculent, lorsqu'ils doivent y tomber nonchalamment, une grimace, enfin la moindre contrainte, tout empêche le succès des soins qu'on se donne pour la perfection qu'on cherche.

L'Article 11 du Chapitre suivant m'a forcé de placer ici la position de la main sur le Clavier, il ne s'agit plus que de la méchanique des doigts, dont je parlerai en temps & lieu.

CHAPITRE III.

Méthode pour former la voix.

ARTICLE PREMIER.

Moyens de tirer les plus beaux sons dont la voix est capable, d'en augmenter l'étendue, & de la rendre flexible.

PENDANT qu'on s'inculque les gammes dans la mémoire, & tout ce qui vient d'être expliqué, on peut s'exercer à former sa voix.

Les Maîtres, en France sur-tout, ont toûjours enseigné le goût du chant, sans s'occuper beaucoup des moyens qui doivent en procurer l'exécution ; ils se piquent justement d'enseigner ce qui ne dépend pas d'eux, pendant qu'ils négligent ce qui en dépend

effectivement, & sans quoi toutes les leçons de goût tombent
en pure perte.

À quoi sert le goût du chant, sans les facultés propres à le
bien rendre? peut-on en procurer d'ailleurs à qui n'a point de
sentiment?

Il en est du goût du chant comme du geste, le défaut du
vrai naturel se reconnoît toûjours dans ce qui n'est qu'imitation:
qu'un agrément soit autant bien rendu qu'il se puisse, il y manquera toûjours ce certain je ne sais quoi qui en fait tout le
mérite, s'il n'est guidé par le sentiment: trop ou trop peu, trop
tôt ou trop tard, plus ou moins long-temps dans des suspensions,
dans des sons enflés ou diminués, dans des battemens de *trils*,
dits *cadences*, enfin cette juste précision que demande l'expression,
la situation, manquant une fois, tout agrément devient insipide:
on n'en fait que trop souvent l'épreuve à notre théatre. Cet
homme a une belle voix, chante bien, cependant il me plaît
moins que cet autre qui, quoique moins favorisé de ces dons,
met de l'ame dans toutes ses expressions. Tel est l'effet du sentiment, qui ne se donne point.

Le goût est une suite du sentiment, il sait s'approprier le bon
& rejeter le mauvais; guidé par ce sentiment, la vraie précision
se trouve dans tous les agrémens qu'il dicte: le Maître n'y peut
autre chose que procurer les moyens de bien rendre ces agrémens, & d'en donner des exemples, en les rendant lui-même,
s'il le peut.

Chacun se prévient sur son goût, & le croit souvent le meil-
leur: quel est le Maître à chanter qui ne soit pas dans ce cas?
quand même il n'y auroit pas trop de présomption de sa
part, ce ne sera que par des exemples, & jamais par des règles,
qu'il pourra faire sentir à l'homme de goût l'usage qu'il doit
faire de ses heureuses facultés dans l'exécution, facultés qui seules
peuvent se procurer, sans qu'on s'en soit encore douté, du moins
en France; les uns prétendant qu'on ne peut augmenter l'étendue
des voix, & qu'on ne peut en rendre les sons également beaux;
les autres, qu'on ne peut les rendre flexibles, ces voix, si elles
ne le sont naturellement, attribuant à la Nature ce qui n'est

presque jamais qu'un défaut de l'art; qu'on ne peut procurer les moyens de bien battre le *tril*, d'en réformer les défauts: que sais-je? tout ce qu'on a ignoré, on l'a cru impossible.

On ne peut donner de la voix, mais on peut procurer les moyens d'en tirer les plus beaux sons dont elle est capable, & de la rendre flexible; moyens qui m'ont réussi plus d'une fois; moyens des plus simples d'ailleurs, & qui ne demandent que confiance, constance & patience.

Quantité de chanteurs filent très-bien les sons, les rendent beaux dans ce moment, & en donnent presque par-tout ailleurs de mauvais: hé bien! ceux-là mêmes, à quelqu'âge que ce soit, pourroient encore réformer leurs défauts, s'ils pouvoient prendre d'abord sur eux de ne plus chanter, en s'exerçant seulement à bien filer les sons dans toute l'étendue de la voix, jusqu'au point que je vais leur prescrire.

On sait que le son se file tout d'une haleine, en débutant par la plus grande douceur, en l'enflant insensiblement jusqu'au plus fort, mais non pas à l'excès, puis en l'affoiblissant de même jusqu'à l'extinction de la voix; ce qui doit coûter un peu à des commençans, mais d'un jour à l'autre l'habitude s'en accroît, & bien-tôt on en vient à bout.

On file d'abord le *son* avec la seule voyelle *a*, en commençant par le plus bas, puis en montant jusqu'au plus haut par demi-tons *(g)*, d'où l'on descend de même jusqu'au plus bas. Cet exercice se fait le plus souvent qu'il est possible, mais en se reposant de temps en temps, dès qu'on s'y sent fatigué.

Il faut être droit sur ses pieds pendant cet exercice, se tenir avec grace & sans gêne, se bien examiner, sentir une grande aisance dans toutes les parties du corps, prendre la peine, en un mot, de n'en point prendre, sur-tout en donnant le vent néces-saire pour former le *son*, en l'enflant, en le diminuant; car enfin toute la perfection dépend de là.

Quand je dis qu'il faut se tenir avec grace, la grace peut-elle s'accorder avec la moindre contrainte? on ne la trouve qu'avec la plus grande liberté: & comment l'acteur pourroit-il suffire à

(g) Voyez l'Article III du premier Chapitre, *page 8.*

tant d'objets différens qui doivent concourir mutuellement à une parfaite exécution de sa part, savoir, le beau son, la flexibilité de la voix, la Musique, la grace, le sentiment, dont l'expression doit être fidèlement rendue par le goût du chant, par le geste & par l'air du visage, si tous ces objets ne lui étoient pas familiers au point qu'ils lui deviennent naturels?

Déjà le sentiment est un don qui demande à l'esprit toute la liberté possible, la moindre réflexion détruisant toute fonction naturelle. La Musique & le chant ne seroient-ils pas aussi des dons qui ne se manifestent pas à la vérité tout d'un coup, mais qui, à la faveur d'un certain exercice, doivent nous paroître tels par la prompte obéissance de l'oreille & de la voix à tout ce que la volonté peut en exiger?

Nous avons de fréquens exemples du don de la Musique dans les Organistes, aussi-bien que dans toutes les personnes qui préludent : penser & exécuter chez eux, c'est tout un.

Il n'est pas étonnant que la Musique devienne naturelle aux Organistes, vû qu'ils se nourrissent continuellement d'harmonie (h): il n'est pas étonnant non plus qu'il y ait si peu d'habiles Chanteurs en France, vû qu'on ne les doit qu'au hasard ; leur oreille s'est formée à l'harmonie sans qu'ils l'aient recherchée, leur voix s'est rendue flexible avec de beaux sons, ignorans que le principe de ces perfections consistoit dans la manière de pousser l'air des poumons sans gêne & sans contrainte: un heureux hasard les a conduits, & de là rien ne leur a coûté pour porter plus loin ces mêmes perfections.

Pour vouloir trop se presser, on perd tout : imitons ces enfans qui, sans savoir qu'en marchant très-lentement ils parviendront à courir, & qui n'osent se presser, parce qu'ils sentent bien qu'ils tomberoient; mais la patience échappe, on veut arriver, on n'arrive point ; on a pris de fausses routes, on se fatigue à vouloir les continuer; soins inutiles ! on perd un temps considérable, à la fin le désespoir s'en mêle, & pour se consoler on attribue à la Nature des défauts qui ont pris racine dans de mauvaises habitudes.

(h) Joignons cette réflexion à celles de la *page 5.*

De quoi s'agit-il cependant? du seul vent.

Oui, toutes les perfections du chant, toutes ses difficultés, ne dépendent que du vent qui part des poumons.

Nous ne pouvons disposer du *larynx*, de la *trachée-artère*, de la *glotte*, nous ne voyons pas leurs différentes configurations, transformations, à chaque son que nous voulons donner ; mais nous savons du moins qu'il ne faut pas les contraindre dans ces différences, qu'il faut leur laisser la liberté de suivre leur mouvement naturel, que nous n'y sommes maîtres que du vent, & que par conséquent c'est à nous de savoir si bien le gouverner, que rien ne puisse en empêcher l'effet.

Dès que le vent est donné avec plus de force que n'exige le son, la glotte *(i)* se serre, comme lorsqu'on presse trop la hanche d'un hautbois : si cet excès de force est encore donné trop précipitamment, il roidit les parois de la glotte, & lui ôte toute sa flexibilité : d'un autre côté, une gêne, une contrainte occasionnée par l'attention sur la bonne grace, sur le geste, sur le goût du chant, sur les inflexions même de la voix, des efforts dont une habitude acquise empêche qu'on ne s'en aperçoive, voilà les vrais obstacles à la beauté du son, aussi-bien qu'à la flexibilité de la voix : le son tient pour lors du peigne, de la gorge, du canard ; la voix tremblotte & ne forme plus aucun agrément qu'en le chevrottant.

Pourquoi le son filé est-il généralement beau ? c'est qu'on arrive insensiblement au degré de force nécessaire au vent en pareil cas ; c'est que la glotte se dilate pour lors à l'aise sans se roidir.

La force du vent doit être proportionnée à chaque degré du son, ce qui est insensible, & ne peut s'acquérir que par un fréquent exercice, dès qu'on ne le doit pas à un heureux hasard : c'est la différente force de ce vent qui, en déterminant l'ouverture de la bouche, lui donne pour lors le calibre convenable à la perfection du son. Combien ne faut-il donc pas s'examiner

---

(i) J'attribue à la glotte ce qui pourroit peut-être, en certains cas, s'appliquer aux autres agens qui lui sont liés ; mais cela n'est d'aucune conséquence pour le fait dont il s'agit.

pour qu'aucune contrainte ne s'oppose aux différens calibres que la différente force du vent doit produire? aussi toute notre attention, toute notre volonté, doit-elle se borner à pousser le vent à peu près de la même façon que lorsque nous voulons parler: occupé de la seule pensée qu'on veut exprimer, la voix se fait entendre sans qu'il en coûte le moindre effort. Il en doit être de même du Chanteur; occupé du seul sentiment qu'il veut rendre, tout le reste doit lui être si familier, qu'il ne soit plus obligé d'y penser; car dès qu'on est préoccupé de deux objets différens, ils se nuisent réciproquement, de même qu'à tout ce qui peut contribuer à leur perfection.

Sans les préjugés qui infectent le plus grand nombre sur la formation de la voix, je ne serois pas entré dans une si longue digression, non seulement pour les détruire, mais encore surtout pour faire sentir la nécessité de la méthode.

Ne nous occupons donc qu'à filer des sons par demi-tons, tant en montant qu'en descendant, & quand l'habitude en est un peu familière, on augmente l'exercice d'un demi-ton de chaque côté, puis au bout de deux, quatre ou huit jours, encore un demi-ton, & toûjours ainsi jusqu'à l'impossible: on sera fort étonné, après deux mois d'exercice au plus, pendant quelques heures par jour, de trouver sa voix peut-être augmentée de deux tons de chaque côté; & quand cela ne serviroit qu'à ne point crier dans les hauts usités, & à donner des sons pleins dans les bas également usités, ne seroit-ce pas beaucoup? cela met d'ailleurs à l'aise un Compositeur, qui manque souvent des expressions, faute d'une étendue possible dans les voix. Demandons aux Italiens pourquoi leurs voix ont plus d'étendue que les nôtres, ils donneront pour réponse ce que je recommande ici.

Lorsqu'on se sent un peu maître de cet exercice, on remarque le degré de vent pendant lequel le son est dans sa plus grande beauté, soit par la force, soit par le timbre, on y revient souvent, on tâche de donner ce son du premier coup de vent, sans précipitation & sans contrainte; enfin le temps amène ce jour heureux où l'on jouit du succès de ses peines, qui ne

C

demandent, comme je l'ai déjà dit, que confiance, constance & patience.

Un tiers qui fait sous-entendre l'harmonie du corps sonore, l'entendra effectivement, cette harmonie, dans le vrai beau son; il y distinguera sur-tout la 17.e plustôt que la 12.e: le Chanteur lui-même en seroit frappé, si son oreille étoit assez formée pour cela; au défaut de l'harmonie, on sent du moins un tintonnement dans l'oreille, sur-tout dans les sons les plus aigus.

Arrivé à ce dernier point de perfection, le reste n'est plus qu'un jeu; on essaie des roulades d'une ou deux octaves, plus ou moins, en tous sens, de façon qu'on les sente se former sans le moindre effort; on prend pour modèle celles qui se trouvent dans les airs François & Italiens; on passe aux trils, puis aux ports de voix battus en montant; les coulés naissent de là, & ce sont les sources de tous les agrémens du chant.

Le principe des principes, c'est de prendre la peine de n'en point prendre, je le répète; peine qui en est une effectivement par l'attention que cela demande sur toutes les parties du corps, qui doivent être, pour ainsi dire, mortes pendant que le vent s'exhale.

En conséquence de ce principe, il faut ménager le vent dans les roulades, ne les précipiter qu'autant qu'on en sent le pouvoir sans se gêner, diminuer ce vent, & par conséquent la force du son, à mesure qu'on augmente de vîtesse, donner néanmoins plus de vent quelques jours après, pour éprouver si cela se peut sans s'efforcer, puis finalement l'augmenter & le diminuer alternativement pendant la même roulade, pour s'accoûtumer à donner, pour ainsi dire, des ombres au tableau; quand l'expression, ou quelquefois même le simple goût du chant, le demande. On observe la même chose ensuite dans les trils & ports de voix.

Les roulades, trils & ports de voix se font tout d'une haleine, de même que le son filé, de sorte qu'on n'en prend d'abord qu'à son aise; mais à mesure que la chose devient familière, la durée d'une même haleine augmente considérablement: on en reconnoît la preuve dans toutes les personnes qui jouent d'un inftrument à vent, comme trompette, cors, hautbois, baffon, flûte traverfière.

Pendant que le vent fe continue, on fent les fons fe fuccéder à l'ouverture de la glotte; mais fi peu qu'on fe gêne, cette glotte en fouffre, fe ferre au lieu de fe dilater, & ce qu'on devoit fentir à fon ouverture fe fent pour lors au fond du gofier, d'où naiffent ces fons de gorge, &c. dont j'ai parlé; différence qu'il faut bien remarquer dans tous les exercices du chant.

La différence des roulades & du tril fe fent encore à l'entrée de la glotte, où les fons paroiffent articulés d'un côté, pendant qu'ils doivent paroître liés de l'autre; mais bien-tôt la volonté en ordonne, dès qu'aucune contrainte ne s'y oppofe: tant il eft vrai que le chant le plus varié nous devient naturel, quand nous y obfervons les moyens propres à le bien rendre, puifque la voix obéit fur le champ à notre volonté!

Je fuppofe ici l'oreille un peu formée à l'harmonie, & la voix dans toute fa liberté, pour qu'elle obéiffe fur le champ; ce qui fe confirme aifément dans tous les habiles Chanteurs, dont le nombre eft infiniment plus grand en Italie qu'en France, pour les raifons que j'en ai déjà rapportées.

Je ne donne aucun exemple de roulades, trils & ports de voix, parce que la jeuneffe a befoin de Maîtres dans tous les cas de la méthode, & pour peu qu'on ait quelques idées du chant, on eft au fait de ces différens agrémens: tout ce que je dois recommander feulement, c'eft de mêler des confonances dans les roulades, ce qu'on appelle auffi *batteries*, lorfque, par exemple, on paffe tout d'une haleine les notes d'un accord parfait, *ut, mi, fol; mi, ut, fol, ut;* batterie dont on change l'ordre à fa fantaifie, & où l'on fuit l'étendue de la voix, prenant ces notes, en un mot, tantôt en haut, tantôt en bas, comme on veut.

Les premiers trils & ports de voix fur lefquels on s'exerce, doivent être par demi-tons, comme d'*ut* à *fi*, & de *fi* à *ut*, puis on les forme d'un ton entier, comme de *ré* à *ut*, & d'*ut* à *ré*.

Le tril commence par la note fupérieure, & finit par l'inférieure; le contraire eft pour le port de voix.

C ij

Il ne faut jamais précipiter volontairement un battement de tril ou de port de voix sur sa fin, comme on l'a toûjours recommandé; ce qui engage le plus souvent à se forcer sans qu'on y pense, & à chevrotter la pluspart des agrémens : le sentiment, la volonté de finir, suffit pour cet effet. Il faut bien prendre garde sur-tout de ne mettre aucun agent de moitié avec le sentiment qui le guide; plusieurs marquent souvent ce sentiment par un mouvement de tête, de main, de corps même, mouvement dont l'agent se ressent au point que la beauté du son & la flexibilité de la voix y perdent considérablement, & c'est encore de-là que naît le chevrottement.

Plus on a de sentiment, plus on se presse de vouloir rendre les choses comme on sent qu'elles doivent l'être; & voilà ce qui a fait perdre à plusieurs, tant Chanteurs que Joueurs d'instrumens, des perfections auxquelles ils seroient sans doute parvenus, s'ils eussent imité ces enfans dont j'ai déjà parlé.

De cette grande liberté que je recommande, suivent toutes les perfections nécessaires, la grace sur-tout : si l'acteur est capable de sentiment, il le rend pour lors dans toute son énergie; son geste coule de source, & jusqu'à l'air du visage, tout s'en ressent; nature seule opère en lui, & l'art se trouve caché par le seul art de ne se point contraindre. Examinons-nous donc bien, car on se gêne souvent sans le croire; principe général pour tous les arts d'exercice, dont il est inutile de faire un chapitre particulier.

Dès que cet exercice est familier, on le recommence sur toutes les voyelles, & bien-tôt rien n'y coûte.

Quand on veut chanter des airs, c'est pour lors qu'il faut encore s'examiner de nouveau, pour ne s'y pas permettre le moindre effort, la moindre contrainte.

Celui qui a déjà chanté avec quelques défauts, ne doit plus chanter, jusqu'à ce qu'il sente en lui toute la liberté nécessaire.

ARTICLE II.

Moyen de fixer l'oreille & la voix sur le même degré en s'accompagnant.

S'il est assez ordinaire aux commençans de faire monter le son qu'ils filent en l'enflant, & de le faire descendre en le diminuant, j'ai imaginé un moyen de soûtenir la voix sur son même degré par un accompagnement du clavecin ou de l'orgue, qui se conçoit sur le champ & s'exécute de même, sans que cela demande une grande connoissance du clavier.

Cet accompagnement est un premier moyen de former l'oreille: un Maître présent à l'exercice pourroit l'exécuter pendant qu'on file les sons; mais comme il n'y peut pas toûjours être, & que l'exercice veut être répété le plus souvent qu'il est possible, je vais en dicter les règles.

Les touches les plus larges & les plus longues, ordinairement noires sur le clavecin, suivent l'ordre de la gamme diatonique: ces touches sont séparées par d'autres plus étroites & plus courtes, qui sont blanches, & qu'on appelle dièses ou bémols *(k)*.

Ces touches blanches sont alternativement distribuées par deux & trois de suite: or la touche noire au dessous des deux blanches est justement l'*ut* par lequel débutent & finissent les gammes.

Le bas du clavier se prend du côté gauche, comme l'oreille en peut juger, en faisant résonner successivement les touches.

Touchez les deux *ut* à l'octave l'un de l'autre dans le plus bas du clavier, l'un du 5, l'autre du 1 *(l)* de la main gauche; laissez une touche à vuide (il ne s'agit que des noires) & touchez la suivante du 4 de la main droite; laissez-en encore une à vuide pour toucher sa suivante du 3, puis deux autres à vuide pour toucher sa suivante du 1, qui sera pour lors à l'octave des deux premiers *ut*, vous aurez l'accord parfait d'*ut*, où vous

(k) Article III du Chapitre I.er, *page 8.*
(l) Les chiffres désignent toûjours les doigts comme auparavant.

C iij.

entendrez, de même que vous en jugerez par l'arrangement des doigts de la main droite, la tierce, la quinte & l'octave de cet *ut*.

Il faut d'abord un clavier doux, pour que sa résistance n'oblige pas les doigts, encore foibles dans leur mouvement, d'emprunter leur force de la main; mais à mesure que le mouvement devient libre, la force s'acquiert, & l'on peut à proportion augmenter la résistance des touches par la force des plumes qui pincent les cordes.

Ayant une fois gagné la souplesse requise dans le Chapitre précédent, on file dans le plus bas de la voix le même son, la même note qu'on touche du 1 & du 5 de la main gauche, c'est-à-dire à présent *ut ;* & pendant qu'on l'enfle & le diminue, on répète de temps en temps, les unes après les autres, toutes les touches de l'accord, en les harpégeant, & commençant par celles qu'on veut de la main gauche, suivies du 4 de la droite.

Cette répétition de l'accord demande une grande souplesse dans les doigts, la moindre gêne influeroit sur la voix. Ne cherchons donc pas la vitesse, attendons qu'elle se présente comme d'elle-même, & nous arriverons par ce moyen à pouvoir *harpéger* les accords dans la plus grande célérité.

Pour monter d'un demi-ton, sachant que toutes les touches, blanches & noires, sont à un demi-ton l'une de l'autre, on glisse pour lors chaque doigt sur le demi-ton au dessus de la touche qu'il occupoit, & cela par ordre, en commençant par le 1 de la gauche, puis le 5, ensuite le 4, le 3 & le 1 de la droite, sans qu'aucun doigt ne quitte sa touche que pour monter sur l'autre du même mouvement.

Il faut tenir les accords dans le bas autant qu'on le peut; c'est pourquoi, étant arrivé à l'octave de l'*ut* par lequel on a débuté, où pour lors le 1 tient la place qu'avoit d'abord occupé le 5, celui-ci reprend sa première place, & la main droite également.

Si l'on veut débuter par une autre note que *ut*, parce que la voix peut descendre plus bas, il est facile d'en trouver l'accord en examinant les touches où les doigts se trouvent sur cette note, forfqu'on y paſſe depuis l'accord d'*ut* jufqu'à celui de ſon octave ; car la gauche & le 1 de la droite touchent toûjours cette même note : il n'y a d'ailleurs qu'à compter les demi-tons qu'il y a d'une touche à l'autre dans le premier accord , & les obſerver dans tout autre accord.

CHAPITRE IV.

De la Meſure.

La Meſure eſt, de toutes les parties qui concourent à l'exécution de la Muſique, celle qui nous eſt la plus naturelle, puiſqu'elle eſt également naturelle aux bêtes : comment ſe peut-il après cela qu'on taxe tous les jours quantité de perſonnes de manquer d'oreille à cet égard ?

Si la meſure ne confiſte que dans une égalité de mouvemens, examinons ceux des bêtes, examinons les nôtres, ſoit en marchant, ſoit en remuant quelque partie du corps que ce ſoit, lorſque la réflexion, la volonté n'y ont nulle part, ils ſeront toûjours égaux : mais on veut faire ſuivre à un tiers la meſure qu'on lui preſcrit, pendant que ſon eſprit eſt préoccupé d'une exécution qui ne lui eſt point encore familière. Toute réflexion, je le répète, détruiſant les fonctions les plus naturelles, doit-on s'étonner après cela s'il y paroît inſenſible ?

Attendons que ce tiers poſsède parfaitement l'exercice de la choſe qu'il doit ſoûmettre à la meſure, nous ne l'y trouverons plus rebelle : en tout cas, laiſſons-lui ſe preſcrire lui-même un mouvement réitéré de la main ſans qu'il y penſe, laiſſons-lui exécuter ſur ce mouvement ce qui lui ſera familier, ſoit Muſique, ſoit pas de danſe ; que chaque note, que chaque pas réponde à chaque mouvement, bien-tôt nous ſerons détrompés ſur ſon compte : menons-le de la ſorte par degrés, ne nous preſſions pas ſur-tout, jugeons mieux des effets de la Nature, ne lui attribuons pas des défauts que nous lui oppoſons nous-mêmes, & bien-tôt nous trouverons de l'oreille à qui nous l'avions refuſée.

Toute mesure se borne à deux ou trois *temps* dans la Musique; les quatre temps qui s'y trouvent encore ne sont que deux fois deux: à quoi sert donc cette multiplicité de signes en usage pour indiquer une si petite différence, lorsque même les mesures d'un air ont souvent des *temps* de différente valeur, l'un avec une seule noire, l'autre avec une noire pointée? mais l'usage entretient bien des erreurs: je n'en dirai pas davantage sur ce sujet. *Voyez* le XXIII.ᵉ Chapitre du Traité de l'harmonie, depuis *page 151.* jusqu'à *158.*

CHAPITRE V.

Méthode pour l'Accompagnement.

LES principes de composition & d'accompagnement sont les mêmes, mais dans un ordre tout-à-fait opposé.

Dans la composition, la seule connoissance de la racine donne celle de toutes les branches qu'elle produit : dans l'accompagnement au contraire, toutes les branches se confondent avec leur racine. La connoissance, l'oreille & les doigts y concourent également pour juger, sentir & pratiquer sur le champ une Musique indifféremment variée.

Les doigts peuvent observer, sur le clavecin ou sur l'orgue, une méchanique si heureuse dans la succession des accords, qu'elle supplée non seulement au défaut de connoissance & d'oreille, mais elle est seule capable encore de former à l'harmonie les oreilles les plus desespérées, selon l'expérience que j'en ai faite, & que d'autres peuvent avoir faite également sur le seul plan de la méthode dont il s'agit, plan que j'ai mis au jour dès 1732.

PREMIÈRE LEÇON.

En quoi consiste l'Accompagnement du Clavecin ou de l'Orgue!

L'accompagnement du clavecin ou de l'orgue consiste dans
l'exécution

l'exécution d'une harmonie complète & régulière à la vûe d'une seule partie de cette harmonie.

Cette partie de l'harmonie s'appelle *basse*, parce qu'effectivement elle en est la plus basse : on l'exécute de la main gauche, & son harmonie de la droite.

II.ᵉ Leçon.

Des Accords.

L'harmonie se distingue sous le nom d'*accord* : il n'y en a fondamentalement que deux, un consonant & un dissonant.

L'accord fondamental consonant s'appelle *parfait*, & consiste dans trois notes à une tierce l'une de l'autre, comme *sol, si, ré*; & le dissonant consiste dans une tierce de plus, ainsi, *sol, si, ré, fa*, & s'appelle accord de septième *(m)*.

La première note de ces deux accords en est la basse fondamentale; mais dans la basse donnée pour guide de l'accompagnement, on emploie indifféremment l'une des trois ou quatre notes de ces deux mêmes accords.

La grande difficulté dans l'accompagnement est de reconnoître auquel des deux accords appartient la note de la basse; mais la méchanique des doigts, soûtenue dans le besoin de certaines règles de succession très-simples, dispense presque toûjours de s'en occuper.

III.ᵉ Leçon.

Du renversement des accords.

Le renversement des accords peut se reconnoître déjà dans celui des intervalles *(n)*, il consiste simplement dans un changement d'ordre entre les notes qui les composent : celui qui ne contient que trois notes ne peut se renverser que de trois façons, ainsi, *sol, si, ré; si, ré, sol; & ré, sol, si*: l'autre, qui en contient

---

(m) Voyez la gamme par tierces, page 2, prenez-y telle note qu'il vous plaira pour basse fondamentale, vous | trouverez à sa suite les tierces qui composent l'un & l'autre accord.
(n) Page 3.

D

quatre, se renversera par conséquent de quatre façons, ainsi, *sol, si, ré, fa; si, ré, fa, sol; ré, fa, sol, si; fa, sol, si, ré:* l'octave, qui représente toûjours la même note *(o)*, occasionne seule tout ce renversement.

Passons légèrement sur ce renversement, & contentons-nous seulement de savoir en quoi il consiste.

C'est encore ici que triomphe la méchanique des doigts, elle fait exécuter tous les renversemens possibles, & cela dans toute la promptitude nécessaire, sans qu'on soit obligé d'y penser un moment: on y reconnoît de plus, & la basse fondamentale, & la dissonance, par le seul arrangement des doigts.

IV.ᵉ L E Ç O N.

De la méchanique des doigts pour les accords, leur succession, leur renversement & leur basse fondamentale.

Il ne s'agit que de la main droite dans les accords, & les doigts y seront désignés par les mêmes chiffres que dans le Chapitre I.ᵉʳ, Article II, c'est-à-dire, 1 pour le petit doigt, puis 2, 3 & 4 pour les trois suivans, jusqu'au pouce exclusivement, dont on ne se servira que lorsque j'en avertirai.

Les accords consonans, tous compris dans le parfait, & ne contenant que trois notes différentes, n'exigent par conséquent que trois doigts, où le 2 doit toûjours former la tierce avec le 1, sans jamais y employer le 3 que pour former une quarte avec ce 1, ce qui est plus de conséquence qu'on ne peut se l'imaginer d'abord.

Accord parfait, ses renversés, & les doigts qu'on y emploie.

ACCORD PARFAIT.	ACCORD RENVERSÉ de sixte.	ACCORD RENVERSÉ de sixte quarte.
4 2 1	4 3 1	4 2 1
ut, mi, sol,	*mi, sol, ut,*	*sol, ut, mi,*
3.ᶜᵉ 3.ᶜᵉ	3.ᶜᵉ 4.ᵗᵉ	4.ᵗᵉ 3.ᶜᵉ

Les accords diffonans contiennent quatre notes différentes, & exigent par conféquent les quatre doigts, qui fe placent tous à la tierce l'un de l'autre, excepté deux feulement qui s'y joignent le plus fouvent, foit le 4 & le 3, foit le 3 & le 2, foit le 2 & le 1 : ces accords font tous compris dans celui de la *feptième*, qui prend quelquefois le titre d'*accord fenfible*; les autres en font renverfés.

Accord diffonant de feptième avec fes renverfés.

Accord de 7.º dit *fenfible*.	Accord renverfé de fauffe quinte.	Accord renverfé de petite fixte.	Accord renverfé de triton.
fol, fi, ré, fa.	*fi, ré, fa, fol.*	*ré, fa, fol, fi.*	*fa, fol, fi, ré.*

Lorfque l'accord de feptième n'eft pas *fenfible*, celui de *fauffe quinte* fe change en *fixte quinte*, celui de *petite fixte* en *tierce quarte*, & celui de triton en *feconde*; mais ne nous occupons de ces différens noms que lorfqu'il s'agira des chiffres, encore même la méchanique les fait-elle trouver prefque toûjours fous les doigts fans qu'on y penfe.

Ces deux accords, le *parfait* & celui de la *feptième*, font les feuls fondamentaux fur lefquels la méchanique foit établie, & leur baffe fondamentale eft toûjours la plus baffe note des tierces, c'eft-à-dire le 4 quand tout eft par tierces, finon le plus haut des deux doigts joints *(p)*. L'exception que ceci peut fouffrir n'eft de nulle conféquence dans la méthode.

Les accords s'harpègent en débutant par le 4, & les autres fucceffivement.

La main doit être de la dernière foupleffe, & le poignet toûjours flexible, pour que les doigts puiffent tomber de leur propre mouvement en mourant, pour ainfi dire, fur les touches *(q)*, fans jamais les quitter que pour les répéter, ou

---

(p) J'appelle *deux doigts joints*, ceux qui touchent deux notes à une feconde l'une de l'autre, comme *ut*, ré; ré, mi; mi, fa, &c.

(q) Voyez le Chapitre II, fur la pofition de la main, &c. *page 22.*

D ij

pour paſſer aux voiſines du même mouvement & dans le même inſtant, ſans interruption.

Toûjours ſentir les doigts ſur les touches, toûjours la main ſans roideur & le poignet flexible, c'eſt le moyen d'arriver promptement, quoi qu'il puiſſe en coûter.

Sans cette ſoupleſſe, les doigts n'acquièrent aucune habitude de leur propre mouvement ; la main les oblige par ſa roideur d'agir tous enſemble, ſans aucune détermination pluſtôt d'un côté que de l'autre. Il n'y a qu'un exercice très-long, ſoûtenu d'une expérience conſommée, qui puiſſe ſuppléer à quelques-unes des perfections auxquelles on peut arriver en moins d'un an avec la méthode dont il s'agit : je dis quelques-unes, car il s'en faut bien que les Italiens, par exemple, dont la main eſt généralement forcée, ſoient réguliers dans leur accompagnement, à la meſure près. Il ne s'agit pas ſimplement ici d'accompagner régulièrement, il s'agit de ſe former promptement l'oreille à l'harmonie, ſans quoi l'on n'eſt jamais Muſicien, & d'en tirer le fruit de pouvoir préluder & compoſer, ſi l'on en a le deſſein.

La ſucceſſion des accords conſiſte dans une marche des doigts, dont les uns répètent la même touche, & les autres paſſent aux voiſines, mais d'une manière ſi bien déterminée par la méchanique, qu'elle ſemble être l'ouvrage de la Nature, en ce qu'elle prévient preſque toûjours l'oreille, ſans qu'on ſoit obligé d'y réfléchir.

Quant au renverſement des accords, on voit aſſez qu'il n'eſt produit que par un changement d'ordre entre les notes qui les compoſent ; changement qui n'eſt occaſionné que par des notes portées à leur octave, au deſſus ou au deſſous du lieu qu'elles occupent dans l'accord fondamental (r) ; mais bien-tôt ce ne ſera qu'un jeu pour les doigts, ſelon ce qui va paroître dans la VIIe Leçon. Si ces accords changent de nom dans leur renverſement, c'eſt pour lors la baſſe qui change, non pas l'accord, dont le fond & la conſtruction ſont toûjours les mêmes.

(r) Voyez le Chapitre Ier, Article Ier, où il s'agit du renverſement des intervalles.

On touche tout l'accord à la fois fur l'orgue, mais toûjours du feul mouvement des doigts, qui forment pour lors une efpèce d'harpégement très-rapide; & tant qu'une même touche y fert à des accords confécutifs, il ne faut pas la quitter.

Ve LEÇON.

Du Ton ou Mode.

Pour fuivre l'ufage, j'appellerai *Ton* ce qu'on devroit nommer *Mode*, & pour qu'on ne s'y trompe pas avec le mot *ton*, qui exprime le rapport d'un intervalle de feconde, on le trouvera toûjours écrit en italique, avec un *T* majufcule.

Je n'entre point encore dans le détail des *Tons;* imaginons-les, en attendant, tous compris dans la gamme diatonique qui roule fur l'octave d'*ut*, & auquel nous donnerons en conféquence le titre de *tonique*, parce que c'eft à préfent la note fur laquelle le *Ton* va rouler.

VIe LEÇON.

Termes en ufage pour la baffe fondamentale & la continue, avec quelques obfervations en conféquence.

J'indiquerai par-tout la baffe fondamentale par B. F. & la continue par B. C.

Il n'y a de B. F. à peu de chofe près, que celle des deux accords dans la IVe Leçon.

La quinte au deffus de la tonique s'appelle *dominante-tonique;* & fa quinte au deffous s'appelle *fous-dominante.*

Toute note fondamentale qui n'eft pas tonique, & qui defcend de quinte, eft par conféquent *dominante,* & l'on n'y joint le titre de *tonique* que lorfqu'elle defcend fur fa tonique.

Toute note fondamentale qui monte de quinte eft toûjours *fous-dominante,* ou le devient du moins, après s'être préfentée d'abord comme tonique.

Ces trois notes, la tonique, fa dominante & fa fous-dominante, font les fondamentales, dont la feule harmonie compofe

D iij

celle de toutes les notes comprises dans l'étendue de l'octave de la tonique.

Si ces marches par quintes ne sont pas généralement fondamentales dans une B. C, il y a moyen de s'en apercevoir, comme je l'expliquerai quand il en sera temps.

N'oublions pas le renversement de la quinte en quarte; la quinte en montant donne la quarte en descendant, & la quinte en descendant donne la quarte en montant.

On appelle *médiante* la tierce de la tonique, & *note sensible* celle d'une dominante-tonique: la seconde d'une tonique s'appelle aussi *su-tonique*, & celle de la dominante *su-dominante*.

VII.ᵉ LEÇON.

De l'enchaînement des dominantes.

EXEMPLE B, page 1.

La basse des exemples présente continuellement des dominantes qui se succèdent jusqu'à la tonique *ut*; & si cette tonique ne reçoit son accord parfait qu'à la fin, lorsqu'elle devroit le recevoir naturellement par-tout où elle arrive, c'est qu'outre que cela se peut, je ne l'ai fait que pour alonger le même exercice.

Toutes les dominantes sont de simples dominantes qui passent à d'autres, portant chacune son accord de septième jusqu'à la *dominante-tonique, sol*, qui se distingue des autres par une *note sensible* qui lui est particulière, selon ce qui va paroître dans la leçon suivante.

Ne touchez la basse que lorsque j'en avertirai; attachez-vous seulement à la pratique des accords, où le premier étant une fois sous la main droite, il ne s'agit que d'y faire descendre les doigts de deux en deux jusqu'à la fin.

Si les doigts sont par tierces, le 2 & le 1 descendent ensemble; puis le 4 & le 3, toûjours ainsi alternativement, où l'on voit que si deux doigts se joignent, c'est au plus bas à descendre, avec son voisin au dessous.

Reconnoissons d'abord un renversement dans l'ordre des doigts

comme dans celui des accords (s). Remarquons qu'à la faveur
des octaves, ce qui ne se trouve pas d'un côté se trouve de
l'autre. Si dans le 2.ᵉ B. le plus bas des deux doigts joints
n'en a point au dessous pour descendre avec lui, c'est pour lors
le 1 qui le remplace, les guidons au dessous du 4, qui descend
avec le 1, marquant justement les octaves de ce 1.

La petitesse de la main peut engager à faire descendre ensemble le 2 & le 1 après un accord où les doigts sont par
tierces ; ce qui se peut, pourvû que la roideur de la main n'y
contribue pas, d'autant qu'une succession rapide des accords oblige
quelquefois d'en user ainsi de deux en deux.

Lorsque dans le même cas le 1 ou le 4 ne peut atteindre à
sa touche, l'un cède à l'autre en quittant seul la sienne, mais
toûjours prêt à y retomber, ou à tomber de son propre mouvement sur celle où il doit passer ensuite.

Exercez le premier exemple B, jusqu'à ce que vous sentiez
marcher vos doigts librement, sans contrainte, sans y penser,
sans y voir, & dans toutes les précisions prescrites, puis vous
passez à l'autre avec la même exactitude.

VIII.ᵉ LEÇON.

*De la Note sensible, de son accord ; des accords dissonans ;
de la préparation & résolution des dissonances,
& de leur basse fondamentale.*

EXEMPLE C, page 1.

Que d'objets différens dans cette seule leçon ! conçoit-on
qu'il soit possible de se les inculquer dans la mémoire sans
confusion ? N'y pensons pas seulement, les doigts vont tout
faire.

Toute tonique a sa *note sensible*, qui est toûjours son demi-
ton au dessous, si bien que ces deux notes s'annoncent mutuellement l'une l'autre : connoissant l'une, l'autre est connue.

(s) IV.ᵉ Leçon, *page 26.*

N'ayant à préſent d'autres toniques que *ut*, *ſi* eſt par conſéquent ſa note ſenſible *(1)*.

Quoique *ſi* ſoit la note ſenſible d'*ut*, il ne faut cependant le juger tel que lorſqu'étant dans le *Ton d'ut* on le touche du 3 dans un accord diſſonant par tierces *(u)*, ou lorſqu'il ſe trouve au deſſous de deux doigts joints, & en ce cas l'accord s'appelle auſſi *accord ſenſible*. La petite croix + des exemples *B*, marque cet accord, où la note ſenſible paroît toûjours dans la place que je viens de lui preſcrire.

Toutes les fois qu'on touche l'accord ſenſible, il faut s'accoûtumer à le reconnoître ſans rien voir, & répéter même le doigt qui touche la note ſenſible, le tout juſqu'à ce que l'oreille y ſoit ſi bien accoûtumée, qu'elle en ſoit toûjours prévenue lorſque l'accord arrive.

La note ſenſible étant une fois connue, ou par elle-même, ou par ſa tonique, touchez-la du 3 dans un accord diſſonant par tierces, ou bien placez-la au deſſus de deux doigts joints, vous aurez l'accord ſenſible, & vous y verrez toûjours cette note ſenſible former la tierce majeure de la dominante-tonique, qui eſt en même temps ſa B. F.

A voir les accords, on doit juger qu'à l'exception des deux doigts joints, tout le reſte eſt par tierces.

En ſe ſouvenant du renverſement annoncé dans la leçon précédente, on jugera bien qu'en touchant la note ſenſible du 4, & que n'ayant point de doigts au deſſous, les deux d'en haut, c'eſt-à-dire, le 2 & le 1, ſeront joints; de même que s'il manque le voiſin au deſſous de celui qui doit en être joint, le 1 le remplace.

Tout accord diſſonant ſe trouvera de même en connoiſſant l'une des deux notes qui s'y joignent; ce qui ne peut manquer d'être indiqué dans une baſſe bien chiffrée, ſoit par 6, 4, 2, ou 7: 1 qui joint 2 eſt repréſenté par la baſſe, & 8 qui joint 7 eſt également repréſenté par la baſſe, dont 8 indique l'octave.

---

(1) On peut remarquer qu'en montant la Gamme diatonique, le demi-ton de *ſi* à *ut* y eſt le plus ſenſible.

(u) IV.e Leçon, *page 27.*

Ayant deux doigts joints sur les deux notes indiquées par le chiffre, les deux autres se placent à la tierce de leurs voisins, de quelque côté que ce soit.

De ces deux doigts joints, le supérieur est la B. F. l'autre est la dissonance; s'ils sont par tierces, le 4 est cette B. F. & le 1 cette dissonance, qui doit toûjours descendre sur sa voisine.

Avec une main bien souple on sent que le 4 attire naturellement le 1 à lui, dès qu'il s'agit de descendre, & des deux doigts joints on ne peut s'empêcher de faire descendre le plus bas: or voilà toutes les dissonances *sauvées* par un mouvement qui devient naturel aux doigts, & cela sans qu'on soit obligé d'y penser.

Que fait de son côté la B. F? elle vient heurter, pour ainsi dire, une consonance, la rend dissonante, & la force de s'éloigner d'elle en descendant: tout est *préparé* & *sauvé* par ce moyen, toûjours sans qu'on y pense. J'ai tiré une ligne entre cette consonance & la même note rendue dissonante par le choc qu'elle reçoit de sa B. F.

Remarquons encore que de quelque part qu'on arrive à la note sensible, c'est toûjours sa tonique, fût-elle dissonance, qui y descend d'un demi-ton.

Qui plus est, c'est toûjours le plus bas des deux doigts joints, ou le 1 quand les quatre sont par tierces, qui descend d'un demi-ton sur la note sensible; si bien que sans la connoître, fût-elle un double *dièse*, le doigt s'y porte de lui-même, & indique par-là sa tonique, & par conséquent le *Ton* qui existe pour lors.

Si j'ajoûte une basse à quelques exemples, c'est pour qu'on puisse la joindre aux accords quand il en sera temps; mais remarquons bien que toutes les basses possibles sont contenues dans les accords mêmes, à l'exception de la *supposition* & de la *suspension*, dont la fondamentale ne se trouve jamais que dans ces accords; de sorte que sans s'occuper de ces nouveautés, les doigts suivent les routes dictées, soit dans l'enchaînement des dominantes, soit dans d'autres routes tout aussi faciles à observer.

E

Déjà la B. F. eſt connue, ſoit dans les accords conſonans, ſoit dans les diſſonans. Faut-il le répéter? c'eſt la plus baſſe note des tierces, quand tout eſt par tierces, ſinon le plus haut des deux doigts joints, ce qui ne ſouffre d'exception que dans un cas où l'on ne pourra jamais ſe tromper; & quant aux autres baſſes que peut exiger le goût du Chant, il ne s'agit que d'y varier à ſon gré la ſucceſſion des notes de chaque accord, où la fondamentale ne ſe perd jamais de vûe. Suppoſons, par exemple, que l'accord *ré, fa, la, ut*, précede celui de *ſol, ſi, ré, fa*; on y voit déjà *ré* ou *fa* pouvoir ſervir de baſſe aux deux accords; on y voit enfin toutes ces combinaiſons poſſibles, *ré, ſol; ré, ſi; ré, ré; ré, fa: fa, ſol; fa, ſi; fa, ré; fa, fa: la, ſol; la, ſi; la, ré; la, fa:* & *ut, ſol; ut, ſi; ut, ré; ut, fa;* pendant que les deux mêmes accords ſe ſuccèdent, & pendant que la même B. F. y ſubſiſte; de ſorte que de ſoi-même on peut donner à chaque combinaiſon le nom ſur lequel les chiffres ſont établis, dès qu'on ſaura que c'eſt celui de l'intervalle que forme la note ſenſible avec la plus baſſe note, ſinon celui de l'intervalle que forme la diſſonance avec cette plus baſſe note, & qu'au cas que la diſſonance y ſoit conſonante, comme tierce, quarte, quinte ou ſixte, on lui aſſocie l'autre conſonance qui la joint; d'où viennent les dénominations de ſixte-quinte & de tierce-quarte, chiffrées ainſi, $\frac{6}{5}$, $\frac{4}{3}$. Qu'on juge du reſte par cet échantillon.

Je n'ai point encore trouvé d'inſenſibles à la note ſenſible, non plus qu'à ſon accord, dans toutes les perſonnes que j'ai inſtruites; d'où les Amateurs peuvent augurer favorablement de tout ce qui doit s'enſuivre. A meſure même que l'oreille ſe forme, on preſſent l'accord ſenſible par le diſſonant qui le précede, & bien-tôt le premier accord diſſonant fait preſſentir l'enchaînement qui ſe trouve de l'un à l'autre juſqu'au *parfait*, qui en termine toûjours les phraſes; preſſentiment qui ſe développe inſenſiblement à la faveur d'une méchanique où les doigts marchent comme d'eux-mêmes, ſans que l'on ſoit obligé d'y donner la moindre attention, quand une fois l'habitude en eſt formée ſur le ſeul enchaînement des dominantes. Car enfin, ce qui empêche le progrès des fonctions naturelles, ce qui les détruit même quelquefois tout-à-fait, c'est la réflexion qu'exige à chaque instant ce qu'il faut pratiquer. L'on sait assez, comme je l'ai déjà dit, que toute réflexion distrait de ces fonctions naturelles: de sorte que le Musicien n'est véritablement tel, comme il peut fort bien le remarquer, que lorsque tout lui est suggéré sans qu'il y pense.

Quant au pressentiment dont je viens de parler, ne voit-on pas tous les jours de simples Amateurs prévenir la suite d'un chant qu'ils n'ont jamais entendu, ou du moins l'équivalent en harmonie, ce qui est tout un, comme on en doit juger sur l'exemple des différentes combinaisons de chant dont sont susceptibles les deux accords successifs que je viens de proposer? mais comme ils ignorent la cause de ce pressentiment, ils n'y font nulle attention. De là vient en partie la raison pourquoi la Musique variée à un certain point n'a pas d'abord été saisie en France, parce qu'on vouloit y deviner tous les chants, lorsque l'oreille n'étoit encore nourrie que des simples routes de l'harmonie.

IX.ᵉ Leçon.

Des différens genres de tierces & de sixtes, où il s'agit des dièses, bémols & béquares.

Les tierces se distinguent en majeures & mineures, différence de genre qui se reconnoît aisément sur le Clavier, où toutes les tierces qui embrassent les touches *si ut* & *mi fa* sont mineures, savoir, *la, ut; si, ré; ré, fa;* & *mi, sol:* les autres sont majeures; bien entendu qu'il ne s'y agit que des grandes touches noires, les petites blanches n'y étant généralement reconnues que comme leurs dièses ou leurs bémols. Voyez l'exemple A, pour reconnoître le signe avec lequel on marque ces dièses & ces bémols, aussi-bien que le béquare, & comment on les place, soit à côté des notes, soit à côté de la clef.

Le dièse augmente d'un demi-ton la note à laquelle il est associé, & le bémol la diminue d'autant, sans qu'elle change

E ij

de nom pour cela: on dit *fa dièse, ré dièse*, &c. *ſi bémol, mi bémol*, &c.

Il faut cependant reconnoître à préſent toutes les touches du Clavier comme ayant chacune ſon dièſe & ſon bémol: par exemple, le bémol de *mi* ſera dans un autre cas le dièſe de *ré*; qui plus eſt, *ut* peut devenir dièſe de *ſi*, & ce même *ſi* peut devenir bémol d'*ut*, ainſi de tout le reſte.

Veut-on rendre majeure une tierce mineure? il faut monter la touche ſupérieure ſur ſon dièſe, ou deſcendre l'inférieure ſur ſon bémol; & pour rendre mineure la majeure, on deſcend la ſupérieure ſur ſon bémol, ou l'on monte l'inférieure ſur ſon dièſe.

Si la touche qu'on veut monter eſt un bémol, celle dont elle porte le nom eſt cenſée ſon dièſe; de même que ſi elle eſt dièſe; celle dont elle porte le nom eſt cenſée ſon bémol: & quand les notes ſe réduiſent ainſi au naturel, on les déſigne le plus ſouvent avec un béquare.

Comme la ſixte eſt renverſée de la tierce, elle ſuit les mêmes loix, en remarquant que le renverſement du majeur produit le mineur, & que celui du mineur produit le majeur; ce dont on peut déjà s'être aperçu dans les gammes, où le renverſement de la *fauſſe quinte*, c'eſt-à-dire, diminuée, produit le *triton*, c'eſt-à-dire, *quarte ſuperflue*.

Les demi-tons formés d'une note dont le nom ne change point ſont mineurs, & ceux qui ſont compoſés de deux noms différens, comme *ſi, ut; la, ſi bémol*, &c. ſont majeurs; différence inutile à reconnoître dans la pratique, abſolument parlant; cependant les curieux de l'effet que produit cette différence, pourront s'en inſtruire dans mes ouvrages de théorie.

X.ᵉ L E Ç O N.

Rapport du Ton mineur avec le majeur dont il dérive.

E X E M P L E *C, page 1.*

Quand j'ai dit qu'on pourroit imaginer tous les *Tons* compris dans la gamme diatonique (x), c'eſt que cela eſt effectivement: cette gamme donne le *Ton majeur* contenu dans l'octave d'*ut*, appelé pour cette raiſon *tonique;* c'eſt le ſeul que nous tenions directement de la Nature, bien qu'elle en faſſe naître un *mineur* à la faveur de ſon renverſement; d'où l'on peut déjà conclurre qu'ils doivent avoir un grand rapport entr'eux.

En effet, prenez la gamme diatonique en deſcendant depuis la note *la* juſqu'à ſon octave; ſi vous y éprouvez un ſentiment tout différent de celui qu'on reçoit de la même marche, à commencer & finir par *ut*, vous n'y voyez pas moins les mêmes notes & les mêmes rapports communs à l'un & à l'autre ordre.

La différence du ſentiment éprouvé dans l'un & l'autre ordre ne vient que de la tierce de chaque tonique, tierce qui d'un côté eſt *majeure*, & de l'autre *mineure;* auſſi eſt-ce ſur la différence du genre de ces deux tierces qu'eſt établie celle des deux *Tons*.

Cependant, lorſqu'on monte l'octave diatonique de *la*, on ajoûte un dièſe à *fa* & à *ſol*, pour rendre ſa marche pareille à celle du *Ton majeur* en montant, pour y faire trouver en un mot la note ſenſible, ſans laquelle le *Ton* n'auroit aucune finale abſolue; la Nature ne ſe déſiſtant ici de ſes droits que dans la ſeule tierce de la tonique, d'où ſuit le genre de la ſixte; en deſcendant ſeulement.

On reconnoît ce rapport du *Ton majeur* avec le *mineur*, dans la tonique du *majeur* qui fait toûjours la tierce mineure de la tonique du *mineur*, ce qu'il faut avoir dans la ſuite très-préſent à l'eſprit; & pour s'y accoûtumer, il ne faut jamais exercer un *Ton* ſans ſe dire, je ſuis dans tel *Ton*, relatif à tel autre. En exerçant le *Ton* d'*ut*, par exemple, il faut ſe dire dès-à-préſent, je ſuis dans le *Ton majeur* d'*ut*, relatif au *mineur* de *la;* & en exerçant celui-ci, on ſe rappellera également ſon *majeur* relatif.

(x) V.ᵉ Leçon, *page 29.*

E iij

CODE

XI.ᵉ Leçon.

Des Cadences.

EXEMPLE D, page 1.

En Musique on appelle *Cadence* tout repos de chant *(y)*, qui est toûjours censé se terminer sur la tonique, quoiqu'il se termine souvent aussi sur la dominante-tonique.

Les trois notes fondamentales du *Ton* composent toutes les cadences, qui pour lors se réduisent à deux.

On appelle *cadence parfaite* le passage d'une dominante à sa tonique, où cette dominante porte toûjours l'accord sensible, dont elle est B. F.

On appelle *cadence irrégulière* le passage de la sous-dominante à sa tonique, où pour lors on ajoûte une sixte majeure à l'accord parfait de cette sous-dominante.

Comme la tonique doit toûjours être présente dans l'accompagnement, que c'est toûjours relativement à elle que se décident tous les accords, j'appellerai en conséquence l'accord de septième de toute dominante-tonique, *accord sensible*, & celui de sixte-quinte ou de sixte-majeure ajoûtée à l'accord parfait d'une sous-dominante, *accord de seconde*, le tout relativement à cette tonique.

La tonique étant connue, sa sensible, qui est un demi-ton au dessous, & sa seconde, qui est toûjours un ton au dessus, seront également connues.

De quelque doigt qu'on touche la note sensible, le reste de l'accord est sous la main : il en sera de même de la seconde toûjours jointe par une octave de la tonique *(z)*, excepté que si le 4 touche cette octave, tout est par tierces. Exemple D.

Comme l'accord parfait a trois faces, les cadences en ont autant, où cet accord est alternativement suivi & précédé de son accord de seconde & de son sensible, marqué d'une ✛.

Remarquons d'abord que le même doigt se conserve toûjours

fur les notes communes aux accords confécutifs; ce qui ne fouffre d'exceptions que dans un cas ou deux, qui ne font pas de grande importance.

L'exemple donné pour le *Ton majeur* & le *mineur* d'*ut*, doit fe répéter plufieurs fois dans chaque face, où le dernier accord parfait tient lieu du premier, fans qu'il faille le répéter.

Il ne faut paffer au *mineur* que lorfque le majeur eft familier.

Il ne faut avoir que la tonique préfente à chaque accord, pour prendre l'intelligence & l'habitude des deux qui précèdent prefque toûjours le fien, & le fuivent fouvent, foit l'un, foit l'autre.

Il ne faut point fe fixer à l'accord qui doit fuivre immédiatement le premier, tantôt le fenfible, tantôt la feconde, pour être prêt à trouver fous les doigts celui qui fe préfente au gré du Compofiteur.

a marque la *cadence irrégulière*, & *b* la *parfaite*.

Lorfqu'on pratique ces *cadences* dans les deux *Tons*, de manière que les doigts y marchent fans réflexion, on les applique à tels autres *Tons majeurs* ou *mineurs* que l'on veut, & dont on trouvera tous les exemples dans la XIV.ᵉ Leçon.

XII.ᶜ Leçon.

Des Tons transposés.

Exemple *F, page 1.*

Quoiqu'il n'y ait que deux *Tons*, le *majeur* & le *mineur*, cependant les douze notes contenues par demi-tons dans l'étendue d'une octave, préfentent autant de toniques pour l'un & l'autre *Ton:* il eft vrai que ce ne font que des degrés dont les deux premières toniques peuvent fe fervir pour fe porter plus haut ou plus bas; mais comme le plus grand agrément de la Mufique, fur-tout pour peindre les fentimens, les paffions, exige un fréquent entrelacement de ces différentes toniques & de leurs dépendances, on ne peut fe difpenfer d'en marquer la différence par des fignes, qui rendent à ces dépendances le même ordre & les mêmes rapports donnés par la gamme diatonique, ue fût-ce que pour pouvoir exécuter le tout fur des instrumens.

Les signes en question sont les dièses & les bémols dont on arme la clef, & qu'il faut pour lors supposer associés à toutes les notes placées sur les même lignes ou milieux qu'occupent ces signes. Exemples *A* & *C*.

N'ayons d'abord en vûe que le *Ton majeur:* remarquons que si celui d'*ut* n'exige aucun signe à côté de la clef, puisque toutes les notes y sont naturelles, il est impossible d'observer dans tout autre *Ton* les rapports compris dans l'étendue de l'octave de cet *ut*, sans en altérer quelques notes.

Il n'y a que *fa* qui trouve sa note sensible à *mi* dans les gammes, mais en même temps sa quinte au dessous est fausse, lorsqu'elle doit être juste conformément à celle d'au dessous d'*ut:* aucune des autres notes n'y a sa sensible; il faut par conséquent des signes qui indiquent le tout, principalement encore lorsqu'on prendra des dièses ou bémols pour toniques.

Suivez la gamme par quintes en montant; vous n'êtes pas arrivé à *sol*, imaginé tonique, que vous voyez la nécessité d'a-joûter un dièse à *fa*, pour désigner sa note sensible: or à mesure que vous procéderez ainsi d'une quinte à l'autre, viendra un nouveau dièse pour désigner la note sensible de chacune d'elle; si bien que reconnoissant *fa* pour le premier dièse, vous n'avez qu'à suivre le là les quintes en montant, ainsi, *fa, ut, sol, ré,* &c. vous trouverez de suite tous les dièses nécessaires; & sachant que le dernier dièse dans cet ordre des quintes est note sensible, vous y jugerez d'abord de la tonique, & par conséquent du *Ton* par ce dernier dièse, qui suppose avec lui tous ceux qui le précèdent.

Il suffiroit de marquer ce dernier dièse à côté de la clef; mais on est dans l'usage de les marquer tous depuis le premier, qui est celui de *fa;* ainsi les dièses marqués, par exemple, sur *sol, fa, ré, ut,* quoique sans ordre, désignent visiblement *ré* pour le dernier dièse, en suivant les quintes, *fa, ut, sol, ré,* & de là vous jugez le *Ton majeur* de *mi,* dont *ré dièse* est note sensible.

Prenez la même gamme en rétrogradant, où les quintes
marchent

marchent pour lors en descendant, vous n'êtes pas arrivé à *fa*
que vous voyez la nécessité d'ajoûter un bémol à *si* pour former
sa quinte juste: de ce bémol vous passerez à un autre, & ainsi
successivement les bémols augmenteront avec chaque quinte,
d'où connoissant *si* pour le premier, vous les trouverez de suite
ainsi, *si, mi, la, ré,* &c.

Sachant que le premier bémol est celui de *si,* & étant averti
que le pénultième est par-tout la tonique, il n'est pas difficile
de la deviner. En voyant, par exemple, la clef armée de
bémols sur *mi, si, ré, la,* où *la* se trouve le pénultième, non
pas selon l'ordre dans lequel je les arrange ici, mais dans l'ordre
des quintes en descendant, ou des quartes en montant, *si, mi,
la, ré; la bémol* se reconnoît visiblement pour tonique.

On peut imaginer *si* comme servant d'origine aux dièses, &
fa de même pour les bémols; d'où *fa* est nécessairement tonique,
quand la clef n'est armée que d'un bémol, ce *fa* devant être
regardé pour lors comme pénultième bémol; observation inutile
pour les dièses.

On applique ces transpositions aux exemples *B* de l'enchaînement des dominantes, comme je vais l'expliquer.

Je suppose avant toutes choses qu'on possède parfaitement la
pratique des exemples *B:* or en supposant à côté de la clef les
dièses ou bémols qui entrent dans le nouveau *Ton* qu'on veut
exercer, & qui obligent de les employer dans tous les accords,
on l'exerce sur ces mêmes exemples.

On commence par le *Ton* de *sol* qui n'a qu'un dièse sur *fa,*
ou par celui de *fa* qui n'a qu'un bémol sur *si;* de l'un on passe
à l'autre, d'un dièse comme d'un bémol on passe à deux, à
trois, puis à quatre, ce qui peut suffire, le tout entre-mêlé par
ordre, sans passer d'un *Ton* à un autre qu'on n'en sente la pratique
familière.

Supposer les signes à côté de la clef, ou les y voir, je crois
que c'est tout un; il faut d'ailleurs exécuter la chose de soi-même,
& sans y regarder, pour s'assurer qu'on en possède parfaitement
la pratique: on peut aussi copier les *Tons* qu'on veut exercer,
cela doit en faciliter l'intelligence: on les trouve tous, en ce cas,

F

avec leurs dièfes & leurs bémols dans l'exemple *F* des cadences;
XIV.ᵉ Leçon.

Commencer par le premier accord ou par celui qui le fuit;
c'est tout un; il est bon même de varier ce début, pour être
toûjours en état d'exécuter tout enchaînement de dominantes,
fans déplacer la main, dans quelqu'ordre que s'y préfente le
premier accord.

On nomme le *Ton majeur* avec fon *mineur* relatif au moment
qu'on va l'exercer: fi c'est le *Ton majeur* de *fol*, ce *fol*, par
exemple, formant la tierce mineure de *mi*, ce *mi* par conféquent
est la tonique de fon *mineur* relatif; ainfi de tout le refte.

Quand il s'agit d'une note diéfée ou bémolifée, il faut la
nommer avec fon dièfe ou fon bémol, en difant *ut dièfe*, *fi
bémol*, ainfi des autres. Il y a une différence totale d'*ut* à *ut dièfe*,
& la négligence de nommer dièfe ou bémol, quand il en eft
befoin, peut jeter dans des erreurs qu'on ne prévoit pas toûjours.
Par exemple, étant dans le *Ton majeur* de *la*, on auroit tort de
dire qu'il a rapport au *mineur* de *fa*, puifque *la* eft tierce majeure
de *fa*, & qu'il n'eft tierce mineure que de *fa dièfe:* d'ailleurs
le dièfe de *fa* doit être pour lors à côté de la clef, & cela peut
fuffire encore pour ne s'y pas tromper, puifque tous les *fa*,
auffi-bien que tous les *ut* & tous les *fol*, doivent être diéfés dans
le courant des accords de ce *Ton majeur* de *la*, dont *fol dièfe* eft
note fenfible.

Il faut ici, comme auparavant, avoir toûjours préfente à l'efprit
la note fenfible du *Ton* qu'on exerce, pour la répéter du doigt
qui la touche, en reconnoiffant fon accord, ce qui ne fe pratique
plus dès qu'on fe fent l'oreille bien formée fur ce fujet.

L'accord fenfible ne fe rencontre plus dans les endroits de
l'exemple marqués d'une +, il n'appartient là qu'au *Ton* d'*ut*;
mais connoiffant la note fenfible du *Ton* qu'on exerce, fachant
la place qu'elle occupe fous les doigts dans fon accord, voyant
fa tonique former toûjours la diffonance qui doit y defcendre
d'un demi-ton, & par-deffus tout cela, l'oreille qui peut déjà
ne s'y pas tromper, il eft prefque impoffible de s'y tromper
foi-même.

Que cet enchaînement de dominantes foit bien familier fous les doigts, pendant qu'on y joint les remarques prefcrites, avant que de paffer à aucun autre exercice; fur-tout que la main ne s'oppofe jamais, par fa roideur, au libre mouvement des doigts; ce qu'on ne fauroit trop recommander, puifque les accords fe fuccèdent fouvent avec une telle rapidité, que le jugement & l'oreille même la plus confommée ne pourroient y fuffire, fi l'habitude acquife dans une marche de ces doigts, qui devient enfin comme naturelle, n'y prévenoit le jugement.

Examinez prefque tous les Accompagnateurs, fur-tout les Étrangers, dans des cas un peu compliqués; fouvent ils n'y touchent qu'un intervalle de tout l'accord, quelquefois même rien que l'octave de la baffe; ce qui n'eft pas toûjours fuffifant pour mettre fur la voie de la modulation celui qui chante à livre ouvert. Il s'agit d'ailleurs, comme je l'ai déjà dit, de fe former l'oreille à l'harmonie pour arriver à la compofition, de gagner une habitude fans contrainte dans les doigts pour parvenir au préludé, & de preffentir même l'accord qui doit fuivre tel autre accord.

Cet enchaînement eft non feulement ce qu'il y a de plus difficile dans la pratique des accords, il fert en outre de bafe à tout le refte: jugez par-là de quelle conféquence il doit être pour quiconque a deffein d'arriver à la perfection. On peut néanmoins, pendant qu'on l'exerce, prendre fur la fuite des intelligences dont on faura profiter quand il en fera temps.

La clef eft également armée pour les *Tons majeurs* & *mineurs* relatifs; c'eft en partie pour cette raifon qu'il faut les avoir tous deux préfens, quel·que foit celui qu'on exerce; d'autres raifons encore en prouveront la néceffité: quant aux moyens de les diftinguer, c'eft ce que nous verrons dans la fuite. Voyez l'exemple *C*.

XIII.ᵉ LEÇON.

Rapport des Tons.

J'appellerai *Ton régnant,* celui par lequel un air débute &

finit, & les autres qui pourront fe trouver dans le courant de l'air feront fes relatifs.

Le *Ton majeur* & fon *mineur* relatif *(b)* préfentent dans leurs notes fondamentales, qui font leurs dominantes & fous-dominantes, tous les rapports de l'un & l'autre *Ton.*

La dominante du *Ton régnant* donne le *Ton* qui lui a le plus de rapport; fon relatif à la tierce mineure *(c)* le difpute même à celui de cette dominante: enfuite vient le *Ton* de fa fous-dominante, puis ceux de la dominante & de la fous-dominante de ce *Ton* relatif.

Prenez les fix notes diatoniques en montant, depuis la tonique d'un *Ton majeur* jufqu'à fa fixte, ainfi, *ut, ré, mi, fa, fol, la,* vous trouverez tous les *Tons* relatifs au *majeur* ou au *mineur* par lequel vous débuterez; vous y verrez la dominante & la fous-dominante du *majeur* avant la tonique du *mineur,* & celles de ce dernier après la tonique du *majeur.*

La raifon pourquoi le *Ton majeur* & le *mineur* relatifs ont un fi grand rapport entr'eux, c'eft que tous leurs fons fondamentaux ont deux notes communes dans leurs accords, dès qu'ils deviennent toniques; d'où il fuit qu'ils font compofés des mêmes notes en même rapport dans toute l'étendue de leurs octaves, à l'exception des deux dièfes accidentels déjà cités *(d),* & defquels on ne doit tirer d'autre conféquence que celle de faire diftinguer le *Ton mineur* de fon *majeur* relatif.

Les *Tons* à la quinte font du même genre, & ceux à la tierce font d'un genre différent; fur quoi il y a une petite obfervation à faire, feulement à l'égard des *Tons* à la quinte, dont on trouve l'explication dans la XVIIIe Leçon, de laquelle je renvoie à celle-ci.

(b) Xe *Leçon, page 36.*   *(d) Ibidem, page 37.*
(c) Ibidem, page 37.

XIV.ᵉ Leçon.

De l'entrelacement des Tons dans leurs cadences, où les toniques se succèdent en descendant de tierce dans la basse.

Exemple F, page 2.

La pratique des *cadences* dans tous les *Tons* possibles est contenue dans l'exemple F, où la basse descend continuellement de tierce, en passant du *Ton majeur* à son *mineur* relatif; rapport qu'il faut se rappeler à chaque *Ton* qu'on exerce, & où l'on doit reconnoître encore ce qui se trouve annoncé dans la Leçon précédente, savoir, que les *Tons* à la tierce sont toûjours d'un genre différent.

Remarquez que pour passer d'un accord parfait à un autre, lorsque la basse descend de tierce pour changer de *Ton* ou de tonique, un seul doigt des accords monte sur la touche voisine, s'il n'est remplacé par son voisin; d'où vous conclurez que si la basse montoit de tierce, le doigt des accords qui monte ici descendroit. Dans le premier ordre, c'est toûjours la quinte de la première note de basse qui monte sur l'octave de sa suivante, en passant d'un *Ton majeur* à son *mineur* relatif; & dans le deuxième, c'est au contraire l'octave de la première note de basse qui descend sur la quinte de sa suivante, où pour lors le *Ton mineur* passe à son *majeur* relatif.

Comme toutes les faces de chaque cadence ne se trouvent point dans cet exemple, il faut, lorsqu'on est bien au fait, commencer le même exemple par chacune des deux autres faces qui n'y sont point, en suivant la route donnée, où un seul doigt des accords monte.

On commence ces cadences en tel endroit du clavier que l'on veut; & quand on se trouve trop haut, on reprend le même accord parfait une octave ou deux plus bas.

Il est bon d'avoir la pratique familière des trois faces de chaque *Ton*, avant que de passer à leur entrelacement.

Remarquez que toutes les toniques, bémols ou dièſes, ſe gliſſent ſimplement ſur leurs notes ſenſibles, ſans autre mouvement des doigts; ſi bien qu'un double dièſe, tel que ceux de *fa* & d'*ut* de l'exemple, ſe trouve ſous les doigts tout auſſi facilement qu'une autre note ſenſible; & par ce double dièſe, comme par le ſimple, qui eſt toûjours le dernier dans les *Tons majeurs*, on connoît tous ceux qu'il faut y employer. Si le *Ton* eſt *mineur*, comme on en juge par l'accord parfait qui ſuit le ſenſible, le dièſe ou double dièſe n'eſt pour lors qu'accidentel, & ne décide que la tonique.

Si l'on ne s'ennuie point dans l'exercice des cadences, les doigts y prendront une telle habitude du clavier pour les tranſpoſitions, qu'on ſera ſurpris de les y voir prévenir bien-tôt le jugement & l'oreille.

Le doigt qui touche la tierce de la tonique, engage celui qui en touche enſuite la ſixte dans l'accord de ſeconde, à ſe porter ſur la ſixte d'un genre pareil à celui de cette tierce, quand une fois l'habitude en a été contractée aſſez long temps, pour cela: l'oreille s'y accoûtume de même; car c'eſt une eſpèce d'axiome en Muſique, telle tierce, telle ſixte.

On remarquera cependant à cette occaſion, que la *ſixte ajoûtée* à la ſous-dominante dans une cadence irrégulière, eſt toûjours majeure, quoique le *Ton* puiſſe être *mineur;* mais pour lors le *Ton* change, & cette ſixte majeure ajoûtée eſt la ſeconde du *Ton* ou de la tonique qu'elle annonce, toute diſſonance ajoûtée à une tonique la rendant dominante ou ſous-dominante.

XV.ᵉ L E Ç O N.

Quels ſont les accords qui ſuivent généralement le parfait.

E X E M P L E *C, page 2.*

De l'accord parfait on paſſe où l'on veut; mais le premier diſſonant qui le ſuit détermine un enchaînement preſque déjà tout contenu dans les leçons précédentes.

Tant que la baſſe marche par des conſonances, elle peut ne

porter que des accords parfaits, bien que le plus souvent la médiante *(e)* porte, sous le nom d'accord de sixte, le parfait de sa tonique, dès que le *Ton* ne change point.

C'est ordinairement en descendant de tierce que les accords parfaits se succèdent : quant aux marches par quintes, on y distingue facilement les toniques des dominantes & sous-dominantes, conséquemment aux règles déjà données, & l'on joint pour lors, si l'on veut, aux accords des deux dernières, la dissonance qui peut y être ajoûtée. En tout cas, si l'on craint de se tromper, l'accord parfait peut suffire, en tâchant néanmoins de reconnoître le *Ton* pour la suite.

Toute dissonance n'est pas d'une nécessité absolue dans l'accompagnement; elle y a cependant des prérogatives très-essentielles, soit pour former l'oreille, soit pour prendre connoissance & recevoir le sentiment du *Ton*, soit pour l'agrément du chant, soit pour faciliter l'exécution dans le prélude, & sur-tout dans l'accompagnement, où les doigts par son moyen préviennent à tout moment la réflexion & l'oreille, dans des cas justement où l'on n'a pas toûjours le temps de réfléchir, & où l'oreille pourroit bien être en défaut.

A l'exception des marches précédentes, toute autre exige un accord dissonant après le parfait, selon l'explication qui suit.

L'ordre le plus commun après l'accord parfait est celui de l'enchaînement des dominantes, qui peut commencer par la sous-dominante rendue dominante simple, & dont l'accord de septième forme celui de tierce-quarte sur la tonique, sinon par la *seconde* ou le *sensible* donnés dans les cadences, *page 38,* mais le plus souvent par l'*ajoûté (f).*

Pour trouver sur le champ cet *ajoûté* sous les doigts, il ne s'agit que de laisser tomber le doigt inutile dans le *parfait* auprès de son voisin au dessous, excepté que si ce *parfait* est arrangé

(e) La tierce d'une tonique s'appelle *médiante*, VI.ᵉ Leçon. Voyez aussi le renversement des accords, IV.ᵉ Leçon, *page 28.*

(f) *Ajoûté* signifie toute sixte majeure ajoûtée à l'accord parfait; &

dans la suite, pour faire rapporter autant qu'on peut les accords à la tonique, le nom d'accord sera toûjours sous-entendu relativement à cette tonique dans ces termes, l'*ajoûté*, la *seconde*, le *sensible* & le *parfait.*

par tierces, où pour lors la tonique se touche du 4, il faut lui substituer le 3, pour porter ce 4 une tierce au dessous, ou bien encore on substitue le 2 au 1, pour le faire joindre par celui-ci ; choix indifférent, si ce n'est pour porter la suite des accords du côté du bas ou du haut.

L'*ajoûté* une fois sous les doigts, ils suivent l'ordre de l'enchaînement des dominantes, pour arriver à la conclusion dans cet ordre, le *parfait*, l'*ajoûté*, la *seconde*, le *sensible* & le *parfait*, comme on le voit dans l'exemple *B*, depuis *a*, qui commence par l'*ajoûté*.

Ayant la succession de ces trois accords dissonans bien présente à l'esprit, on fait non seulement celui qui doit suivre l'autre, comme aussi celui qui doit le précéder, on reconnoît de plus celui des trois qui doit suivre le *parfait*, par le repos plus ou moins prochain sur ce même *parfait*, ou sur un autre, supposé que le *Ton* change par une nouvelle note sensible introduite dans l'un de ces accords, selon la XVII.ᵉ Leçon, exemple *H*.

En se rappelant la loi des cadences, XI.ᵉ Leçon, on fait que le *sensible* ou la *seconde* suit & précède également le *parfait* : c'est par conséquent le repos plus ou moins prochain qui doit en déterminer le choix : quant à celui de la *seconde* au lieu du *sensible* immédiatement avant le *parfait*, la Leçon suivante va nous l'apprendre.

L'exemple *G* nous offre la suite de ces accords, pareille à celle de l'exemple *B* où je viens de renvoyer, excepté qu'elle débute ici par le *parfait*, pour y reconnoître la pratique de l'*ajoûté*, soit avec le doigt inutile qui tombe auprès de son voisin au dessous à la lettre *a*, soit en substituant le 3 au 4 à *f*, soit en substituant le 2 au 1, à *l*.

XVI.ᵉ LEÇON.

Du double emploi.

L'enchaînement des dominantes, exemple *B*, & les cadences, exemple *D*, doivent mettre tout d'un coup au fait du *double emploi*. Dans l'exemple *B*, la *seconde b* est suivie du *sensible c* ;

&

& dans l'exemple *D*, elle est toûjours suivie du *parfait a*: or, voit-on arriver la tonique ou sa médiante dans la basse immédiatement après la *seconde*; donc le *parfait* doit la suivre, au lieu que s'il y a nécessité de pratiquer un autre accord entre deux, ce sera le *sensible*.

Ce *double emploi* n'est à considérer que dans la composition principalement, attendu que la B. F. est pour lors arbitraire à l'égard de la *seconde*; si celle-ci précède le *parfait*, sa B. F. est la sous-dominante, au lieu que si elle précède le *sensible*, sa B. F. est la su-tonique, l'accord de l'une & de l'autre étant absolument composé des mêmes notes; ce qui peut jeter le Compositeur dans l'embarras, lorsqu'il n'est pas au fait, au lieu qu'il peut en tirer d'agréables variétés, quand il sait ce qui en est: mais quant à l'accompagnement, la B. C. en décide sans qu'on puisse s'y tromper.

XVII.ᵉ Leçon.

Moyen d'entrelacer les Tons les plus relatifs dans un enchaînement de dominantes.

Exemple *H, page 3.*

Par les trois accords cités dans la XV.ᵉ Leçon, la marche fondamentale est connue: la tonique est-elle suivie de son *ajoûté!* la B. F. descend pour lors de tierce; est-elle suivie de sa *seconde!* cette B. F. monte en conséquence de *seconde*; est-elle enfin suivie de son *sensible!* elle passe à sa dominante, qui doit y retourner selon la loi des cadences.

Si les deux premières notes où passe la tonique doivent être naturellement de simples dominantes, on peut les rendre dominantes-toniques, en leur donnant la tierce majeure au lieu de la mineure qu'elles devoient porter: d'un côté la tonique monte à son dièse *a* de l'exemple *H*, de l'autre c'est la sous-dominante qui monte au sien *b*; par ce moyen on passe d'un côté au *Ton mineur* de la su-tonique, supposé qu'on parte d'un *Ton majeur* (car on ne passe jamais au *Ton* de la su-tonique d'un *Ton mineur*) & de l'autre on passe au *Ton* de la dominante-tonique.

G

Qui plus eſt, les deux *Tons* relatifs à la tierce mineure, comme ſont le *majeur d'ut* & le *mineur de la*, peuvent s'entrelacer dans l'enchaînement proposé, il ne s'agit pour lors que de remarquer le moment où la nouvelle tonique eſt touchée du plus bas des deux doigts joints, ſinon du 1 lorſque l'accord eſt par tierces, pour le gliſſer ſur ſa note ſenſible, qui eſt la touche immédiatement au deſſous. Voyez *c* & *d* de l'exemple *H.*

On peut encore paſſer au *Ton* de la ſous-dominante dans ce même ordre; mais ou le chromatique, dont il n'eſt pas queſtion encore, doit s'y joindre, ou la choſe doit être préparée dès la dominante-tonique, dont on change la tierce majeure en mineure, de ſorte que ſa tonique ceſſant de l'être par-là, devient dominante-tonique en conſervant pour ſa ſeptième cette tierce mineure de ſa dominante; ce qui ne peut avoir lieu que dans le *Ton majeur f, g* du même exemple.

Le chiffre, dans ces différens cas, éclaire encore plus que l'explication. Un dièſe doit paroître pour la nouvelle note ſenſible, & le bémol de même pour l'interdire: ce dièſe paroît-il, on ſait, on ſent le doigt qu'il faut y gliſſer; le bémol paroît-il de ſon côté, ſa note, ſa touche ne peut plus être la ſenſible.

Au bout de quelques jours ces pratiques deviennent familières, & au bout de quelques mois l'oreille les preſſent, même avant que d'oſer s'y fier.

X V I I I.ᵉ L E Ç O N.

De l'enchaînement des cadences irrégulières.

E X E M P L E *I, page 3.*

L'enchaînement des dominantes, VII.ᵉ Leçon, donne celui des cadences parfaites, mais généralement évitées ou ſimulées, ſoit par le défaut d'une note ſenſible, ſoit en conſervant la diſſonance dans l'accord d'une tonique du *Ton majeur* ſeulement, au lieu que toute cadence irrégulière doit avoir ſon plein effet; ſi bien qu'une tonique, en terminant une pareille cadence, peut devenir ſur le champ ſous-dominante d'une autre tonique qu'elle annonce.

Les cadences irrégulières, soit qu'elles débutent par un *Ton majeur*, dont le genre ne passe jamais celui de sa dominante, ce qu'il faut bien remarquer, soit qu'elles débutent par un *Ton mineur*, ne vont guère au delà de la dominante de ce dernier *Ton*; & si cette dominante ne porte point l'accord sensible, sa tierce mineure l'engage à rentrer, par un ordre opposé, dans l'un des premiers *Tons* donnés, soit le *majeur*, soit son *mineur* relatif.

L'ordre opposé aux cadences irrégulières est celui des cadences parfaites, par lesquelles on passe d'une note sensible à une autre, non pas toûjours immédiatement, pour revenir au premier *Ton*, comme on le voit dans les exemples *I*.

Il y a deux façons d'enchaîner ces cadences irrégulières; l'une par la sixte majeure ajoûtée à l'accord d'une tonique qui devient pour lors sous-dominante; l'autre par la *seconde* de cette même tonique, où son octave se conserve seule, en y ajoûtant aussi l'octave de la note qui vient ensuite, & qui reçoit ce dernier accord.

Le premier exemple *I* présente une suite de cadences irrégulières avec la sixte majeure ajoûtée, sans répéter l'accord, si l'on veut, selon que peut l'exiger la vîtesse du mouvement: on doit se souvenir que l'accord de cette sixte ajoûtée s'appelle simplement l'*ajoûté*.

Les *Tons* à la quinte étant de même genre *(g)*, il s'ensuit que la tonique *a* doit participer du genre *majeur* qui la précède, & du *mineur* qui la suit; c'est pour cette raison qu'après avoir reçû la tierce majeure comme tonique, elle reçoit ensuite à *a* la mineure comme sous-dominante.

Si l'on n'avoit pas le temps d'employer successivement les deux tierces, comme à *a* du deuxième *I*, où l'on passe continuellement d'une tonique à une autre, sans qu'aucune puisse s'y annoncer comme sous-dominante, le genre du *Ton* qui suit doit pour lors être préféré, non qu'on ne soit forcé quelquefois de transgresser cette règle *(h)*.

(g) XIII.ᵉ Leçon, *page 44.*
(h) Telle est l'observation dont j'ai parlé à la fin de la XIII.ᵉ Leçon.

Si le *Ton* de *ré* eſt *mineur*, comme ſous-dominante du *mineur* de *la*, relatif au *majeur* d'*ut*, la ſixte majeure que reçoit ce *ré* n'eſt plus de ſon *Ton*, mais bien de celui de *la*, dont il devient ſur le champ ſous-dominante; & c'eſt pour cela qu'on joint à *b* un béquare au *ſi*, pour effacer le bémol qui s'y trouve auparavant; remarque générale pour toutes les toniques de *Tons mineurs* qui deviennent enſuite ſous-dominantes.

Les finales *d* & *e* ſont arbitraires; qui plus eſt, l'enchaînement ne ſe porte pas toûjours auſſi loin que dans ces exemples: on s'y arrête à tel *Ton* relatif que l'on veut, pour de celui-là revenir à l'un des deux relatifs à la tierce mineure, quel que ſoit celui des deux par lequel l'enchaînement aura débuté.

On voit dans chaque exemple que pour revenir au premier *Ton* donné, les notes ſenſibles prennent la place des ſixtes majeures ajoûtées, c'eſt-à-dire, que les cadences parfaites, effectives ou ſimulées, ſe ſubſtituent aux irrégulières.

Dans le deuxième *1*, on paſſe de tonique en tonique, ſans qu'aucune puiſſe y donner le ſignal de ſous-dominante; & pour lors la tierce de chaque tonique ſe trouve ſuſpendue par la quarte, occupée déjà par le doigt qui auroit naturellement deſcendu ſur cette tierce; ſi bien que pendant que les deux autres doigts touchent l'octave & la quinte de l'accord parfait où l'on devroit paſſer, l'autre demeure en ſa place, ſuſpend ſa marche, pour deſcendre un moment après ſur cette même tierce.

On doit reconnoître dans cette quarte une diſſonance. pareille à celle de l'enchaînement des dominantes, VII.ᵉ Leçon, prenant pour lors le nom de l'intervalle qu'elle forme avec la baſſe, mais préparée & ſauvée de même.

Cette quarte devroit s'appeler onzième, & ce n'eſt que pour en donner une intelligence plus prompte que je lui conſerve le nom uſité.

Pour pratiquer cette quarte, il ſuffit de conſerver l'octave de la tonique qui monte de quinte, & de faire deſcendre ſa tierce ſur ſa ſeconde, ſelon l'habitude qu'on doit en avoir priſe dans les cadences, XI.ᵉ & XIV.ᵉ Leçon; & au lieu du reſte de l'accord, on y ajoûte ſeulement l'octave de la baſſe où l'on paſſe.

Cette seconde, autrement su-tonique de la première tonique, est justement la B. F. de la quarte dissonante employée sur l'autre tonique; ce qui suffit pour l'oreille, l'octave de cette autre tonique n'y étant ajoûtée que parce qu'il ne s'y agit que de son accord parfait, dont la tierce se trouve suspendue pour lors par la quarte, où le même doigt qui devoit descendre d'abord sur cette tierce reste pour un instant, comme je l'ai déjà dit.

Le seul premier accord de quarte, dans ce deuxième *I*, demande un peu de réflexion; mais quant aux autres, les doigts vont tous l'un après l'autre joindre leurs voisins au dessous, jusqu'à ce que, ne s'y en trouvant plus, le 1 supplée à leur défaut.

Dans l'accord de quarte, où les trois doigts sont à une quarte l'un de l'autre, où l'octave de la basse est au milieu, & où le 1 fait la quarte, il faut toûjours employer le 2 au milieu, pour que le premier ordre prescrit entre les doigts puisse se conserver dans les accords qui viennent ensuite.

Il faut exercer de soi-même ces exemples sur d'autres *Tons majeurs*, en remarquant qu'après celui de la première dominante on passe toûjours d'un *Ton mineur* à un autre, & que le premier de ces *Tons mineurs* est toûjours celui de la sous-dominante du *mineur* relatif au *majeur* par lequel on a débuté: il est, en un mot, la su-tonique du *majeur régnant*, devenant ensuite sous-dominante de ce *mineur* relatif; cet ordre de cadences, comme aussi celui de l'enchaînement des dominantes, se reconnoissant dans la gamme par quintes.

Rien n'est plus facile que de supposer ici une basse qui monte toûjours de quinte, ou descende de quarte, en remarquant que la sixte majeure ajoûtée détruit le bémol d'auparavant, ou bien ajoûte un dièse; chaque *Ton* successif augmentant par conséquent d'un dièse, selon l'ordre des dièses en montant de quinte.

Il y a encore une manière de suspendre la tierce & la quinte d'une basse où l'on monte de quinte, qui va faire le sujet de la Leçon suivante.

CODE

XIX.ᵉ Leçon.

Suspensions communes aux cadences.

Exemple *K, page 3.*

Outre la suspension que je viens d'annoncer dans la précédente Leçon, l'on peut en pratiquer une autre, qui consiste à conserver tout l'accord parfait d'une note fondamentale sur celle où l'on monte de quinte; & pour lors les deux doigts qui auroient d'abord dû descendre avec cette dernière note sur sa quinte & sur sa tierce, n'y descendent qu'un moment après, soit ensemble, soit l'un après l'autre. *a, b, c* de l'exemple *K.*

Si les doigts descendent l'un après l'autre, on passe de la première *suspension*, appelée *sixte-quarte*, à celle de la *quarte* déjà citée, & qu'on appelle aussi *quarte-quinte.*

Le doigt qui descend le premier est toûjours celui qui touchoit la tierce; de sorte qu'après avoir joint son voisin au dessous, *e, f (1)*, il le chasse, pour ainsi dire, & le force de descendre ensuite, *f, g,* de même que dans le deuxième *I.*

Ces deux *suspensions* peuvent être employées de suite, au lieu de la seule du deuxième *I*, sur-tout dans une mesure à trois temps, comme à *e, f, g:* l'une ou l'autre, même l'une & l'autre, sont très-fréquentes immédiatement avant la cadence parfaite; elles annoncent volontiers cette cadence, puisqu'elles suspendent simplement l'harmonie de la dominante qui l'annonce effectivement; & souvent la quarte suspend encore la tierce de la tonique qui termine cette même cadence, comme aux deux derniers *d.* L'exemple présente les trois faces.

Par-tout où il n'y a qu'un, & même deux doigts à glisser après une *suspension*, on peut toûjours les glisser seuls: les liaisons qui embrassent les notes en ce cas, marquent qu'on peut conserver les doigts sur les mêmes touches sans les répéter; le goût en décide d'ailleurs.

On voit dans le deuxième *K* la tonique *ut* monter sur sa

(1) Le 4 n'ayant point de voisin au dessous, c'est pour lors le 1 qui le remplace à *e, f.*

seconde *ré*, *a*, *c*, dont l'accord de septième fait la *seconde* de la même tonique: or ce sont justement ces deux notes à la seconde qui restent pour former l'accord de quarte, en y ajoûtant l'octave de la basse qui le porte; moyen qui s'offre de tous côtés pour trouver aisément cet accord de quarte sous les doigts.

La ligne tirée après un chiffre, ainsi, 4—, signifie que le même intervalle reste, *c*, *f* du premier *K*. On peut en faire autant de tous les intervalles qui restent d'un accord à un autre.

Exercez ce même exemple dans plusieurs autres *Tons majeurs* & *mineurs*. On n'a que trop besoin d'attention pour la basse, pour la connoissance du *Ton* & celle de la suite des accords, sans qu'il faille encore la partager à l'occasion de l'arrangement des doigts, de leur marche, & des dièses ou bémols nécessaires.

Observez par-tout le même ordre donné dans chaque face, & que les doigts y soient tellement accoûtumés, qu'ils n'exigent en ce cas, comme dans tout autre, aucune réflexion.

Il y a d'autres suspensions encore dont je parlerai bien-tôt; elles facilitent la pratique des accords, & sont d'un grand secours pour l'agrément du Chant dans la composition, comme dans le prélude.

XX.ᵉ Leçon.

Des accords communs à différentes toniques, où il s'agit de la sixte superflue.

Exemple L, page 4.

L'*ajoûté* à l'accord d'une tonique est toûjours la *seconde* d'une autre tonique qui en fait la quinte, & la *seconde* de la première est le *sensible* de la dernière, à la différence près du dièse qui distingue la note sensible. Exemple *L*, où sont les deux toniques à la quinte l'une de l'autre, savoir, *ut* dans la première B. C. & *sol* dans la deuxième, avec le chiffre qui marque leurs accords communs: *a* présente en même-temps l'*ajoûté* d'*ut* & la *seconde* de *sol*: *b* présente de son côté la *seconde* d'*ut* & le *sensible* de *sol*; *seconde* qui porte alors le nom de *triton*, à cause du dièse joint à sa quarte *fa*.

DEUXIÈME L.

De cette dernière communauté d'accords suit la possibilité d'une *sixte superflue*, en diésant également la quarte de la tonique d'un *Ton mineur* dans son accord de *seconde*, lorsque la B. C. descend d'un demi-ton sur sa dominante-tonique; ce qui se pratique volontiers lorsqu'on veut faire sentir un repos absolu sur cette dominante-tonique.

Si l'on a le temps d'y penser, on fera toûjours bien de retrancher l'octave de la B. C. en pareil cas. Voyez *h* du deuxième *L*, où ce retranchement laisse voir & entendre le véritable accord sensible de cette dominante dans la méchanique même des doigts qui l'exécutent.

XXI.ᵉ LEÇON.

Des suppositions & suspensions.

EXEMPLE *M*, page 4.

La *supposition* consiste dans une note de basse placée à la tierce ou à la quinte au dessous d'une dominante, comme à *b* de l'exemple *M*, où sont deux B. C. différentes avec leurs B. F. & où l'*ajoûté* forme l'accord de neuvième à *b*, aussi-bien que la sixte ajoûtée à la tonique *ut* qui est au dessous, & la septième de la B. F. tierce au dessous de cette tonique.

On reconnoît toute dominante dans l'accord même, où; comme fondamentale, elle est la plus basse des tierces, sinon le plus haut des deux doigts joints; mais avec le chiffre jamais on ne peut se tromper dans la *supposition*, sachant une fois qu'elle se forme toûjours par l'*ajoûté*, comme d'*a* à *b* où je viens de renvoyer.

Les chiffres 9 & $\frac{9}{4}$ vous disent que les accords par *supposition* s'appellent *neuvième*, & *neuvième* & *quarte;* la basse du premier est la tierce au dessous d'une dominante, & celle du deuxième est sa quinte au dessous, comme à *c*.

La note sensible entre souvent dans ces deux accords, en
donnant

donnant au premier le nom de *septième superflue*, & à l'autre celui de *quinte superflue*, qui n'a lieu que dans les *Tons mineurs*; ce qu'indique le chiffre à ne pouvoir s'y tromper, dès qu'on sait comment se trouve un accord sensible sous les doigts, & que la note sensible est connue, VIII.ᵉ Leçon.

On voit la *septième superflue* dans chaque *Ton* aux deux derniers *c*, & la *quinte superflue* dans le seul *Ton mineur* à *d*: le premier de ces deux accords ne se fait jamais que sur la tonique, & le deuxième sur la médiante.

La *suspension* est une espèce de *supposition*, où tantôt un, deux, trois, & même quatre doigts, se conservent sur leurs mêmes touches, avant que de les glisser sur l'accord que la basse exigeroit d'abord dans l'ordre de la méchanique; ce qui n'est d'ailleurs qu'un agrément, mais souvent heureux, auquel il faut accoûtumer les doigts par un fréquent exercice dans différens *Tons*, pour y accoûtumer aussi l'oreille, qui s'y plaît infiniment quand une fois elle en a le pressentiment par-tout où la chose est possible, comme à *b*, *d*, *e*, *f* des exemples *K*.

Il y a deux suspensions arbitraires sur la tonique après son accord sensible, savoir, sa tierce suspendue par une quarte, ce qui est déjà connu, & son octave suspendue par une neuvième; où il s'agit simplement d'une marche arbitraire entre deux doigts, dont l'un ou l'autre descend seul, & dont la note sensible doit toûjours être retranchée, attendu qu'on n'y emploie que les trois mêmes doigts dont se forme ensuite l'accord parfait de cette tonique, *a*, *b*, & *k*, *l* du deuxième *M*.

DEUXIÈME *M*.

Remarquez au premier *a* & à *i* le même accord sensible, où la différence des deux suspensions qui le suivent consiste à faire descendre le 2 au deuxième *a*, pour suspendre la tierce *b*, & à faire descendre au contraire le 4 *k* pour suspendre l'octave *l*; les trois mêmes doigts qui ont formé ces deux suspensions formant ensuite l'accord parfait, qui auroit dû naturellement suivre d'abord le sensible.

Dès qu'on peut prévoir ces sortes de suspensions, il faut

H

tâcher de placer la note fenfible au milieu de fon accord, comme au premier *a* & à *i*, en évitant les ordres contraires, après lefquels le retranchement de la note fenfible dérange extrê-mement celui de la méchanique.

Ces deux fufpenfions fe renverfent quelquefois, mais très-rarement, fur la tierce ou fur la quinte d'une tonique, dont l'indication par le chiffre pourroit paroître inintelligible, fi l'on n'en étoit prévenu.

Cependant, certain que l'accord de la tonique doit fuivre le *fenfible*, on doit conclurre par les chiffres inintelligibles qu'il ne peut s'y agir que d'une fufpenfion, fauf à y diftinguer celle des deux qui regarde fimplement la tonique, puifque la pratique en eft abfolument la même.

Voir $\frac{6}{5}$ fur une médiante *d*, ou $\frac{7}{4}$ fur une dominante *g*, après l'accord fenfible, ce n'eft autre chofe que la quarte dont fe forme la fufpenfion de la tierce qui doit fuivre d'abord dans l'accord parfait de leur tonique: voir pareillement 7 fur cette médiante *n*, ou $\frac{6}{5}$ fur cette dominante *q*, toûjours après l'accord fenfible, ce n'eft encore autre chofe que la neuvième formant la fufpenfion de l'octave qui devoit fuivre d'abord dans l'accord parfait de leur tonique, deuxième *M*, où *c*, *d*, *e*, & *f*, *g*, *h*, donnent le renverfement de *a a*, *b*, & où *m*, *n*, *o*, & *p*, *q*, *r*, donnent celui de *i*, *k*, *l*.

Comme l'accord de la tonique fuit toûjours ces fortes de fufpenfions, puifqu'il doit fuivre le fenfible, y fommes-nous embarraffés? confervons le même *fenfible*, nous y ferons prefque toûjours d'accord avec l'auteur, fur-tout s'il n'a compofé qu'à deux ou trois parties. Voyez le Chapitre XII & le troifième *R* dans l'exemple de compofition.

Accoûtumons-nous de bonne heure à defcendre chaque doigt dans fon rang l'un après l'autre, en débutant par la diffonance, finon par la tierce, bien-tôt nous ferons à l'épreuve de toute fufpenfion; rarement fe trouvera-t-il plus de deux doigts à def-cendre de cette forte au deffus d'une note de baffe, & s'il en falloit un troifième, fon rang l'ameneroit de droit fans être obligé d'y penfer.

T R O I S I È M E *M.*

La diſſonance qui va joindre ſa note voiſine la rend diſſo-
nante à ſon tour, ainſi de l'une à l'autre; ſi bien que dans un
point d'Orgue, par exemple, où pourroit ſe trouver au deſſus
d'une même note de baſſe une ſuite de chiffres qui ne répondroit
pas à celle des *cadences*, on ſe contenteroit pour lors des deux
doigts, dont le plus haut chaſſeroit, pour ainſi dire, l'autre en
ſe joignant; & l'on continueroit ainſi, juſqu'à ce qu'approchant
de la fin, on verroit la poſſibilité de l'harmonie complète,
troiſième *M*, où par extraordinaire la quinte deſcend la première
pour joindre ſa voiſine.

La ſuſpenſion n'eſt dans le fond qu'un jeu de doigts, ſuppoſez
des ſons ou notes, dont ceux qui devroient deſcendre enſemble
ſe chaſſent l'un après l'autre en ſe joignant.

La ſuppoſition ſuit toûjours l'accord parfait, & la ſuſpenſion
le diſſonant, excepté que l'accord d'une tonique peut reſter pour
donner celui de ſixte-quarte à ſa dominante en forme de ſuſpenſion. Voyez encore ſur ce ſujet la XXV.ᵉ Leçon.

X X I I.ᶜ L e ç o n.

Entrelacement de ſuppoſitions avec des accords parfaits.

E X E M P L E *N, page 5.*

L'entrelacement dont il s'agit conſiſte dans une baſſe qui
monte alternativement de quinte & de ſeconde, où ſe pratique
d'un côté la quarte déjà connue, & de l'autre la neuvième.

Ici deux doigts ſe chaſſent continuellement, c'eſt-à-dire que
l'un vient joindre ſon voiſin au deſſous, l'oblige à deſcendre,
revient à la charge, & toûjours de même.

Quand la B. C. monte de quinte, le doigt qui en touche la
tierce deſcend, & quand elle monte d'une ſeconde, c'eſt le doigt
qui en touche la quinte qui deſcend; ſon voiſin au deſſous fait
la quarte de la B. C. où l'on monte de quinte, & la neuvième
de la B. C. où l'on monte de ſeconde. Exemple *N*, où ſe

trouve un modèle des *points d'Orgue* cités dans la précédente Leçon.

On n'a pas oublié que le 4 remplace le doigt supposé au dessus du 1, de même que celui-ci remplace le doigt supposé au dessous du 4.

Les accords parfaits & de quarte n'occupant que trois doigts, exigent qu'on n'emploie qu'un pareil nombre dans tout l'entrelacement jusqu'à sa fin, où pour lors l'harmonie reprend tout son complément.

Avec les deux doigts, dont le supérieur poursuit l'autre, le troisième reste par-tout sur la même touche, jusqu'à ce qu'il descende de tierce sur la quinte du troisième accord parfait.

Ce troisième doigt peut passer seul sur sa voisine qui le conduit à la quinte en descendant de tierce, quand la vitesse du mouvement ne s'y oppose pas; mais cela n'est pas nécessaire.

La B. F. prouve que tout cet entrelacement tire son origine de l'enchaînement des dominantes, dont une ou deux notes de l'harmonie se trouvent retranchées pour en faciliter l'exécution; mais si l'on ne joint point encore la basse aux accords, à plus forte raison ne faut-il pas s'occuper de la fondamentale, qui n'est donnée que pour satisfaire les curieux sur le fond de l'harmonie.

Cet entrelacement peut encore être soûmis aux *cadences irrégulières*, XIV.ᵉ Leçon, & aux *rompues*, dont on va parler, ce qui dépend du chiffre, deuxième *N*.

Quand on peut arranger un accord dissonant par tierces, plustôt que d'y joindre le 2 & le 1 comme à *b* du deuxième *N*, l'effet en est plus agréable; remarque qui tient à celle que nous avons déjà faite sur le même sujet dans la précédente Leçon.

Aj. signifie l'*ajoûté*, qu'on pratique autant qu'on le veut sur les toniques qui montent sur leurs dominantes portant l'accord parfait ou le *sensible;* au lieu que si ces dominantes reçoivent d'abord la quarte, cet *ajoûté* n'est plus de recette, comme on le voit à *f* du deuxième *N*, & selon le deuxième *I* de la XVIII.ᵉ Leçon.

Dans *a, b* du deuxième *N*, on voit la possibilité de passer du *Ton majeur* à son *mineur* relatif, à la faveur d'une cadence interrompue, selon la B. C. & rompue dans la B. F. conséquemment à la supposition de la quarte donnée à la B. C. preuve inutile d'ailleurs pour l'accompagnement.

Cet entrelacement ne peut être continué dans le *Ton mineur*; sa dominante rentre incontinent dans son *majeur* relatif, comme de *b* à *c* du premier *N*, sinon l'on continue ce *Ton mineur* par d'autres routes, ayant évité sa note sensible à *g* du deuxième *N*, pour varier les *Tons* par d'autres sensibles encore évitées à *h* & à *i*, étant libre de rendre toniques toutes les dominantes où l'on monte de quinte, comme à *g* de la B. C.

XXIII.ᵉ Leçon.

Des cadences rompues & interrompues.

Exemple O, page 5.

La seule cadence parfaite peut souffrir variété dans le fond d'harmonie, soit en faisant monter diatoniquement une dominante-tonique, soit en la faisant descendre d'une tierce mineure.

On appelle *cadence rompue* l'ascension diatonique d'une dominante-tonique, & la note sur laquelle elle monte peut toûjours être censée tonique, bien qu'on puisse la rendre aussi dominante-tonique, ou simple.

On appelle *cadence interrompue* celle où cette même dominante-tonique descend d'une tierce mineure, & la note sur laquelle elle descend est toûjours dominante, le plus souvent dominante-tonique.

Cette dernière cadence ne se pratique qu'en passant d'un *Ton majeur* à son *mineur* relatif, quand les deux accords sont sensibles, o, p.

Quand la note qui termine une *cadence rompue*, sur-tout dans le *Ton mineur*, est rendue dominante, on peut ne lui donner que l'accord parfait de la vraie tonique, selon l'ordre des *cadences*, & l'accord qui suit seroit simplement la *seconde* de cette même tonique, *g*, *h*, *i*.

H iij

C'eſt à l'occaſion de ces deux dernières *cadences* que j'ai recommandé de s'accoûtûmer à deſcendre l'un après l'autre les doigts d'un accord diſſonant; car ſi dans la *cadence interrompue* il ne faut deſcendre qu'un doigt, il en faut deſcendre trois dans la *rompue*, quand la note qui la termine devient dominante, non qu'on ne puiſſe la rendre toûjours tonique; cependant la marche des trois doigts les met mieux ſur la voie de la méchanique pour ce qui doit les ſuivre, outre que la pratique en eſt d'autant plus facile qu'il ne s'y agit que de l'*ajoûté* à l'accord de la tonique régnante, *ajoûté* qui amène généralement un enchaînement de dominantes. Voyez *b, c, d, e*, & tâchez d'en découvrir la B. F.

Ces deux dernières cadences s'imitent ſouvent en les faiſant commencer par un accord diſſonant non ſenſible; ce qui ſe reconnoît aiſément par un chiffre pareil ſur deux notes qui montent diatoniquement, ou déſcendent de tierces, comme $^6_5$ $^6_5$, &c. cadence rompue imitée *m, n*, cadence interrompue *o, p*, puis imitée *r, s*.

Dans le *Ton mineur*, la dominante-tonique ne monte que d'un demi-ton pour terminer une *cadence rompue;* ce qu'il faut bien remarquer. Voyez encore ſur ce ſujet la XXV.ᵉ Leçon.

Deuxième O.

Je ne dois pas oublier d'avertir encore qu'il ſe pratique quelquefois une imitation de cadence rompue, & en même temps irrégulière, en faiſant deſcendre diatoniquement une dominante ſur une autre. Dans le deuxième *O*, la cadence eſt l'irrégulière imitée *a, b*, lorſque la tonique qui la termine reçoit la ſeptième, comme cela ſe peut, ou bien c'eſt la rompue imitée *c, d*, en retranchant l'octave de la note *d*, portant la ſeptième, comme cela ſe peut encore. Les guidons marquent à *a, b*, la B. F. d'une cadence irrégulière, & à *c, d*, celle d'une rompue avec leurs accords.

Troisième O.

Dans un autre cas, lorſqu'on veut éluder une cadence parfaite,

en donnant la tierce mineure au lieu de la majeure à une dominante-tonique, qui devient pour lors cenſée tonique, on fait
monter cette dominante de quinte, où l'on a le choix d'une
cadence irrégulière, ſinon d'un renverſement de la rompue.
Dans le troiſième *O*, la dominante du *Ton régnant*, qui eſt le
mineur de *la*, reçoit la tierce mineure à *f*, ſuſpendue par la
quarte *e*, puis elle reçoit ſon *ajoûté* à *g* pour annoncer la cadence
irrégulière qui ſe termine à *h*; ou bien elle recevra, ſi l'on
veut, l'accord ſenſible de la ſous-dominante de ce *Ton régnant*,
dont la cadence ſe rompra par renverſement dans la même
marche d'une cadence irrégulière, comme on le voit d'*i* à *k*,
où le guidon ſous *i* marque ſa B. F; & ſi cette B. F. qui eſt
dominante-tonique d'un *Ton mineur*, monte en ce cas d'un *Ton*,
lorſqu'elle ne devroit monter que d'un demi-ton, c'eſt pour
rentrer incontinent dans le *Ton régnant*, dont la tonique *l* ne
reçoit le plus ſouvent aucun accord qu'après ſon *ſenſible*.

Je ne ſuis pas certain d'avoir épuiſé toutes les ſortes d'imitations de cadences que le goût du chant d'une baſſe peut
ſuggérer; mais comme le fond en eſt donné, on verra par-tout
où la fantaiſie conduira le chant de cette baſſe, s'il peut ſe
ſoûmettre à ce fond donné, ſoit en retranchant l'octave de cette
même baſſe, ſoit en retranchant ſa ſeptième; car il faut bien
remarquer que l'octave & la ſeptième ſont ſimplement ajoûtées
à l'harmonie, l'une pour en multiplier les intervalles, l'autre
pour faire deſirer ce qui doit la ſuivre.

Examinons bien le fait; ce n'eſt ni l'harmonie ni ſa ſucceſſion
décidée qui changent, c'eſt ſeulement le choix d'une note de baſſe
qui nous cache ſouvent l'une & l'autre, quand nous ignorons le
fond ſur lequel la marche de cette baſſe eſt établie; d'où pluſieurs
imitations ont été traitées de licences, auſſi-bien que certains
renverſemens.

Au reſte, ces dernières imitations ſont plus du reſſort de la
compoſition que de l'accompagnement; mais comme il en a
fallu marquer les accords avec les raiſons qui les autoriſent,
j'ai cru pouvoir en parler par anticipation.

XXIV.ᵉ Leçon.

Suite diatonique de plusieurs accords de sixte généralement soûmise aux-cadences, dont la règle de l'octave tire son origine.

Exemple P, page 6.

S'il se trouve une succession diatonique dont les notes soient toutes chiffrées d'un 6, on ne peut donner à chacune que l'accord de sixte renversée du parfait *(k)*.

Cette suite d'accords n'a guère lieu que dans des trio, sinon la négligence, peut-être même l'ignorance, ne permet pas toûjours d'en reconnoître l'harmonie dans les cadences *(l)*, qui seules appartiennent principalement à de pareilles successions.

La seule tonique recevant la sixte dans le début de la phrase est exceptée des *cadences*, au lieu que si elle est précédée en ce cas de son accord sensible, elle offre pour lors un renversement de la *cadence rompue* à *b* de l'exemple P, puisque son accord de sixte est justement le parfait de la su-dominante qui termine une pareille *cadence*. Tout est sixte simple dans le premier exemple, aux notes *a*, *c*, *d* près, où les cadences commencent.

La note où descend diatoniquement la tonique portant l'accord de sixte, reçoit un pareil accord, si elle descend de même, parce qu'elle représente pour lors la tierce de la dominante; mais après elles les *cadences* prennent leur cours, & la su-dominante y reçoit la *seconde* de la tonique *e* de quelqu'accord qu'elle soit suivie, soit de celui de la tonique, soit du *sensible*.

Cet accord de *seconde*, après le parfait de la dominante que porte sa tierce, sous le nom de sixte, se trouve sous les doigts de la même façon que le sensible de cette dominante, à la différence près de la note sensible qu'on y bémolise comme l'exige la vraie tonique, & qui seroit dièse, si cette même

(k) IV.ᵉ Leçon, *page 26.* | *(l)* XVI.ᵉ Leçon, *page 48.*

dominante

dominante devenoit tonique e; ce qu'il faut bien remarquer, pour que les habitudes prifes en conféquence puiffent y prévenir la réflexion & l'oreille.

La fous-dominante chiffrée d'un 6 peut également porter la *feconde* ou le *fenfible* de la tonique, mais elle porte le plus généralement la *feconde* en montant g, & le *fenfible* en defcendant f; elle peut également les porter tous deux à la fuite l'un de l'autre, la *feconde* étant pour lors la première.

On voit dans ce dernier ordre la véritable règle de l'octave toute foûmife aux *cadences*, à l'exception de la note où defcend la tonique, felon l'explication précédente.

Les chiffres au deffous des notes marquent les cadences.

Malgré toutes ces connoiffances, la crainte de fe tromper peut ne faire donner que de fimples accords de fixte aux notes chiffrées d'un 6, comme dans le début de l'exemple; mais du moins, en approchant de la fin, tâchons toûjours de rentrer dans les cadences.

XXV.ᵉ Leçon.

De la feptième diminuée, fous le titre de petites tierces.

La *feptième diminuée* fe compofe de trois tierces mineures; d'où j'appelle fon accord, *accord de petites tierces*, d'autant que ce même ordre fe trouve dans toutes fes faces.

Il eft vrai qu'une des tierces mineures forme une feconde fuperflue par-tout où l'accord eft renverfé; mais fur le clavier la feconde fuperflue & la tierce mineure fe pratiquent fur les deux mêmes touches. Ainfi, dès qu'une des notes de l'accord eft connue, tout l'accord eft trouvé, en y arrangeant les quatre doigts par tierces mineures, n'importe de quel côté.

La note fenfible eft cenfée fondamentale de cet accord, qui ne fe pratique que dans les *Tons mineurs*, & les règles données à l'égard de cette note, comme de fon accord, n'y varient en aucune façon; c'eft toûjours l'accord fenfible, celui que porte la dominante-tonique, à laquelle fon demi-ton au deffus fe fubftitue;

I

voilà tout. On en va trouver des exemples dans les Leçons
suivantes.

XXVI.ᵉ Leçon.

Du genre chromatique.

Exemple Q, page 6.

Le *chromatique*, qui n'a généralement lieu que dans les *Tons
mineurs*, confiste dans une note qui paffe à fon dièfe ou à fon
bémol, en changeant de *Ton*.

Cette note qui paffe ainfi à fon dièfe ou à fon bémol peut
former fucceffivement la tierce mineure & la majeure d'une
tonique, foit dans les accords *a* de l'exemple *Q*, foit dans la
baffe *b*.

D'un autre côté, le dièfe où l'on monte devient prefque toûjours note fenfible *d*, & le bémol où l'on defcend fe rencontre
le plus fouvent dans un enchaînement de dominantes *c*, &
g, h, deuxième *Q*, où le doigt qui touche le dièfe defcend fur
fon bémol ou béquare avec les deux autres doigts défignés dans
l'enchaînement *c*.

Bien que trois doigts defcendent pour lors au lieu de deux,
remarquez que le dièfe, le bémol ou le béquare d'une note eft
cenfé la même note, dont l'intervalle varie feulement entre le
majeur & le mineur, ou bien entre le fuperflu & le diminué;
ce qui devient bien-tôt familier avec un peu d'exercice dans
différens *Tons* calqués fur le même exemple, & en y variant
la face du premier accord, qui entraîne une pareille variété dans
les autres.

Dans le premier *Q*, à la réferve du dièfe ou du bémol qui
fe fubftituent l'un à l'autre, les deux doigts reftent par-tout fur
la même touche, ou defcendent fur leurs voifines, toûjours dans
l'ordre de la méchanique; ordre qu'on ne dérange que pour
placer la note fenfible au milieu de fon accord, foit en portant
le 1 une tierce plus haut, deuxième *d*, foit en portant le 4 fur
l'octave de la B. F. *f*.

Le *la* dont le *Ton mineur* est annoncé par sa tierce mineure au premier *b*, reçoit immédiatement après sa *seconde* dans l'accord chiffré *Aj*. (o) ; laquelle *seconde* est en même temps l'*ajoûté* à *ré* dans le *Ton* duquel on va rentrer, ce qui est fait exprès pour rappeler cette communauté d'accords annoncée dans la XX.e Leçon.

On voit dans ce premier exemple presque tout l'artifice du chromatique ; le deuxième *d* y présente l'accord de *petites tierces*, dont la note sensible, qui pour lors est B. F, représente la sienne même, savoir, la dominante-tonique, marquée d'un guidon sous ce deuxième *d*, dont elle fait la tierce majeure.

Reste à faire remarquer que cette même note sensible peut entrer comme B. F. dans un enchaînement de dominantes, sur lequel roule tout le chromatique en descendant, excepté lorsqu'une tierce majeure passe à la mineure d'une même B. F. comme à *a* & aux guidons *b* avant *Aj*.

Les guidons de la B. F. sous *a*, *b* du deuxième *Q*, prouvent que les notes de chaque basse tiennent à la même harmonie ; l'une *a*, en conséquence de la septième diminuée, où la note sensible, comme B. F. remplace la dominante-tonique ; l'autre *b*, par supposition ; supposition qui seroit suspension, si elle étoit suivie de l'accord de la tonique, comme cela devroit être, plustôt que de l'exclurre, cet accord, par le mot *ou*, qui signifie qu'on le peut. On voit donc dans la B. F. l'enchaînement des dominantes bien indiqué par cette succession, *la, ré, sol, ut*, &c. où le chromatique prend un empire peu commun à la vérité, d'*a* à *b*, mais possible.

Sur la fin de ce deuxième *Q*, l'on trouve des notes sensibles qui deviennent fondamentales, *c, d* ; & dans le troisième, la B. C. présente un chromatique en descendant, le tout sur le même enchaînement de dominantes.

Les accords de petites tierces peuvent se succéder entr'eux de bien des façons, mais toûjours fondées sur la vraie B. F. comme on le voit au quatrième *Q*, où d'ailleurs le *Ton mineur* commu

_____

(o) *Aj*. c'est-à-dire l'*ajoûté*.

fait reconnoître en même temps dans la B. C. les dièses accidentels *g*, *h*, qui montent de la dominante *f* à sa tonique *f*, *g*, ♮ *i*. Le chiffre, au reste, ne permet pas de se tromper sur ces sortes d'accords.

XXVII.ᵉ Leçon.

Du genre enharmonique.

EXEMPLE *R*, page 7.

Le *genre enharmonique* ne se pratique que dans les *Tons mineurs*, & les *petites tierces* en font tout le jeu. Il s'agit simplement en ce cas de prendre pour note sensible telle note de l'accord que l'on veut, & toute la difficulté consiste à reconnoître la note sensible qui doit remplacer celle qui existe dans le moment même qu'elle change. Exemple *R*.

Tous les accords de *petites tierces* marqués d'un *a* se formant des mêmes touches sur le clavier, il ne s'agit que d'y reconnoître la note donnée pour sensible, savoir, *ré dièse*, *fa dièse*, *la*, ou *ut*, sous le nom de *si dièse*: or c'est l'affaire du chiffre, dès qu'on sait que ce chiffre ne peut indiquer que la seconde, la tierce, la quinte ou la septième de la basse qu'on touche; ce qui ne peut échapper à qui possède les gammes du Chapitre 1ᵉʳ. Par cette sensible le *Ton* est connu, le doigt qui la touche monte d'un demi-ton sur la tonique, dont l'accord doit se trouver naturellement en même temps sous les autres doigts, en supposant l'habitude acquise par les Leçons précédentes: d'ailleurs, les dièses ou bémols accidentels joints aux chiffres ne peuvent guère permettre de se tromper, en y donnant un peu d'attention pendant quelques jours.

Ce nouveau genre de Musique peut conduire à douze *Tons* différens, en rendant dominante-tonique la tonique même annoncée par sa note sensible, & dont il faut, pour mieux y préparer l'oreille, annoncer le nouvel accord sensible qu'elle va donner, par la suspension de la quarte *b*, le *Ton* qui en résulte pouvant être pour lors ou *mineur* ou *majeur*; ce qu'indique le mot *ou* entre la tierce rendue majeure ou mineure à volonté. Une certaine suite de notes, appelée la *pleureuse*, tient encore à ce dernier genre : on peut s'en instruire dans la méthode pour la composition, IX.ᵉ Moyen, exemple *N*, *page 18*. Par les trois B. C. différentes, on voit que toute la variété des successions consiste dans ces B. C. toûjours sous une même suite d'harmonie. Il ne doit pas être indifférent d'y accoûtumer le jugement, l'oreille & les doigts.

Restent deux autres genres, le diatonique-enharmonique, & le chromatique-enharmonique : je ne sais quand on hasardera celui-ci ; pour le premier, en vain l'ai-je mis en œuvre : il ne consiste cependant que dans des toniques qui montent alternativement de quintes & de tierces majeures : celle d'où l'on monte de quinte porte une tierce mineure, & l'autre une majeure ; des trois doigts qu'on y emploie, deux descendent d'un demi-ton pour la quinte, & l'autre seul d'un demi-ton pour la tierce, ce qui revient à ce qui est dit sur ce sujet, savoir, que les toniques à la quinte n'ont qu'une note commune, & que celles à la tierce en ont deux ; donc deux doigts doivent descendre d'un côté, & un seul de l'autre, explication qui vaut mieux qu'un exemple. Voyez le trio des Parques, *page 80* de l'Opéra d'Hypolite & Aricie.

La B. F. de ce trio peut se renverser, en y prenant pour B. C. telle note de ses accords que l'on veut, pour lui faire suivre la même route que dans ses accords.

XXVIII.ᵉ Leçon.

De la jonction de la B. C. aux accords.

Il est temps de joindre la B. C. aux accords, en supposant l'habitude acquise de la méchanique des doigts dans toutes les routes ; on peut même la joindre aux premières routes qu'on se sent posséder parfaitement, & tout l'art y consiste à toucher cette B. C. de la main gauche avec le 4 de la droite dans le même instant ; sans cette précaution, l'une des deux mains ne seroit pas en mesure, & pourroit faire risquer d'y manquer. Les doigts des deux mains qui touchent enſemble doivent le faire de leur mouvement particulier, en les laiſſant tomber ſur les touches de leur propre poids, ſans roideur dans la main; puis les autres doigts de la droite tombent ſucceſſivement en forme d'harpégement; ce qui ſe fait avec d'autant plus de célérité qu'on a la main ſouple, & que le mouvement ne part que des doigts.

Lorſqu'on aura pris connoiſſance de la manière dont ſe chiffre la B. C. XXXII.ᵉ Leçon, il faut accompagner tous les exemples de compoſition qui ſerviront de preuve aux Leçons précédentes, & en même temps de clef pour toute autre Muſique.

XXIX.ᵉ LEÇON.

De la Syncope.

On diſtingue les *temps* de la meſure en *bons* & *mauvais*; les *bons* ſont toûjours les impairs dans la meſure à deux & à quatre *temps*; mais dans celle à trois *temps*, le ſeul premier eſt le *bon*.

Quand la valeur d'une note commence dans un *mauvais temps*, & continue dans le *bon*, qu'elle ſoit liée ou qu'elle ſe répète, elle *ſyncope* pour lors.

Cette *ſyncope* étoit indiſtinctement appliquée à toutes les diſſonances avant mon Traité de l'harmonie, bien qu'elle ne regarde que la première qu'on emploie après un accord conſonant.

Cette diſſonance eſt la ſeule ſeptième & ſes renverſées, la ſuppoſition & la ſuſpenſion y étant ſur-tout compriſes.

Par la diſpoſition des doigts ſur le clavier, cette ſeptième eſt toûjours connue; c'eſt le 1 s'ils ſont par tierces, ſinon le plus bas des deux doigts joints: c'eſt toûjours le même accord ſous les doigts, la même ſeptième, de quelque façon que cet accord ſoit renverſé, c'eſt-à-dire, quelle que ſoit la note de la baſſe qui le porte, & qui peut être choiſie au gré du Compoſiteur entre les quatre notes qui le forment, outre celles qu'on y emploie encore, ſoit par ſuppoſition, ſoit par ſuſpenſion *(p)*.

Lorſque la ſuſpenſion eſt formée du même accord diſſonant

qui la précède, elle feule exige le *temps bon*, fi bien que la première diffonance en ce cas peut débuter dans le *mauvais*.

On a remarqué que la fufpenfion de la quarte étoit le même accord que celui de *feconde*, dont on retranche pour lors une partie de l'harmonie; ainfi cet accord de *feconde* peut fort bien commencer dans le *temps mauvais*, dès que la fufpenfion de la quarte le fuit immédiatement.

Aujourd'hui, par le fecours de la B. F. cette règle de la *fyncope* devient prefque inutile, fi ce n'est pour l'agrément de la variété, en l'obfervant feulement avec le plus d'exactitude poffible pour la première diffonance après l'accord confonant: d'un autre côté, elle fait connoître la fufpenfion par-tout où la B. F. eft forcée de *fyncoper*, favoir celles de $\frac{6}{4}$ & de $\frac{5}{4}$, auffi-bien que l'accord fenfible qui peut fe trouver dans le même cas.

Il n'y a que dans la *cadence irrégulière (q)* où la fixte majeure ajoûtée ne puiffe jamais *fyncoper*, non plus que la note fenfible.

Faire *fyncoper* une diffonance ou la *préparer*, c'eft tout un; nous verrons dans la fuite qu'elle ne doit pas toûjours être *préparée*.

XXX.e LEÇON.

Diftinction des confonances & des diffonances; de la préparation des dernières, & de la liaifon.

Jufqu'à mon Traité de l'harmonie, on a confondu la note fenfible & la fixte ajoûtée avec les diffonances, lorfqu'elles font confonantes dans leur origine, l'une comme tierce, l'autre comme fixte, & lorfque comme majeures leur marche eft toûjours de monter, pendant que celle des diffonances eft de defcendre: on les a toutes confondues également dans la règle qui ordonne de les *préparer*; mais quoique la méchanique des doigts foûmife aux loix de l'harmonie nous difpenfe de faire attention à cette règle, il eft bon néanmoins de favoir pour quelles diffonances & dans quelle occafion elle doit avoir lieu.

Déjà non feulement la note fenfible & la fixte majeure

(q) XVIII.e Leçon, *page 50.*

ajoûtée ne doivent point être préparées, mais encore toute diſſonance qui accompagne la note ſenſible n'exige nullement cette précaution.

Toute loi a ſon principe: or celle qui regarde la diſſonance ne peut être tirée que de la conſonance, qui ſeule eſt naturelle.

Des trois conſonances qui forment l'accord parfait, les unes ſont communes à deux accords fondamentaux conſécutifs, les autres marchent diatoniquement: cette communauté entretient dans l'harmonie ſucceſſive une liaiſon qui eſt pour nos oreilles ce que la liaiſon du diſcours eſt pour notre intelligence; il faut par conſéquent que la diſſonance ſoit ſoûmiſe à cette liaiſon, ou que du moins elle participe du diatonique.

Dans les règles données primitivement, le diatonique a toûjours été recommandé pour ce qui doit ſuivre la diſſonance, ce qu'on appelle *ſauver;* mais pourquoi l'en priverons-nous pour ce qui doit la précéder, en voulant qu'elle ſoit toûjours *préparée,* lorſque la liaiſon d'où cette règle eſt tirée ne tombe qu'à certaines conſonances, pendant que d'autres marchent diatoniquement?

On voit d'abord dans les cadences (r), que la ſeptième ne peut être *préparée:* faudra-t-il s'en priver en ce cas, lorſque l'effet en eſt agréable? On voit que pour lors on y arrive diatoniquement, ſoit que la tierce y monte, ſoit que la quinte y deſcende: donc cette loi de la Nature, où la marche primitive de la tonique eſt de paſſer à ſa quinte pour reparoître immédiatement après, doit être notre premier guide.

La tonique pouvant paſſer où l'on veut, remarquez que ce n'eſt qu'après ſon accord parfait, qui la repréſente, qu'on peut ne pas *préparer* la diſſonance, pourvû qu'on y arrive diatoniquement; encore n'y eſt-on pas toûjours obligé entre deux parties dont l'une emprunte la marche de l'autre. Par exemple, le ſujet pourra faire *ut, fa,* pendant que la baſſe fera *mi, ſi:* or, *mi* de l'une monte diatoniquement à la diſſonance de *fa,* & l'*ut* de l'autre, en le ſuppoſant diſſonance, deſcend diatoniquement ſur *ſi.*

Voilà ce qu'on a pû traiter de licence, lorſque cependant ce

(r) XI.e Leçon, *page 38.*

n'eſt

n'eſt qu'une note qui ſe préſente dans toutes ſes octaves, non qu'il faille en abuſer; & cela ne doit être permis qu'en faveur du beau Chant, ou d'une expreſſion néceſſaire.

Par-tout ailleurs qu'après une tonique, ou ſon accord, la diſſonance doit être *préparée*, comme dans l'enchaînement des dominantes, où pour lors la cadence parfaite eſt ſimplement imitée.

XXXI.e Leçon.
Goût de l'Accompagnement.

Le goût de l'accompagnement, pour ce qui eſt de l'harmonie, conſiſte à toucher du 1 la tierce ou la diſſonance, ſinon l'octave de la B. F. ſans cependant déranger la méchanique, c'eſt-à-dire, qu'on ne doit prendre cette précaution que dans le début d'une phraſe, ou bien en changeant de place un accord conſonant, après y être arrivé dans l'ordre preſcrit: l'on peut encore affecter de ne point toucher du 1 la note du chant, lorſqu'on accompagne une voix ſeule, un inſtrument ſeul; mais ce ne ſont-là que des minuties, dont l'auditeur ne peut s'occuper ſans ſe diſtraire du ſujet, auquel il doit porter toute ſon attention. L'harmonie d'un pareil accompagnement ne doit ſe porter à l'oreille, pour ainſi dire, qu'en fumée; il faut qu'on la ſente ſans le ſavoir, ſans s'en occuper, ſans y penſer: auſſi doit-elle être toûjours complète & régulière dans ſa ſucceſſion comme dans ſa plénitude, ſinon l'irrégularité ſur ce point ſeroit capable de diſtraire & de faire perdre le plus heureux moment de l'effet. Tronquer l'harmonie parce que l'inſtrument fait trop de bruit, c'eſt bien là le ſentiment d'un Midas, lorſqu'il y a pluſieurs moyens de diminuer ce bruit ſans que l'harmonie en ſouffre.

Lorſque dans un accord parfait on touche la tierce du 1, on peut avec le doigt inutile toucher le demi-ton au deſſous de la tonique en forme de coulé, mais il faut le lever dès que cette tonique eſt touchée; cela forme un harpégement agréable, ſuppoſé rapide d'ailleurs, & répond au *daciacatura* des Italiens,

K

lorſqu'ils veulent faire du bruit; car tous n'ont pas la déli-
cateſſe de lever promptement le doigt qui forme le coulé, & dans ce cas l'harmonie ſe trouve confondue avec de mauvaiſes diſſonances.

Quoique l'Italien touche, généralement ſes accords tout d'une piéce, autant de la main que des doigts, on peut cependant les harpéger ſi rapidement qu'ils ne faſſent qu'un à l'oreille; on y gagne l'entretien du ſeul mouvement des doigts & de leur ſoupleſſe, & l'oreille en eſt beaucoup plus ſatisfaite.

On peut ajoûter le 5 à tous les accords, en lui faiſant toucher l'octave du 1, excepté quand celui-ci touche la tierce de la B. F. ou la diſſonance: on peut auſſi ſubſtituer ce 5 au 4 par-tout où l'on croit y trouver plus de facilité; mais il faut attendre que la méchanique ſoit auparavant bien familière; & que l'oreille puiſſe preſſentir l'accord qui doit ſuivre un autre, du moins dans le cours le plus ordinaire, & qu'elle ſoit avertie, par la règle, des cas douteux, pour qu'elle écoute ce qui peut l'y déterminer, ſuppoſé qu'il n'y ait point de chiffres propres à guider le jugement.

XXXII.e Leçon.

Manière dont la baſſe doit être chiffrée.

J'avois propoſé dans mon Plan un chiffre avec lequel on auroit pû s'avancer promptement dans la pratique de l'accom-pagnement; mais l'uſage, qui l'emporte preſque toûjours, m'a forcé d'y ſoûmettre ma méthode, à quelques petites réformes près, auxquelles j'eſpère qu'on voudra bien ſe prêter pour l'a-vancement des Élèves, d'autant qu'on peut aiſément les inſérer dans les ouvrages de Muſique déjà publics.

Le chiffre ſe place perpendiculairement au deſſus ou au deſſous des notes.

Les accords parfaits ne ſe chiffrent point, excepté leurs tierces majeures ou mineures accidentelles, qu'on marque d'un dièſe ou d'un bémol, ou quelquefois d'un béquare; ce qu'on pratique également au deſſus ou au deſſous du chiffre qui marque l'accord de toute autre note qu'une tonique, comme on a dû s'en apercevoir dans les exemples.

Ces accords parfaits, qui font des accords de fixte fur la médiante, & de fixte-quarte fur les dominantes-toniques, s'y chiffrent d'un 6 & d'un $\frac{6}{4}$.

Si la note fenfible fe défigne ordinairement par un dièfe ou béquare, & le plus fouvent par un chiffre barré, d'où l'accord fenfible doit être reconnu, il feroit beaucoup mieux de la défigner par une fimple croix, ainfi +, feule quand elle eft tierce, ou au bout de la barre qui traverfe le chiffre; cela épargneroit bien des équivoques aux plus habiles mêmes, dans certains cas, & mettroit les commençans bien à leur aife.

Un intervalle diéfé, où il ne s'agit que du majeur, & nullement de la note fenfible, comme la tierce, la fixte, quelquefois la feptième, la feconde, la quarte même, fe diftingueroit fans autre réflexion de celui qui feroit indiqué par la petite croix.

Un 5 & un 7 barrés pour défigner une fauffe quinte & une feptième diminuée, fe diftingueroient encore de ceux qui auroient la petite croix de plus, & qui marqueroient la quinte & la feptième fuperflues.

Une note fenfible fe reconnoît, & par fon intervalle avec la baffe, & par fon dièfe, & par fa tonique; la diffonance, au contraire, ne fe reconnoît que par fon intervalle.

Tout l'accord fenfible eft connu & trouvé fous les doigts par la feule connoiffance de la note fenfible (s), au lieu que la diffonance y laiffe de l'arbitraire, puifqu'il y a des *fauffes quintes* & des *tritons* dans des accords qui ne font point fenfibles.

Enfin tout parle en faveur de cette petite croix, & j'efpère qu'on voudra bien s'y prêter dans la fuite, vû qu'on peut aifément la réunir au chiffre avec la plume.

Quand aux autres accords diffonans, on chiffre fimplement la diffonance, favoir, la feptième avec un 7, & la feconde avec un 2.

Si dans un accord renverfé la diffonance fe forme de deux

(s) VIII.e Leçon, *page 31.*

confonances à la feconde l'une de l'autre, on les chiffre l'une fur l'autre, favoir $\frac{6}{5}$ & $\frac{4}{3}$, voilà tout.

Il y a grande erreur encore dans l'accord diffonant chiffré $\frac{4}{3}$, & qu'on ne chiffre que d'un fimple 6, en le confondant ainfi avec l'accord confonant de fixte fur les médiantes, ce qui eft facile à réformer en ajoûtant $\frac{4}{3}$ au deffus ou au deffous du 6, comme je l'ai fait en quelques endroits de mes Operas.

Il eft étonnant qu'on ait adopté $\frac{6}{5}$ & négligé $\frac{4}{3}$, qui marquent le même accord, l'un généralement fur la fous-dominante, l'autre fur la fu-dominante : on voit que ce qui eft $\frac{6}{5}$ pour l'une eft $\frac{4}{3}$ pour l'autre, de même qu'il eft $\frac{8}{7}$ pour leur B. F.

Cette dernière réforme eft d'autant plus néceffaire, qu'à la faveur de la méthode l'un des deux intervalles à la feconde étant reconnu fur le clavier, tout l'accord fe trouve fous les doigts *(t)*.

Si le hafard préfente deux chiffres à la feconde, comme $\frac{7}{6}$, qui font rarement d'ufage, fi ce n'eft dans le *point d'Orgue* dont j'ai déjà parlé *(u)*, l'accord fe trouve également fous les doigts, en reconnoiffant fur le clavier l'un des deux intervalles qu'indiquent ces chiffres ; mais le $\frac{7}{6}$ doit fe trouver déjà fous les doigts, ayant formé l'accord diffonant d'auparavant, finon il ne vaudra rien.

On chiffre d'un 4 ou d'un $\frac{5}{4}$, comme on le fait déjà, cet accord de quarte qui fait généralement fufpenfion dans l'annonce des cadences, & même en les terminant *(x)* ; mais remarquons bien que cet accord, qu'on peut appeler hétéroclite, en ce qu'on en retranche la moitié de l'harmonie, eft toûjours le même que le diffonant qui le précède immédiatement, mais dont on ne conferve que la diffonance & fa B. F. qu'on tient déjà fous les doigts.

Concluons de cette dernière remarque, que fi dans plufieurs accords diffonans confécutifs on peut reconnoître que la diffonance chiffrée l'étoit déjà, ce doit être le même accord, à la différence près de la quarte hétéroclite ; car pour fe conformer

(t) VIII.ᵉ Leçon, *page 31.*
(u) XXI.ᵉ Leçon, *page 58.*

(x) XVIII.ᵉ XIX.ᵉ & XXI.ᵉ Leçons, *pages 50, 54 & 56.*

aux mauvaiſes méthodes, on chiffre preſque toûjours le même
accord par les intervalles qu'y forme la diſſonance avec la baſſe,
ce qu'il faudroit ſimplement indiquer par une ligne tirée depuis
le premier chiffre d'une note à l'autre, ainſi——, comme je l'ai
fait dans le premier exemple K, ſous c, f, pour marquer que
le 4 reſte pendant qu'on gliſſe le 6 ſur le 5.

Si les accords ſont par tierces, donc trois ou quatre notes
d'une baſſe qui marche par tierces pourroient bien porter le
même accord. En voyant ſol, ſi, ré, fa chiffrés 7×, 8, 6, 4×,
je dois reconnoître le même accord ſenſible; en voyant de
même ré, fa, la, ut chiffrés 7, 6⁄5, 4⁄3, 2, j'y vois le même
accord diſſonant: que ces notes ſoient indifféremment diſtribuées,
comme fa, ſi, ré, ſol, ou comme la, ut, fa, ré, &c. c'eſt tout
un; il y a ſeulement à prendre garde de n'y pas confondre des
tierces qui paſſent au deſſous de la B. F. ou au deſſus de la
diſſonance; ainſi la ligne —— ſuffiroit pour les marquer à la ſuite
de celui dont ils ſont ſimplement renverſés.

Pour ce qui eſt des 9 & 9⁄4 qui marquent la neuvième & la
neuvième-quarte, on ſait que leurs accords ſe forment toûjours
par l'*ajoûté* après un accord conſonant, ſinon ce ſont de ſimples
ſuſpenſions.

Il y a encore la ſuſpenſion de la quarte ſur la tonique, précédée de ſon accord ſenſible, qui peut ſe faire en pareille ſucceſſion ſur ſa médiante & ſur ſa dominante: elle forme d'un
côté 6⁄4 & de l'autre 9⁄4. Cet aſſemblage de chiffres ſemble annoncer une grande diſcordance: l'un des deux qui ſe joignent ne
peut indiquer le véritable accord: je ſerois d'avis en ce cas de
barrer ces chiffres en ligne droite pour marquer la ſuſpenſion,
ainſi 3⁄2, 7⁄4, au lieu que les autres ſont diagonalement barrés,
comme 6, 7; mais le moyen de ne pas s'y tromper eſt donné
dans la XXI.ᵉ Leçon.

Les accords étant copiés, le chiffre n'y doit occuper qu'autant qu'on ſe ſentira capable de pouvoir s'en rapporter à ce
chiffre; & pour lors on trouve ici de quoi ſe ſatisfaire, aux
petites nouveautés près qu'un Maître peut ajoûter aux ouvrages
déjà gravés, bien qu'on puiſſe aiſément s'en paſſer, dès qu'on

poſsède bien la méchanique des doigts, & qu'on ſait ſe rappeler les règles ſur leſquelles elle prévient le plus ſouvent, comme, par exemple, ſavoir l'accord qui doit précéder & ſuivre l'un de ces trois, l'*ajoûté*, la *ſeconde* & le *ſenſible*, XV.ᵉ Leçon. L'on trouve à la vérité dans certains cas le *ſenſible* ſuivre immédiatement l'*ajoûté*; mais, qu'on ne s'y trompe pas, on peut toûjours faire la *ſeconde* entre deux, ſoit ſur la note de B. C. qui porte l'*ajoûté*, ſoit ſur l'autre, pourvû qu'on la paſſe rapidement entre les *temps* qu'occupent ces deux notes.

On va ſe mettre au ſait de cette manière de chiffrer dans les exemples de compoſition que j'ai déjà recommandé d'accompagner.

CHAPITRE VI.

Méthode pour la Compoſition.

AVANT que d'entrer en matière, voyons le ſruit qu'on peut tirer de l'accompagnement pour la compoſition.

Reconnoître la baſſe fondamentale & la diſſonance ſous les doigts, dans quelque ordre qu'ils ſe trouvent (y); voir preſque toutes les routes de l'harmonie dans les *cadences* (z); pouvoir faire un choix à ſon gré des notes de chaque accord, pour en former le chant de toutes les parties, & par conſéquent de la B. C. ſavoir comment ces *cadences* peuvent ſe varier, la parſaite *évitée* ou *imitée*, *rompue* ou *interrompue* (a), l'irrégulière terminée à chaque fois qu'elle ſe forme (b); maître d'employer la *ſuppoſition* (c), quand le goût du chant de la baſſe peut la ſouffrir, ſans altérer la ſucceſſion harmonique, où il s'agit ſimplement de l'*ajoûté*; prêt à *ſuſpendre* toute conſonance, même une diſſonance, dès que le bon goût peut le dicter (d); ſavoir que l'accord ſenſible peut ſe transformer en celui de

(y) VIII.ᵉ Leçon, *page* 31.
(z) XI.ᵉ & XIV.ᵉ Leçons, *pages* 38 & 45.
(a) XXIII.ᵉ Leçon, p. 62 & 63.
(b) XVIII.ᵉ Leçon, *page* 50.
(c) XXI.ᵉ & XXII.ᵉ Leçons, *pages* 56 & 59.
(d) *Ibidem.*

septième diminuée dans le *Ton mineur* seulement *(e)*; reconnoître la note sensible pour fondamentale de cet accord & de ses renversemens; savoir en quoi consistent le chromatique & l'enharmonique, comment ces genres se pratiquent, & l'usage qu'on peut y faire de l'accord de septième diminuée *(f)*; voir une partie des notes d'un accord marcher diatoniquement, l'autre former liaison avec l'accord qui suit, en devenant commune à chacun; tirer de là une conséquence pour savoir quand la dissonance doit être préparée *(g)*; connoître les rapports des *Tons* & les signes par lesquels ils se distinguent *(h)*; voir toutes les dissonances se *sauver* en descendant diatoniquement, dès qu'on est assuré qu'elles sont toutes renversées de la septième, quel qu'en soit l'intervalle relativement à une basse arbitraire; n'y plus confondre la note sensible ni la sixte majeure ajoûtée à la sousdominante d'une *cadence irrégulière*, vû que ce sont dans leur origine deux consonances qui doivent monter diatoniquement, que faut-il de plus pour arriver à la composition!

Tel cependant, dont les facultés n'iront pas au delà de quelques idées de chant, sans ordre, sans suite, sans pouvoir les étendre autant qu'il le desireroit, sans en sentir la basse, excepté peut-être dans ce qu'il y a de plus simple, sans savoir ni sentir la variété d'harmonie dont un même chant est susceptible, soit dans le même *Ton*, soit dans deux *Tons* différens, sans pouvoir par conséquent y joindre les agrémens que cette harmonie peut y introduire, soit entre le sujet & sa basse, soit dans des accompagnemens; tel, dis-je, qui seroit dans l'un de ces cas seulement, ne trouveroit pas sans doute suffisans les principes que je viens de lui rappeler, & dont je le crois à présent en possession. C'est aussi pour le satisfaire que je vais donner à ces principes toute l'étendue convenable au sujet, en l'avertissant de ne point trop s'occuper des espèces de préliminaires dont je vais l'entretenir avant que d'entrer en matière sur la modulation: ce sera pour lors que dans tous ses doutes il y pourra revenir.

(e) XXV.ᵉ Leçon, *page 65.*
(f) XXVI.ᵉ & XXVII.ᵉ *pages 66 & 68.*

(g) XXX.ᵉ Leçon, *page 72.*
(h) V.ᵉ X.ᵉ & XII.ᵉ Leçons, *pages 29, 36 & 39.*

On ne peut guère se livrer à la pratique de la composition sans se sentir l'oreille un peu formée à l'harmonie, sur quoi l'on se trompe facilement. Notre peu d'expérience nous fait souvent trop bien augurer de nos moindres talens: c'est à la Nature de faire ici les trois quarts du chemin; ne négligeons donc pas les moyens de nous la rendre propice: elle nous a tous formés Musiciens, mais à condition que nous l'écouterions; écoutons-la donc, du moins en pratiquant l'accompagnement assez long-temps pour profiter de ses instructions, si peu que nous sentions en avoir encore besoin. La fin de l'article sur la composition, dans le *Prospectus*, vous en dit assez là-dessus.

La moindre lueur qui s'offre à un aveugle lui paroît une grande clarté, en comparaison de ce qu'il ne voyoit rien auparavant; mais à mesure que sa vûe se fortifie, il aperçoit de nouveaux objets dans ceux mêmes qu'il n'avoit fait qu'entrevoir d'abord: c'en est donc assez pour qu'il doive se méfier de son trop de prévention en faveur de ses organes, de ses talens: plus sa vûe se fortifiera, plus la netteté des objets se développera à ses yeux.

Je compte qu'on aura très-présens à l'esprit les principes contenus dans les Leçons où je viens de renvoyer, pour que je ne sois pas obligé d'y renvoyer encore à chaque fois que j'aurai occasion d'en parler.

Je compte aussi qu'on éprouvera tous les exemples en les accompagnant: l'oreille s'y formera aux différentes routes de l'harmonie, comme elle l'est déjà aux plus simples chez les personnes qui ont écouté la Musique pendant quelque temps. S'il falloit consulter la règle à chaque instant, les talens les plus précieux dans cette partie perdroient tout leur fruit: la moindre réflexion, comme je l'ai déjà dit, détruit toute fonction naturelle.

CHAPITRE VII.

CHAPITRE VII.

De la Baſſe fondamentale; titres & qualités des notes qu'on y emploie, & de leur ſucceſſion.

ARTICLE PREMIER.

Principe de l'harmonie & de la mélodie.

LA Baſſe fondamentale doit guider en tout le Compoſiteur; elle ordonne également & de l'harmonie & de la mélodie: cependant, avant que de s'en occuper, on peut ſe livrer aux idées que dictent le génie & le goût: à meſure que l'expérience augmente, l'oreille en adopte confuſément les produits; mais une habitude trop familière de certaines ſucceſſions dont on voudroit s'écarter, ſur-tout dans des expreſſions néceſſaires, où le choix des *Tons* ou des genres ne ſe préſente pas toûjours à propos; la crainte de ſe tromper, en un mot, tout cela doit engager à la conſulter, cette B. F.

ARTICLE II.

Des Toniques, ou cenſées telles.

Il n'y a qu'une ſeule tonique dans chaque *Ton*; mais bien que le *Ton* ne change point, cette même tonique peut paſſer à d'autres, qui pour lors ne ſont que cenſées telles, & cela par tous les intervalles conſonans, ſavoir, 3.ce 4.te 5.te & 6.te tant en montant qu'en deſcendant.

Ces notes cenſées toniques ne reçoivent cette qualité que pour jouir des priviléges de la vraie tonique dans ce qui doit les ſuivre, de ſorte qu'elles peuvent auſſi ſe ſuccéder entr'elles par les routes que je viens de dicter: elles peuvent d'ailleurs être ſoûmiſes aux loix du *Ton régnant*; & ce n'eſt pour lors qu'au cas qu'on puiſſe s'en diſpenſer dans le deſſein de varier, qu'on

L.

les traite de toniques, pour leur donner une route oppofée à celle qu'exige ce *Ton régnant*.

L'on ne paffe de la vraie tonique à une autre pareille que lorfque quelques fignes étrangers marquent dans le courant de la phrafe que le *Ton* change; ce qui s'éclaircira par la fuite.

ARTICLE III.

Des Dominantes & Sous-dominantes.

Il y a dans chaque *Ton* une dominante-tonique & une fous-dominante; l'une eft la quinte au deffus de la tonique, l'autre eft fa quinte au deffous.

Outre la dominante-tonique, il y en a de fimples qui paffent toûjours de l'une à l'autre jufqu'à ce qu'on arrive à cette domi-nante-tonique *(i)*.

ARTICLE IV.

Marche des Toniques.

Une tonique paffe où l'on veut, toutes les routes lui font ouvertes, confonantes & diffonantes, pourvû que ce foit des notes contenues dans fon *Ton*.

Elle paffe plus généralement, dans le début, à fa dominante ou à fa fous-dominante, qu'à aucune autre note: fa dominante la fuit toûjours dans les airs de Trompette, de Cor, de Mufette & de Vielle, ce que ne peut faire fa fous-dominante fans recevoir de fauffes confonances des Trompettes & Cors, au lieu qu'en retranchant les bourdons des Mufettes & Vielles, elle peut y augmenter l'agrément de l'harmonie & de la mélodie.

Outre ces deux premières marches de la tonique, elle peut auffi defcendre de tierce, ou monter de feconde fur de nouvelles dominantes, qui feront fimples en confervant le même *Ton*, au lieu que fi l'on veut changer de *Ton*, on peut les rendre domi-nantes-toniques *(k)*.

(i) VII.ᵉ Leçon, *page 30.* | *(k)* XVII.ᵉ Leçon, *page 49.*

D'ailleurs, pour changer de *Ton*, la tonique peut monter ou descendre de tierce sur une sous-dominante ou dominante-tonique.

Au reste, selon l'énoncé de l'Article II, toutes les consonances où passe une tonique peuvent être toniques, ou censées telles : cependant, en les privant de la dissonance qui doit leur échoir par rapport à ce qui les suit, ce seroit quelquefois priver l'harmonie, & même la mélodie, de leur plus grand agrément *(l)*.

Jamais la tonique ne peut descendre de seconde que sur une dominante, mais c'est un renversement dont on ne doit s'occuper que lorsque toutes les autres connoissances sont acquises.

ARTICLE V.

Marche des Dominantes & Sous-dominantes.

Toute dominante doit naturellement descendre de *quinte*, & toute sous-dominante monter de même.

La dominante-tonique & la sous-dominante doivent toûjours passer à leur tonique, dès que le *Ton* ne change point: la sous-dominante peut cependant y devenir simple dominante pour entamer un enchaînement de dominantes *(m)*, qui finira dans le même *Ton*, ou dans un autre, selon que le dictera le goût: elle peut encore, comme simple dominante, former une imitation de *cadence rompue*, en montant de seconde sur la dominante-tonique, qui pour lors sera simplement censée tonique; mais c'est une licence que je rappellerai quand il en sera temps.

J'ai déjà dit dans l'article précédent, que ces deux mêmes notes fondamentales pouvoient, à la suite de leur tonique, être rendues toniques ou censées telles, conséquemment à ce qui se trouve encore spécifié dans le deuxième Article de ce Chapitre au sujet des marches consonantes.

La dominante-tonique monte encore diatoniquement pour *rompre* une cadence, & descend d'une tierce mineure, en partant d'un *Ton majeur* seulement, pour en *interrompre* une autre,

(l) XV.ᵉ Leçon, *page 46*. | *(m)* VII.ᵉ Leçon, *page 30*.

L ij

qui va fe terminer dans le *Ton mineur* relatif à ce *majeur* d'où
l'on eft parti. Il en fera bien-tôt plus amplement queftion.

Les dominantes fimples entament toutes un enchaînement
de dominantes, de même que la fous-dominante employée
comme telle : elles peuvent imiter encore dans leur marche
celles d'une cadence rompue & d'une interrompue, felon les
explications des Articles fuivans.

Toutes ces marches feront rappelées dans des exemples.

A R T I C L E   V I.

Des repos ou cadences qui font connoître leur B. F. & qui
en occafionnent fouvent d'arbitraires, dont le doute
s'éclaircira par la voie du diatonique.

E X E M P L E   *A, page 8.*

Le plus fûr moyen de connoître le *Ton* & la longueur de
la phrafe, eft de s'affurer de tous les repos d'un chant.

Ces repos ou cadences fe font ordinairement de deux en
deux mefures, mais ils font plus fenfibles encore de quatre en
quatre.

Le premier des deux repos, fi peu fenfible qu'il foit, produit
à peu près l'effet de l'hémiftiche d'un vers, où le fens ne finit
pas ordinairement.

La mefure par où commence une phrafe, & qui ne débute
point par le *temps bon*, n'eft jamais comptée dans le nombre
fpécifié.

Toute phrafe de chant commence toûjours d'abord après la
tonique, ou cenfée telle, qui a terminé la fienne.

Tout repos ne fe termine jamais dans la B. F. que fur la
tonique, ou fur la dominante, pour lors cenfée tonique.

Le repos fe forme toûjours de deux notes fondamentales;
dont l'une, qui eft dominante ou fous-dominante, annonce ce
repos, & l'autre, qui eft tonique, le termine.

La dominante annonce une cadence parfaite en defcendant
de quinte, & la fous-dominante en annonce une irrégulière en

montant de même; d'où il suit qu'une tonique peut annoncer une cadence irrégulière en montant de quinte à sa dominante, pour lors censée tonique.

Nous trouvons naturellement de nous-mêmes la B. F. de tous les repos d'un chant (n), pourvû qu'après avoir chanté de mesure & sans s'arrêter tout ce qui précède le repos, on laisse tomber sa voix le plus promptement qu'il est possible & sans y penser, au moins une tierce au dessous de la note qui le termine. Exemple A.

Imitez l'exemple, choisissez un mot dont vous conserverez la dernière syllabe muette, pour tomber avec elle sur la B. F. si peu que vous soyez sensible à l'harmonie, cette B. F. ne vous échappera jamais. Point de réflexion sur-tout, point d'interruption entre la finale & la syllabe muette, point de choix volontaire; laissons agir la simple nature, & songeons à bien faire la différence d'un intervalle donné sans y penser, d'avec celui qu'on cherche, qu'on détermine en soi-même.

Les guidons placés dans le chant indiquent justement les notes où la voix se porte d'elle-même au dessous de chaque finale du chant. Quant aux B. F. arbitraires de la dernière mesure, dont l'une porte des notes, & l'autre des guidons, on doit se contenter à présent de se rencontrer avec l'une d'elles: c'est à la phrase qui précédera le repos à faire le reste, comme on le verra par la suite.

La B. F. sera toûjours la note où votre voix se portera à la tierce ou à la quinte au dessous de celle du repos du chant; au lieu que cette note du chant sera elle-même B. F. si votre voix se porte à la quarte, à la sixte, ou à l'octave au dessous.

Souvent la voix ne se porte qu'à la tierce au dessous lorsqu'elle pourroit descendre jusqu'à la quinte, qui seront pour lors la vraie B. F. ce qu'il faut toûjours éprouver; car si cette tierce est la vraie B. F. jamais la voix ne descendra d'elle-même à la quinte: il faudroit la chercher en ce cas, la déterminer par réflexion.

La quinte où se porte la voix au dessous du repos du chant,

(n) Chapitre X du nouveau Système de Musique, page 54.

eſt généralement dominante-tonique ; la preuve en eſt dans la note ſenſible, qui ſe rencontre pour lors entre le chant & cette quinte au deſſous ; autrement celle-ci ſeroit tonique : mais laquelle que ce ſoit, on ne peut ſe tromper, d'autant que les *Tons* à la quinte l'un de l'autre ne diffèrent que dans le dièſe ou béquare qui marque la note ſenſible de celui qui eſt à la quinte au deſſus. Que l'on chante, par exemple, de meſure & ſans s'arrêter tout ce qui précède le repos, & que prêt à y arriver on paſſe diatoniquement par les notes qui conduiſent en montant à chacune des deux toniques douteuſes, ſi c'eſt le *Ton* de la quinte au deſſus, la voix paſſera par ſa note ſenſible ſans y penſer, ſinon elle ſera ſimplement dominante-tonique.

Profitons de ce dernier avis dans tous les cas douteux, ſoit tierce, ſoit quarte, ſoit quinte, & paſſons rapidement tout le diatonique qui conduit de l'une des notes de l'intervalle à l'autre : après avoir chanté de meſure tout ce qui précède l'épreuve, on paſſera par tel dièſe ou bémol qui déclarera certainement le *Ton*.

Si la tonique d'un *Ton majeur*, c de l'exemple, & ſa médiante d, formant la médiante & la quinte de la tonique de ſon *mineur* relatif à la tierce (o), peuvent donner des repos arbitraires dans l'un de ces deux *Tons*, c'eſt pour lors que l'expérience précédente eſt d'un grand ſecours, quoiqu'il y ait d'autres moyens, mais plus compliqués à la vérité, de ne pas s'y tromper.

Si dans le courant d'une phraſe parcourue juſqu'au repos ſe trouve la quinte de la tonique du *Ton majeur*, plus de doute ſur ce *Ton* : ſi au contraire cette quinte eſt dièſée, plus de doute non plus ſur ſon *mineur* relatif. Ce n'eſt donc plus que ſur la privation de cette quinte, naturelle ou dièſée, que peut s'établir le doute entre ces deux *Tons* : un autre moyen encore de vaincre ce doute ſe préſentera dans l'occaſion.

La note ſenſible du *Ton majeur*, qui eſt en même temps ſeconde de ſon *mineur* relatif, peut encore annoncer un repos arbitraire dans l'un ou l'autre *Ton*; ce qui ſe développera par la ſuite.

(o) X.ᵉ Leçon, *page 36.*

Tout nouveau dièse, béquare ou bémol, soit qu'il se trouve dans le chant, soit qu'on en sente la nécessité en parcourant le diatonique d'une note à l'autre, est d'un grand secours dans les *Tons* douteux : qui plus est, c'est que ce nouveau dièse, sinon le béquare effaçant un bémol, est généralement note sensible ; & s'il s'en trouve plus d'un de suite, c'est le dernier dans son ordre *(p)* qui l'emporte toûjours.

De cette note sensible suit toûjours une cadence parfaite, qu'on peut rompre ou interrompre ; mais on verra dans la suite que ces deux dernières cadences ne se présentent jamais naturellement au Compositeur, il n'y est d'abord affecté que de la parfaite, que son imagination lui fait *rompre* ou *interrompre*. Au reste, cette cadence parfaite peut échapper quelquefois à l'oreille, lorsque la tonique se trouve dans un *temps mauvais,* où souvent elle en annonce elle-même une irrégulière sur sa dominante.

ARTICLE VII.

De la Cadence rompue.

On dit que la cadence est rompue, lorsque la dominante-tonique, au lieu de descendre de quinte, monte diatoniquement sur une note censée tonique, qu'on peut néanmoins rendre dominante, soit tonique, soit simple, excepté dans le *Ton mineur,* où elle ne peut être que simple.

Une simple dominante peut imiter cette cadence, mais la note qui la termine ne peut jamais être tonique que par une licence dont il n'est pas encore question. Voyez la XXIII.ᵉ Leçon, *page 61.*

Il n'y a point de cadence parfaite qui ne puisse être *rompue,* de même qu'il n'y en a point de *rompue* qui ne puisse être parfaite : le goût en décide ; j'en donnerai des exemples.

(p) Article IV du Chapitre I.ᵉʳ, *page 9.*

ARTICLE VIII.

De la Cadence interrompue.

On dit que la cadence est interrompue, lorsqu'une dominante-tonique descend de tierce sur une autre qu'on peut rendre simple si l'on veut: elle s'imite volontiers avec de simples dominantes.

Si l'on fait attention à la marche des doigts dans l'accompagnement de ces deux dernières cadences, elle fera connoître le nombre des notes qui doivent y descendre diatoniquement.

ARTICLE IX.

De la Cadence irrégulière.

Comme la cadence irrégulière n'est sujette qu'aux variétés expliquées dans la XIe & dans la XVIIIe Leçon, *pages 38 & 50,* on peut les consulter sur ce sujet.

ARTICLE X.

Du double emploi.

EXEMPLE B, *page 8.*

Rien n'est plus simple que le *double emploi,* dès qu'on en fait l'artifice.

Si l'on se souvient de ces trois accords appliqués à la tonique, savoir, l'*ajoûté,* la *seconde* & le *sensible (q);* si l'on remarque en même temps que la *seconde* de cette tonique forme l'accord de sixte-quinte sur la sous-dominante, & celui de septième sur la sus-tonique, & que ces deux dernières notes sont fondamentales, l'une dans les cadences *(r),* l'autre dans l'enchaînement des dominantes, où celle-ci, comme simple dominante, doit continuer l'enchaînement en passant au *sensible (s),* on verra

(q) XVe Leçon, page 46.
(r) Article VI, page 84.

(s) VIIe Leçon, page 30.

bien-tôt

bien-tôt que le *double emploi* ne peut avoir lieu qu'au moment que le chant exigera l'accord parfait de la tonique d'abord après cette fu-tonique, au lieu du *fenfible* qui devoit la fuivre dans l'enchaînement ; & c'eft pour lors qu'on lui fubftitue la fous-dominante pour B. F. laquelle fous-dominante annonce forcément une cadence irrégulière, qui va fe terminer effectivement fur la tonique. L'exemple *B* achevera de mettre au fait.

Jamais le *double emploi* n'a lieu qu'à l'occafion d'une fu-tonique, pour lors fimple dominante, précédée de la fienne, & à laquelle fe fubftitue la fous-dominante, qui eft la tierce mineure qu'elle porte dans fon accord ; car fi elle y portoit la majeure, elle ne feroit plus fu-tonique : & dans la circonftance de cette fubftitution, l'on doit remarquer qu'il fe trouve une B. F. & par conféquent un accord intercepté dans le premier ordre de l'harmonie, qui eft celui de la cadence parfaite, imitée par l'enchaînement des dominantes ; puifque, fi après la *feconde* de la tonique, qui, comme on doit le reconnoître, fait en même-temps l'accord de la fu-tonique & de la fous-dominante en queftion, doit fuivre le *fenfible* dont la dominante-tonique eft B. F. pour paffer au *parfait*; on voit ce *fenfible* intercepté, dès que la fous-dominante, qui doit être immédiatement fuivie du *parfait*, eft fubftituée à la fu-tonique. Il faut donc conclurre de là l'interception d'une B. F. dans toute cadence irrégulière, en fe fondant, comme on le doit, fur la cadence parfaite ; ce qui autorife de nouvelles marches d'harmonie, qui jufqu'à préfent ont paffé pour licences, & qui feront déduites en temps & lieu.

Dans les deux premiers *B*, le *Ton* d'*ut* eft connu ; mais dans le quatrième il peut être arbitraire avec celui de fa dominante, donnée comme telle, ou même comme tonique.

Si je puis commencer un enchaînement de dominantes d'*a* à *b*, marqué d'un guidon dans la B. F. on voit qu'il ne peut continuer à *c*, puifque la dominante *ré* où fe trouve le guidon, devroit en ce cas paffer à *fol*, dont l'harmonie fe refufe dans le chant à *c*, qui demande pour B. F. la tonique *ut* ; par conféquent double emploi forcé, où l'on voit qu'après l'*ajoûté* & la *feconde* que portent fucceffivement les notes de la B. F. *a*, *b*, cette

M

seconde doit être suivie de la tonique, selon la loi des cadences irrégulières. On pourroit cependant partager la note *b* du chant en deux valeurs égales, pour donner par ce moyen au guidon *b* de la B. F. le droit de suivre l'enchaînement des dominantes.

Dans le troisième *B*, le double emploi est encore nécessairement forcé pour arriver au *Ton* de *sol*, dont la médiante se présente à la finale *f*, & dont l'*ajouté* & la *seconde* se pratiquent sur la B. F. *d*, *e*: quand même ce *sol* seroit reconnu pour dominante-tonique par le *si*, note sensible d'*ut* à *f*, il n'en seroit pas moins censé tonique, puisqu'on y termine une cadence irrégulière.

Quant au quatrième *B*, le double emploi devient arbitraire; car on peut le pratiquer en passant de *g* aux guidons *h*, *i*.

Les notes syncopées, en descendant diatoniquement, exigent toûjours un enchaînement de dominantes, comme on le voit dans les premières mesures du troisième & du quatrième *B*.

ARTICLE XI.

Des Basses fondamentales communes à un même accord, & à différens Tons.

Le double emploi vient de nous donner deux B. F. communes, savoir, la *su*-tonique comme dominante simple, & sa tierce mineure la sous-dominante, dont les accords se forment des mêmes notes; mais il y a plus, c'est qu'en donnant une tierce majeure à cette dominante simple, sa tierce majeure devient pour lors note sensible, moyen de passer d'un *Ton* à celui de sa dominante: qui plus est encore, c'est que si l'on pratique des *Tons mineurs*, cette note sensible peut y être rendue B. F. d'un accord de septième diminuée, comme on le verra par la suite.

D'un autre côté, une simple dominante peut appartenir à différens *Tons*; ce qui se reconnoît facilement par de nouveaux dièses ou bémols, à l'exclusion desquels le *Ton régnant* subsiste toûjours, sinon cela se reconnoîtroit du moins par un repos senſible dans un autre *Ton* que le *régnant*, ſelon les remarques de la XVII.ᵉ Leçon, *page 49.*

ARTICLE XII.

Des Notes communes à différens accords, & de leurs fondamentales arbitraires.

Toutes les toniques diſtantes d'une quinte ont une note commune dans leurs accords, la quinte de l'une fait toûjours l'octave de l'autre: celles qui ſont à la tierce en ont deux, l'octave & la tierce de l'une ſont toûjours la tierce & la quinte de l'autre, en n'enviſageant ici que les *Tons* relatifs *(t)*.

Ces notes communes pourroient aiſément tromper celui qui ne ſe guideroit que par le chant d'une ſeule partie; mais c'eſt à quoi nous tâcherons de remédier.

Les dominantes qui ſe ſuccèdent dans leur enchaînement, ont toûjours deux notes communes de l'une à l'autre; mais leur ſucceſſion obligée diſpenſe de ne s'en occuper que relativement au *Ton* auquel elles peuvent appartenir.

Ce qu'il y a de plus compliqué, ce ſont les notes communes aux accords des fondamentales dans un même *Ton*. Par exemple, l'octave & la ſixte ajoûtée à la ſous-dominante appartiennent également à la dominante-tonique comme ſeptième & quinte; de ſorte que ſi cette octave d'un côté & ſeptième de l'autre deſcend diatoniquement, ou· bien ſi cette ſixte ajoûtée d'un côté & quinte de l'autre monte de même, la B. F. en eſt arbitraire; ce qui dépend abſolument du goût, à moins que ce qui les précède & ſuit n'exige l'une préférablement à l'autre, ſelon l'ordre qui ſera preſcrit par la ſuite à la marche fondamentale.

Dans le *Ton mineur*, non ſeulement ces mêmes notes communes ſont ſoûmiſes aux B. F. arbitraires annoncées, mais · encore l'octave, la tierce & la ſixte ajoûtée de la ſous-dominante ſont communes avec la fauſſe quinte, la ſeptième diminuée & la

_____

(t) XIII.ᵉ Leçon, *page 43.*

tierce d'une note senfible, qu'on peut rendre fondamentale (*u*).

Outre les deux notes communes que doivent avoir entr'elles les fondamentales des deux *Tons* relatifs à la tierce mineure, comme ceux d'*ut majeur* & de *la mineur*, conféquemment à ce qui eft d'abord annoncé dans cet article, on doit remarquer que la note fenfible du *majeur* eft en même-temps la fu-tonique du *mineur*, & que dès que celle-ci monte, la dominante-tonique du *Ton majeur* auffi-bien que la fous-dominante du *mineur* y font arbitraires; ce qui peut occafionner des furprifes agréables, en appliquant au *Ton* non *régnant* la fucceffion qui paroîtroit devoir tomber naturellement à celui qui *règne*. On en donnera des exemples lorfqu'il le faudra.

ARTICLE XIII.

Choix dans la fucceffion fondamentale.

La plus parfaite confonance doit être préférée dans toutes les marches fondamentales, favoir, la quinte auffi-bien que la quarte qui en eft renverfée, & les confonances doivent y être préférées aux diffonances, le tout quand l'arbitraire y a lieu.

En conféquence de cette règle, les marches par quintes & quartes font les plus parfaites, enfuite celles des *tierces*, fur-tout en defcendant, puis celles de feconde qui ne fe font en defcendant qu'en conféquence de l'interception annoncée dans l'Article X.

ARTICLE XIV.

De la durée des notes fondamentales & de la fyncope.

Plus la même harmonie a de durée, plus elle a le temps de pénétrer jufqu'à l'ame, & de l'affecter au point qu'on s'eft propofé: on varie pour lors à fon gré le chant des notes qui compofent cette harmonie, ce qui dépend du fentiment, de l'efprit & du goût.

Une B. F. & par conféquent une fucceffion harmonique trop

(*u*) XXV.ᵉ Leçon, *page* 65.

précipitée, n'a d'agrémens que dans le seul mouvement, dont se repaissent bien des oreilles, ou peu formées, ou qu'on n'a point encore sû captiver assez par le seul endroit qui doit les charmer : la vraie Musique est le langage du cœur.

La B. F. ne doit jamais syncoper (x), si ce n'est dans des cas forcés par un dessein dont on ne veut pas se départir ; autrement elle indique toûjours une suspension.

Toute autre partie de l'harmonie qui syncope oblige au contraire la B. F. à changer de notes en passant du *temps mauvais* au *bon*.

Soyons donc exacts à donner à chaque note de cette B. F. toute la durée que peut offrir le chant sous lequel nous l'établirons ; bien entendu que sa route déterminée par les règles qui paroîtront dans la suite, sera toûjours la première en date.

Une note du sujet pouvant appartenir à l'harmonie de quatre ou cinq notes fondamentales, comme octave, tierce, quinte, sixte ajoûtée, ou septième, on ne peut décider du choix que sur ce qui la suit. Conserver pour lors une même B. F. lorsqu'elle ne peut être suivie selon la règle, & continuer la même harmonie, seroit une faute irréparable.

ARTICLE XV.

Origine de toutes les variétés de la B. F. & par conséquent de l'harmonie & de la mélodie, où il s'agit des cadences.

La seule cadence parfaite, à peu de chose près, est l'origine des principales variétés introduites dans l'harmonie.

On renverse cette cadence, on la rompt, on l'interrompt (y), on l'imite, on l'évite, & c'est en quoi consistent ces variétés.

On doit être au fait de toutes les cadences & de leur renversement ; reste à savoir comment on les imite, & comment on les évite.

Une cadence est imitée, lorsqu'elle n'est annoncée que par

---

une dominante simple, qui ne peut jamais être suivie d'une tonique que par une licence dont il n'est pas encore temps de parler.

Par exemple, la cadence parfaite est toûjours imitée dans un enchaînement de dominantes.

Une cadence est évitée, lorsqu'après une dominante-tonique on ajoûte la septième ou la sixte majeure à l'accord de la tonique qui doit la terminer.

En ajoûtant la septième à l'accord de la tonique, on la rend dominante, & presque toûjours dominante-tonique, comme dans le chromatique *(z)*, & en y ajoûtant la sixte majeure, on la rend sous-dominante; si l'on y ajoûtoit la sixte mineure, elle ne seroit plus fondamentale.

On ne peut ajoûter que la septième aux toniques, ou censées telles, qui terminent une cadence rompue.

Une cadence interrompue ne s'évite point, puisqu'elle se forme de deux dominantes-toniques ; mais elle s'imite en rendant simples ces deux dominantes, ou seulement l'une des deux. Souvenons-nous, au reste, que de ces deux dominantes-toniques, la première, qui est dans un *Ton majeur*, descend toûjours d'une tierce mineure sur celle de son relatif *mineur*.

Tant que la dominante & sa tonique se succèdent, on peut toûjours ajoûter à celle qui ne termine point de repos la dissonance qui lui convient dans leur succession, c'est-à-dire, la septième à l'une, & la sixte majeure à l'autre; ainsi cadence annoncée, & sur le champ évitée, dès que l'esprit de la chose peut le demander.

Après la dominante-tonique d'un *Ton mineur,* on ne peut que terminer la cadence parfaite ou la rompre.

Quand on est au fait de ces deux moyens d'éviter ou d'imiter les cadences, on peut les confondre par celui des deux termes que l'on veut.

Souvenons-nous de la marche des doigts, VII.ᵉ & XXI.ᵉ Leçons, *pages 30 & 56,* au sujet de ces cadences, cela doit faciliter beaucoup l'arrangement des quatre parties.

(z) XXVI.ᵉ Leçon, *page 66.*

La cadence irrégulière n'eſt ſujette à aucune variété, puiſqu'elle ne peut être annoncée par aucune dominante.

C'eſt en profitant de toutes les routes de la B. F. qu'on fait donner à la Muſique cette grande variété dont elle eſt ſuſceptible, laiſſant à part le *chromatique*, l'*enharmonique*, la *ſuppoſition*, la *ſuſpenſion*, & les ornemens de la mélodie, qui néanmoins tirent leur ſource de ces mêmes routes, comme on le verra dans le VI.ᵉ Moyen.

Ne négligeons pas ſur-tout les exemples déjà recommandés, en attendant ceux qui paroîtront dans la ſuite.

A R T I C L E   X V I.

Des intervalles néceſſairement altérés dans la modulation.

Il n'y a pas un *Ton* qui ne reçoive dans ſa marche une fauſſe quinte au lieu d'une quinte, de ſorte qu'on n'en doit faire aucune différence, ſoit dans la route fondamentale, ſoit dans les accords, pourvû qu'on y emploie les notes diatoniques contenues dans l'étendue de l'octave du *Ton régnant*.

Dès que la ſous-dominante d'un *Ton majeur* eſt rendue dominante, elle fait toûjours la fauſſe quinte de la note qu'elle domine: en ſuppoſant le *Ton majeur d'ut*, ce ſera pour lors le *fa* qui devra paſſer à *ſi* (*a*): la même choſe arrive entre ces deux mêmes notes dans le *Ton mineur*, qui eſt ici celui de *la* par rapport au *majeur d'ut*.

Cette fauſſe quinte, qui ſe renverſe en un *triton*, doit être préférée dans la B. C.

La même raiſon qui oblige de remplir les accords des notes compriſes dans l'étendue de l'octave du *Ton régnant*, doit y faire prendre pour ſeptième ordinaire la *ſuperflue* qui ſe trouve encore ſur le même *fa*, c'eſt-à-dire, ſur toutes les ſous-dominantes des *Tons majeurs*, qui ſont en même-temps les ſixtes mineures de leurs *Tons mineurs* relatifs: de cette ſeptième ſuperflue naiſſent, dans le renverſement, d'autres intervalles altérés; mais la B. F.

(*a*) Gamme par quinte.

une fois donnée dans le *Ton régnant*, tout eſt dit, tout eſt parfait, & l'on ne doit plus s'arrêter à des altérations acciden-telles qu'exige ce *Ton* ſans aucune conſéquence.

ARTICLE XVII.

Préparation & réſolution de la Diſſonance, où l'on parle de la ſuſpenſion, des notes qui dans l'harmonie ſe comptent pour rien, & des cadences rompues & interrompues.

EXEMPLE *C, page 9.*

Il n'y a qu'une ſeule diſſonance dans l'harmonie fondamentale, ſavoir, la ſeptième d'une dominante: toutes celles qu'on y ajoûte ne ſont que renverſées, excepté la note ſenſible & la ſixte majeure ajoûtée à une ſous-dominante, qu'on y a toûjours confon-dues, quoique dans leur origine ce ſoient des conſonances. Cepen-dant, comme ces conſonances ont une marche décidée dans le cas préſent, ſavoir, de monter diatoniquement, pour indiquer cette marche, je me ſervirai du même terme de *réſoudre* ou *ſauver*, qui ne convient qu'à la diſſonance.

Ce que ces conſonances cenſées diſſonances ont de particulier, c'eſt qu'elles ne ſe *préparent* jamais; la note ſenſible même dis-penſe de *préparation* toutes les diſſonances qui l'accompagnent, & la ſixte majeure ajoûtée exige au contraire que la quinte qui l'accompagne ſoit toûjours préparée; mais cela vient d'une cauſe première, ſavoir, du double emploi, comme on doit le ſavoir à préſent. L'accord de la ſous-dominante, qui reçoit cette note ajoûtée, eſt le même que celui de ſeptième ſur ſa tierce au-deſſous, apoſtillée ſu-tonique, comme on le voit à *b* de l'e-xemple *B*, où le guidon marque dans la B. F. cette ſu-tonique avec ſa ſeptième, auſſi marquée par le guidon du chant, & préparée à *a*, laquelle ſeptième eſt quinte de la ſous-dominante qu'indique la note fondamentale *b*.

La préparation d'une diſſonance conſiſte en ce que la même note qui la forme ſoit compriſe dans l'harmonie qui la précède,

&

& qu'à la rigueur cette note se répète ou syncope, pour former la dissonance: quant à sa *résolution*, elle doit toûjours descendre diatoniquement, la chose prise encore en rigueur.

Par-tout où la B. F. monte de tierce, de quinte, ou de septième, jamais la dissonance ne peut être préparée: aussi n'y monte-t-elle guère que sur des dominantes-toniques, comme de *c* à *d* dans l'exemple *C*, où la note sensible marquée d'une + pour chiffre de la B. F. dispense de cette préparation: qui plus est, la B. F. ne monte jamais de septième qu'en vertu d'un renversement peu usité, d'autant qu'il n'amène rien de nécessaire qui ne puisse être observé plus légitimement & plus agréablement.

Par-tout où la B. F. descend par les mêmes intervalles, la dissonance doit être préparée; mais peut-on ne le pas observer, puisque sa préparation est nécessairement contenue dans l'harmonie qui la précède? La septième *h* ne se trouve-t-elle pas dans l'harmonie de *g*, & ne peut-elle pas être sous-entendue, dès que toute consonance est sous-entendue dans la résonance du corps sonore? Il est encore vrai que l'accord sensible dont elle fait partie, dispense de cette préparation; cependant, dès que la possibilité s'y rencontre, comme aux deux *i*, où le premier prépare la septième, il en faut profiter, excepté dans des cas où le goût du chant peut s'y opposer.

Il en est de même de la *résolution* d'une dissonance, avec cette circonstance cependant, que si le goût du chant entraîne d'un côté opposé à celui qu'exige cette *résolution*, il faut au moins qu'une autre partie y supplée, comme de *h* du premier dessus à *k* du deuxième, où la septième *h* descend diatoniquement.

Lors encore que la septième *l*, & la note sensible *m*, se succèdent au dessus d'une même B. F. il n'importe laquelle des deux soit sauvée: *n* qui sauve la septième *l*, ou bien *o* qui sauve la note sensible *m*, est également bon.

Ajoûtons à cette remarque qu'il suffit que la consonance desirée sur une B. F. soit celle d'une autre B. F. amenée par une succession légitime, pour que l'effet en soit toûjours agréable; ce qui ne peut arriver que par la suspension, dont la supposition tient souvent lieu: aussi voit-on à *q* du deuxième *C*, l'octave de la

N

tonique *ut* dans la B. C. suspendue par la neuvième, se sauver sur la tierce de la B. F. *r*, de même que la tierce de la tonique *s*, toûjours dans la B. C. suspendue par la quarte, se sauve sur la quinte de la B. F. *t*, qui est aussi B. C. & qui auroit fait la tierce de la note *s* de cette B. C. si la note *s* eût continué.

La règle qui défend de faire syncoper la B. F. exige que de deux notes du chant, la première qui débute par un *temps mauvais* (*b*), soit comptée pour rien, dès que la deuxième demande la même B. F. c'est-à-dire que pour lors cette première note est censée appartenir à la B. F. qui précède celle qu'exige la deuxième note.

Ne pouvant donner à la note sensible *u* du troisième *C* que la dominante-tonique pour B. F. je compte cette note *u* pour rien ; & ne la considère légitime qu'à *x*, sinon la B. F. syncoperoit, lorsqu'il s'y agit d'un repos terminé sur *x*, & qui ne peut s'annoncer que par la tonique *u*, ou bien encore par sa su-tonique, qui deviendroit pour lors dominante-tonique, en supposant qu'on voulût rendre effectivement tonique la note *x*.

Moins la marche est parfaite, plus la règle de préparer & de sauver doit être observée en rigueur ; ce qui regarde principalement les cadences rompues ou interrompues.

Dès qu'une dominante annonce une cadence, & qu'on peut suspendre cette annonce par une quarte & sixte, ou quarte & quinte, & dès qu'on peut également suspendre la tierce de la tonique, ou censée telle, par la quarte, pourvû que les consonances suspendues ne paroissent en même temps dans aucune partie, c'est toûjours bien fait : au reste, c'est au goût d'en décider. Voyez l'exemple *K* de la XIX.ᵉ Leçon, *page 54*, il est rempli de toutes ces suspensions.

Une note qui tient pendant quelques mesures, ou qui s'y répète, demande volontiers qu'on y varie l'harmonie par des chants agréables, & sur-tout analogues au dessein du sujet, encore plus à l'expression.

_____

(*b*) Article XIV, *page 93*.

CHAPITRE VIII.

Moyens de trouver la Baſſe Fondamentale ſous un Chant imaginé ou donné.

PREMIER MOYEN.

Accords, repos, ou cadences.

EXEMPLE D, page 9.

ON doit ſavoir qu'en partant d'une tonique, ou cenſée telle, les notes qui ſont à ſa tierce ou à ſa quinte au deſſus, de même que celles qui ſont à ſa quarte ou à ſa ſixte au deſſous, appartiennent à ſon harmonie *a*, au lieu que ſa quarte & ſa ſixte au deſſus, auſſi-bien que ſa tierce & ſa quinte au deſſous, appartiennent à l'harmonie de ſa ſous-dominante *b*.

Ces mêmes intervalles entrelacés, comme *mi, fa, ſol, la*, donnent du diatonique, où la B. F. doit changer à chaque note, en formant des repos poſſibles de l'une à l'autre. C'eſt ſur le *temps bon* que la finale de chaque cadence ſe décide, en y reconnoiſſant celles qui tiennent à l'harmonie des trois notes fondamentales, la tonique, ſa dominante & ſa ſous-dominante: ainſi la tonique termine ſa cadence à *cc*, la ſous-dominante à *dd*, & la dominante à *gg*.

La même choſe arrive entre la tonique & la dominante, aux notes diatoniques *ſi, ut, ré, mi*, dont celles qui ſont en tierces appartiennent à l'harmonie de l'une ou de l'autre; ſi elles marchent en montant: les repos ſe terminent ſur la tonique *ſſ*, & en deſcendant ſur ſa dominante *gg*.

On voit par-là toutes les notes de l'octave, *ſi, ut, ré, mi, fa, ſol, la*, ſuſceptibles de repos ou cadences: ſi la B. F. de l'une de ces notes termine le repos, celle de l'autre l'annonce; non qu'une dominante au deuxième *c*, & une ſous-dominante au

deuxième *f*, ne puissent annoncer les repos, selon les guidons
de la B. F. avec leurs chiffres, ce qui est une suite de l'énoncé
dans l'Article XII, *page 91 ;* mais de meilleures raisons encore
en décident, comme on l'apprendra quand il en sera temps.

II.ᵉ M O Y E N.

Tierces, Quartes & Quintes.

E X E M P L E *E, page 10.*

Toute note où l'on descend de tierce dans un *temps bon*, est
médiante, note sensible, quinte, ou même octave.

Lorsque cette note est médiante *d* & *o*, ou note sensible *m*,
il s'y forme toûjours un repos plus ou moins absolu, l'un sur
la tonique *d* & *o*, l'autre sur la dominante *m*.

Si cette même note est quinte, *b, g* & *q*, les repos y sont
encore possibles, mais moins sensibles.

Il est presque toûjours libre de traiter effectivement le *Ton*
de la dominante de *l* à *m*, en donnant la tierce majeure à la B. F.
sous *l*, tierce qui sera pour lors note sensible : on pourroit également terminer un repos de *h* à *i* sur la sous-dominante, selon le
guidon *i* qui descendroit de tierce sous *l*, pour rentrer dans le
Ton régnant, même encore après avoir traité celui de la dominante de *l* à *m*.

La note *i* peut former également tierce, quinte ou octave ;
& si l'octave y est préférée, c'est pour ne point sortir du
Ton régnant.

Toutes les difficultés qui semblent se présenter dans tant de
différences, s'applaniront par la connoissance du *Ton* & par le
sentiment des repos *(c)*, qu'on suppose au moins aux commençans, sinon ce seroit en vain qu'ils voudroient se livrer à la
composition.

Sachant les dièses ou bémols qui caractérisent chaque *Ton (d)*,
l'on ne peut jamais se tromper sur les médiantes ou notes sen-

(c) Article VI, *page 84.*
(d) XII.ᵉ & XIV.ᵉ Leçons, *pages 39 & 45.*

fibles: voyez s'il eſt poſſible d'imaginer comme telles les notes *b* & *q*, puiſqu'elles ſuppoſeroient pour lors des *Tons* armés de dièſes qui ne paroiſſent point; donc ces notes ſont quintes ou octaves.

Deux notes, dont la dernière deſcend de quinte dans un *temps bon*, ſont ordinairement l'octave, la quinte ou la tierce de leurs B. F. ce qui ne peut ſe décider que par la connoiſſance du *Ton*; ainſi nous n'en donnerons d'exemples que quand nous en ſerons là.

Si la dernière note de ces conſonances, tierce, quarte ou quinte, tombe dans le *temps mauvais*, comme à *c*, à *f*, à *r*, à *t* & à *x*, elle appartient preſque toûjours à la même B. F. de la première: c'eſt cette même note qu'on trouve de ſoi-même, en laiſſant tomber la voix au moins une tierce au deſſous de la finale d'un repos *(e)*. Cependant, ſi l'on ſentoit que la phraſe dût recommencer avec ces notes *c*, *f*, *r*, *t* & *x*, ſoit par les paroles, ſoit par le ſeul eſprit du chant, on feroit toûjours bien de leur donner une nouvelle B. F. ſoit en rendant dominante ou ſous-dominante la tonique, ou cenſée telle, qui les précède, ſoit effectivement par une nouvelle B. F. poſſible, comme aux guidons *e*, *f*.

On eſt au fait du renverſement des intervalles, on ſait que quarte en montant, *s*, *t*, eſt la même choſe que quinte en deſcendant, *q*, *r*; ainſi des autres.

On ne ſauroit trop ſe rendre familiers ces deux premiers Moyens: on peut en chercher des exemples dans différens ouvrages de Muſique: les plus beaux chants ſont remplis des marches dont ils traitent; l'imagination les ſuggère volontiers aux moins expérimentés, & la B. F. ne peut guère leur en échapper, en ſuivant exactement les règles précédentes.

(e) Article VI, *page 85.*

N iij

III.ᵉ M O Y E N.

Tenues d'Octaves & de Quintes, avec B. F. arbitraires.

E X E M P L E *F, page 10.*

L'octave d'une tonique conservée pendant plusieurs mesures ; peut avoir plusieurs B. F.

D'abord la tonique peut subsister avec son octave; mais cela ne convient guère que dans certains cas, comme exclamations, &c. sur-tout pour des chœurs de Musique, où la même harmonie en tenue produit souvent de grands effets.

Cette octave d'ailleurs étant commune à la *tonique* & à sa sous-dominante, dont elle est quinte, peut les recevoir alternativement pour B. F. & en conséquence une B. C. ou une autre partie, peut marcher diatoniquement pendant la tenue de cette même octave *a*.

Cette même octave encore peut faire successivement aussi tierce, quinte & septième d'une B. F. ou B. C. qui descendra par tierces *b*, dès que cette septième pourra se sauver ensuite, comme à *c*; sinon l'on abandonnera la B. F. qui la porte, pour lui substituer la sous-dominante *f*, qui peut être aussi censée tonique selon la B. F. le tout à volonté; arbitraire qui tient du *double emploi*, comme on peut à présent s'en assurer par soi-même, & par le guidon sous *f*.

Les trois premières notes de la B. F. sont toniques à *b*, & la première l'est seule dans la B. C. de sorte que les deux dominantes qui descendent de tierce dans cette B. C. imitent pour lors la *cadence interrompue*, ce qui est encore arbitraire.

Cette imitation de toutes les cadences est ce qu'il y a de plus compliqué dans la composition: celle de la cadence parfaite est facile à concevoir & à pratiquer par l'enchaînement de deux ou de plusieurs dominantes: la *rompue* & l'*interrompue* peuvent encore s'imiter aisément par leurs marches connues.

Bien que toutes les notes soient toniques à *d*, *f* dans la B. F. il vaut mieux cependant ajoûter la sixte à la sous-dominante *f*,

comme dans la B. C. elle ajoûte des graces à l'harmonie, &
même au chant dans le besoin: qui plus est, la note *d* de la
B. C. peut être dominante du guidon qui la suit, & où le
double emploi paroît évident.

On peut encore, sous cette tenue, former l'enchaînement des
trois dominantes qui commencent par l'*ajoûté*, comme à *g*, &
même passer au *Ton* de la dominante du *Ton régnant*, c'est-à-
dire, au *Ton* de sa quinte au dessus, dont la *seconde* est commune
avec l'*ajoûté* à la tonique. Ne voit-on pas effectivement à *g* que
l'*ajoûté* à *ut* & la *seconde* de *sol* ont la même B. F? Il faudroit
cependant, en ce cas, rendre la dominante *h* dominante-tonique.

Si au contraire la tenue est quinte de la tonique, & par conséquent octave de sa dominante, sa principale B. F. consiste dans
la succession alternative de ces deux mêmes notes fondamentales, qui pour lors fournissent avec cette tenue différens accompagnemens par la variété de leur mélodie sur le même sond,
dont on trouve des modèles dans quantité de chœurs de Musique,
& presque dans toutes les Ariettes Italiennes & Françoises.

Remarquons que la tenue formant la quinte d'une note, fait
par conséquent l'octave de cette quinte; si bien que toute la
différence des exemples *F*, entre *a* & *i*, ne consiste qu'à savoir si
cette tenue est octave de la tonique ou de sa dominante, ce
qui est visible dès que le *Ton* est connu: aussi le même ordre
diatonique formé par la cadence irrégulière entre la tonique &
sa sous-dominante dans la B. C. *a*, peut-il également s'observer par
la cadence parfaite entre la tonique & sa dominante, comme à *i*.

Dans ce diatonique, toutes les notes qui tiennent à la même
B. F. peuvent être entrelacées au gré du Compositeur, de sorte
qu'on n'y entretient ce diatonique qu'autant qu'on le veut.

Pour ce qui regarde la note fondamentale qui doit commencer
& finir avec ces sortes de tenues, nous l'apprendrons dans la
suite plus positivement que je ne pourrois l'expliquer à présent:
il en est encore question à la fin du V.ᵉ Moyen.

Une autre B. F. encore possible sous cette quinte en tenue
de la tonique, c'est que la tonique peut monter de tierce, &
celle-ci encore de tierce sous cette même quinte, qui fait la

tierce de l'une & l'octave de l'autre : ces deux dernières notes fondamentales ne peuvent être que censées toniques.

IV.ᵉ MOYEN.

Diatonique avec B. F. arbitraires, où l'on parle des notes communes à différentes B. F.

EXEMPLE G, page 10.

Le *Ton majeur* formant les degrés diatoniques de son *mineur* relatif, dès que la quinte du *majeur* ne se trouve point dans le chant, soit naturelle, soit diésée, le *Ton* est indécis, de sorte que tout diatonique y peut appartenir également à l'un & à l'autre *Ton, a, b, c, d, e, f, g, h, i.*

Si le chant commençoit ou finissoit par la tonique du *mineur*, son *Ton* seroit pour lors déclaré; mais comme sa tierce & sa quinte font aussi l'octave & la tierce de la tonique du *majeur*, ces dernières consonances laissent toûjours de l'arbitraire dans le cas spécifié, excepté que le rapport des *Tons* successifs ne décide pour l'un des deux, ce qui s'éclaircira par la suite.

Ne considérant à présent que le *Ton* d'*ut* pour tous les *majeurs*, & celui de *la* pour tous les *mineurs*, on doit y remarquer deux notes bien essentielles, savoir, *si* & *ré*, qui sont en même-temps la tierce majeure & la septième de la dominante-tonique du *majeur*, & la sixte majeure avec l'octave de la sous-dominante du mineur. Or, dès que le *si* monte diatoniquement, comme l'exige toute note sensible, que représente cette note *si* dans le *Ton majeur* d'*ut*, & comme l'exige encore tout *ajoûté* à une sous-dominante, *ajoûté* que représente aussi cette même note *si* dans le *Ton mineur* de *la*, l'arbitraire entre ces deux *Tons* règne nécessairement, comme on le voit à *h, i* du premier *G*, & à *f, g* du troisième pour le *Ton majeur*, & à *h, i* du deuxième *G*, aussi-bien qu'à *f, g* du quatrième pour le *Ton mineur*, où la sous-dominante est pour lors marquée d'un guidon & chiffrée ⑥.

D'un autre côté, si le *ré* descend, on le voit également apparteenir à *f* du premier *G*, comme quinte de la dominante-tonique du

du

du *Ton majeur*, & à *f* du deuxième *G*, non feulement comme octave de la fous-dominante du *Ton mineur*, mais encore comme feptième de la dominante-tonique de ce dernier *Ton*.

Il y a plus encore : fi l'on fe rappelle l'accord de feptième diminuée que peut porter toute note fenfible des *Tons mineurs* (*f*), combien n'y trouvera-t-on pas de notes communes avec les accords de la dominante-tonique & de la fous-dominante de ce même *Ton*, auffi-bien qu'avec l'accord de la dominante-tonique du *majeur*!

L'accord eft le même entre les trois fondamentales qu'on vient de citer dans le *Ton mineur*, à une note près: dans l'accord de la feptième diminuée fe trouvent *fol dièfe, fi, ré, fa;* dans celui de la dominante-tonique fe trouvent *fol dièfe, fi, ré, mi;* & dans l'*ajoûté* à la fous-dominante fe trouvent *fi, ré, fa, la;* puis dans le *fenfible* du *Ton majeur* fe trouvent *fol, fi, ré, fa,* où toute la différence d'avec la précédente feptième diminuée confifte dans le *fol* naturel ou diéfé: on voit par conféquent trois notes communes dans les accords de chacune des trois B. F. citées avec celui de la feptième diminuée, fans rappeler les communautés précédentes; choix qui doit paroître d'abord bien embarraffant pour un commençant; mais attendons que d'autres moyens nous en rafraîchiffent la mémoire, bien-tôt la chofe ne nous paroîtra plus qu'un jeu.

J'ai déjà dit que fouvent le choix du *Ton majeur* ou de fon *mineur* relatif dépendoit du rapport que l'un des deux devoit avoir dans la fucceffion des *Tons;* mais on eft fouvent auffi le maître de choifir, fur-tout pour éviter de trop fréquentes répétitions de cadences dans un même *Ton*, comme on l'expliquera: d'ailleurs, ce n'eft que dans les cas où la note du chant fuit fa route décidée après avoir formé diffonance avec la B. F. qu'on peut lui fuppofer: finon il eft inutile de s'en occuper.

Au refte, lorfque le repos, du moins en apparence, demande la tonique pour B. F. dans un *Ton mineur*, il fuffit que de toutes les notes communes aux trois B. F. qui peuvent la précéder, favoir, la dominante-tonique, la note fenfible & la fous-dominante,

(*f*) XXV.ᵉ Leçon, *page* 65.

O

il suffit, dis-je, que l'octave de la dominante-tonique & la su-dominante ne paroissent point dans le chant, pour que l'arbitraire règne entre les deux premières B. F. de même qu'il régnera entre les deux dernières, lorsque la tonique & la note sensible ne paroîtront point dans ce chant.

L'exemple de ces derniers arbitraires paroît à *f* & à *h* du deuxième & du quatrième *G*, où tantôt les notes, tantôt les guidons marquent les trois B. F. possibles dans le *Ton mineur*.

En jugeant de ces arbitraires sur le nom des intervalles, savoir, su-tonique, su-dominante, &c. & sur celui des B. F. il est facile de les appliquer à quelque *Ton* que ce soit.

Si le chant du cinquième & du sixième *G* est le même, considérez l'arbitraire dont on y est maître entre les deux *Tons* relatifs, voyez comment la dominante-tonique & la sous-dominante peuvent se le disputer à *h* & à *i* ; à *h*, puisque la quinte de la dominante peut être réputée sixte ajoûtée à la sous-dominante, dès qu'elle monte diatoniquement ; à *i*, où l'octave de cette sous-dominante peut d'abord être tierce de la su-tonique, laquelle tierce prépare la septième de la dominante-tonique : ce qui est encore mieux que de faire commencer la mesure par cette dominante, comme cela se pourroit dans le besoin, attendu que l'accord sensible dispense de préparer toute dissonance qui en fait partie.

C'est sur-tout dans le sixième *G* que les guidons *l*, *m*, *n* présentent le *Ton majeur* relatif au *mineur régnant*, avec d'autant plus d'agrément qu'il fait éviter trois repos trop prochains l'un de l'autre sur la tonique de ce même *Ton mineur*.

Si les dominantes-toniques ne sont point chiffrées à *f* & à *h* du deuxième *G*, on sait assez que l'accord sensible leur tombe de droit.

Quant aux guidons sous *d* du troisième *G*, & sous *k* du cinquième, l'un marque une censée tonique possible, l'autre qu'on peut descendre de tierce en partageant la note du chant en deux valeurs égales, & que cela est toûjours mieux, excepté que le goût, l'esprit du chant de la basse, n'exige le contraire.

V.ᵉ MOYEN.

Diatonique tant en montant qu'en descendant, dont chaque note répétée dans la même mesure ou syncopée, peut recevoir deux Basses Fondamentales différentes, outre l'arbitraire qui peut s'y rencontrer.

EXEMPLE *H, page 11*, pour le Diatonique en montant.

Si le chant débute par la quinte d'une tonique pour monter diatoniquement sur une note qui se répète dans la même mesure, ou qui syncope, cette tonique peut toûjours descendre. de tierce dans la B. F. & le doit même en cas de syncope, comme on le voit dans le début des trois premiers *H.*

Si le chant débute au contraire par l'octave de la tonique, celle-ci monte également avec ce chant, selon le quatrième *H.*

Dans les deux premiers *H*, on est forcé d'imiter une cadence interrompue à *c, d* du premier, ou de l'effectuer à *c, d* du deuxième, pour pouvoir donner deux B. F. différentes à la *note sensible* d'un *Ton majeur;* au lieu que dans le *mineur* cette note sensible n'a point d'autre B. F. qu'elle-même, ou du moins la dominante-tonique.

Toutes les dominantes du premier *H* sont simples, excepté celle du *Ton régnant* à *c* & à *g:* dans le deuxième, le chromatique possible en fait autant de dominantes-toniques depuis *b* jusqu'à *c*, où la tonique du *Ton mineur* retourne à celle du *majeur régnant* à *f*, pouvant d'ailleurs descendre de tierce sur une censée tonique, en conséquence de la liberté qu'on a de faire succéder des toniques par tous les intervalles consonans, dès que le chant le permet, pourvû cependant que l'une de ces toniques puisse rentrer dans le *Ton régnant*, ou qui va régner ensuite, par les routes diétées.

On voit à *b, c* du deuxième *H*, la liberté qu'on a de rendre une note dominante-tonique après son *sensible*, à la faveur du chromatique, ou d'en faire une tonique, pourvû que ce soit dans un *Ton* qu'ait du moins quelque rapport au *régnant.*

Si les notes du chant syncopent, comme au troisième *H*, leurs B. F. seront celles du premier *H*, jusqu'à *e* pour le diatonique, & celles du deuxième pour le chromatique, toûjours jusqu'à *e*.

En observant le diatonique dans ce troisième *H*, la note *e* de la B. F. doit être simple dominante, & pour lors on est forcé d'imiter deux fois de suite une cadence interrompue d'*e* à *f*, & de *f* à *g*, pour changer de B. F. à chaque note syncopée; au lieu que dans le chromatique, la B. F. *e* rendue tonique passe à celle du *Ton majeur régnant* sous *f* dans la B. F. pour ne plus quitter son *Ton*.

Le chromatique introduit dans l'harmonie par la B. F. d'un chant diatonique, ajoûte même à la beauté de ce chant, quoique ne s'en doutent pas bien des personnes qui n'ont que la mélodie pour objet: ce chromatique donne d'ailleurs plus de facilité au Compositeur pour trouver des chants agréables dans ses accompagnemens; il sert aussi le génie en inspirant souvent des changemens de *Tons*, qu'on ne soupçonneroit pas sans son secours; mais nous n'en parlons encore qu'en passant.

Le quatrième *H* offre une B. F. pareille à celle du deuxième depuis *f* jusqu'à *i*, & à celle du troisième depuis *i* jusqu'à *l*; mais la note *l* syncopant à *m*, & le repos conduisant à la tonique, au lieu qu'il n'avoit été terminé jusque-là que sur la dominante-tonique, la B. F. suit pour lors une route plus régulière, où se voient de suite l'*ajoûté k*, la *seconde l*, le *sensible m*, *n*, & le *parfait o*.

Voyez cette septième *m* du quatrième *H*: si elle n'est pas sauvée immédiatement, la note *n* qui la suit n'appartient-elle pas toûjours à l'harmonie de la même dominante qui porte l'une & l'autre? Donc rien ne presse pour quitter cette dominante, dont la succession légitime se présente à *o*.

Quand même il se trouveroit plusieurs notes de l'harmonie d'une dominante entre sa septième & ce qui doit suivre celle-ci, quand même la vraie note qui devroit la *sauver* ne paroîtroit pas après toutes les autres, il suffit souvent qu'il paroisse ensuite une note appartenant à l'harmonie de la B. F. qui doit suivre cette dominante, sur-tout si l'on y sent le moindre repos, pour que le tout soit légitime; & c'est pour lors que dans la B. C. ou dans une autre partie, on a soin d'insérer la note même qui doit *sauver* la dissonance en descendant diatoniquement, comme je l'ai déjà dit.

Il y a licence à *k, l* du premier & du deuxième *H*, & à *l, m* du troisième dans la B. C. aussi-bien que dans la B. F. mais je n'en puis rendre compte qu'au IX.e Moyen.

Remarquons, au reste, que dès que la note sensible ne syncope pas, on peut se passer de lui donner deux B. F. différentes, & qu'en ce cas suit naturellement une cadence parfaite qu'on peut cependant *rompre* ou *interrompre* encore si l'on veut.

Tous ces différens moyens de varier l'harmonie d'un même chant, doivent ouvrir une grande carrière au Compositeur; mais je l'attends au chant chromatique donné pour sujet, c'est-là qu'il doit trouver encore de nouvelles ressources.

Les exemples donnés dans le *Ton majeur* servent également pour le *mineur*, excepté que la note sensible n'y doit jamais syncoper, attendu qu'elle n'y peut souffrir deux B. F. différentes.

EXEMPLE *I, page 12*, pour le Diatonique en descendant.

Le Diatonique en descendant, dont chaque note, syncopée ou non, peut recevoir deux B. F. différentes, n'est pas à beaucoup près susceptible d'autant de variétés qu'en montant: je n'y vois généralement que deux moyens, savoir, que la deuxième partie de la note du chant peut être septième ou quinte de la B. F. il est vrai qu'elle peut en faire aussi l'octave, mais beaucoup plus rarement.

Que les notes du chant soient syncopées ou non, l'on voit dans les exemples des quatre premiers *I*, que l'ordre de la B. F. est toûjours le même, aux finales près.

Le premier & le deuxième *I* terminent sur la dominante dans le *Ton* d'*ut*; le troisième & le quatrième terminent au contraire sur la tonique dans le *Ton* de *sol*.

Les deux premiers *I* peuvent former trio avec la B. C. du deuxième; ainsi des deux suivans avec l'une ou l'autre de leurs B. C.

La tonique *a* du premier *l* doit être naturellement conservée telle à *b*, puisqu'elle annonce un repos sur sa dominante *c*: cependant on peut imiter une cadence rompue de *b* à *c*, selon le guidon *b* de la B. C. sur-tout si les notes du chant *a*, *b*, & *d*, *f* du deuxième syncopoient.

La cadence n'étant annoncée qu'à *h* du troisième & du quatrième *l*, on ne doit non plus ne l'annoncer que là par la dominante-tonique: cependant on peut employer d'abord cette dominante aux deux *g*, en lui donnant la quarte par supposition; supposition qui, dans d'autres cas, n'est souvent qu'une suspension, l'une & l'autre préparant pour lors l'annonce du repos ou *cadence*.

Dans le cinquième *l*, la note *l* qui syncope ne peut former que l'octave, puisque le repos se termine ensuite sur la médiante *n* du chant.

La tonique qu'exige la médiante *n* pour décider le repos, veut être, en pareil cas, précédée de sa dominante ou de sa sous-dominante, entre lesquelles la note *m* du chant laisse l'arbitraire; mais la sous-dominante ne pouvant être précédée que d'une tonique, & la note *l* du chant ne pouvant recevoir cette tonique, puisque celle-ci se trouvant d'obligation sous *k*, syncoperoit pour lors, donc la seule dominante nous reste pour *l*, où son octave est suivie de sa septième *m*, sauvée à *n*.

Voilà le seul cas où la note syncopée qui descend diatoniquement, doive former l'octave d'une dominante précédée de sa tonique, & qui pour lors reçoit ensuite sa septième; succession dont j'ai déjà parlé dans le premier Moyen, *page 99*.

Il en est de cette octave suivie de la septième, pour descendre sur la tierce d'une B. F. comme de cette tierce dont la dernière note descend dans le *temps bon*, selon l'énoncé du II.ᵉ Moyen, *page 100*; car la note diatonique par laquelle on passe pour descendre de tierce sur une médiante ou note sensible, est toûjours la septième de la B. F.

On peut pratiquer avec cette octave une suspension de $\frac{6}{4}$, ou de simple quarte, selon le chiffre de la B. C. à *l* du sixième *l*, le tout à volonté.

Si la note syncopée peut appartenir à la tonique comme quinte (*o* du septième *I*) dès-lors la sous-dominante pourra le disputer à la dominante sous la note *p*, où descend cette quinte; & dans le *Ton mineur*, la note sensible (*g*) pourra le disputer encore à toutes les deux par les notes qu'elles ont de commun dans leur harmonie, ayant marqué les dernières de guidons à *p* de la B. F. pendant que la note sensible existe en leur place dans la B. C.

Le chant de ce septième *I* peut appartenir également aux deux *Tons* relatifs à la tierce mineure; c'est à la modulation, dont il n'est pas encore question, d'en décider: on se souviendra d'ailleurs de ce qui a été dit sur ce sujet dans le quatrième Moyen, *page 104*.

VI.ᵉ M O Y E N.

Entrelacement d'accords consonans & dissonans, tant en duo qu'en trio, par imitations, tiré des cadences & de l'enchaînement des dominantes, où la sixte superflue est employée.

E X E M P L E *K*, *page 12*.

En employant la quarte par supposition dans les cadences irrégulières, on peut former d'agréables phrases de Musique en trio par imitations entre deux parties.

Quoique la B. F. présente à chaque *a* du chant une dominante sous la quarte que porte la B. C. on peut néanmoins regarder les cadences qui s'ensuivent dans cette B. C. comme irrégulières, en traitant la quarte de suspension sans conséquence: on regarde pour lors la B. F. comme un hors-d'œuvre, dès que la supposition ne fait que suspendre une succession naturelle & fondamentale dans la B. C. telle qu'elle se trouve par-tout entre les deux notes séparées par la supposition ou suspension de la quarte. Voyez le troisième *K*, où la B. F. est pareille à la B. C.

(*g*) XXV.ᵉ Leçon, *page 65*, où la note sensible est reconnue B. F.

Si la B. F. a deux marches diatoniques d'*a* à *b*, & de *b* à *c*; elle y fuit néanmoins les routes prefcrites : la tonique *a* monte de feconde fur une dominante à *b*, & celle-ci monte de même fur une autre dominante à *c*, où pour lors la cadence rompue eft imitée ; moyen propre à embellir le chant de plufieurs parties, & à entretenir des imitations, dont tout l'exemple eft rempli, & que je traiterai plus à fond encore dans le IX.e Moyen. Remarquez, au refte, comment d'un *Ton* peu relatif au *régnant* on rentre dans celui-ci par le demi-ton d'*a* à *b*, dans la B. F.

Les dominantes-toniques de la B. F. fous les quatre premiers *a*, procurent une fuite d'harmonie charmante, pourvû qu'on en évite les octaves dans les autres parties : par exemple, au-lieu de defcendre fur l'octave de cette B. F. à chaque *a*, le chant monteroit fur la note fenfible chiffrée d'une croix +, & marquée d'un guidon dans ce chant où le *Ton mineur* exige un dièfe fur la note qui y monte diatoniquement, & qu'il faudroit par conféquent ajoûter aux notes qui précèdent les guidons du troifième & du quatrième *a*. Mais prenons garde pour lors de ne pas trop nous éloigner du *Ton régnant*, ou du moins de celui dans lequel la phrafe harmonique pourroit finir; ce qui s'éclaircira lorfqu'il s'agira de la modulation.

Les parties du chant peuvent encore former entr'elles des imitations en montant diatoniquement de tierce l'une après l'autre, au deffus de ces dominantes-toniques, felon le deuxième *K*; mais remarquons que pour faire évanouir le fentiment des *Tons* qui s'éloignent trop du *régnant* par le nombre de leurs dièfes, on cherche l'occafion de contrafter ces *Tons* par un ou plufieurs dièfes de moins, pour ne pas dire par des bémols: auffi paffe-t-on pour un moment dans le *mineur* de la fu-tonique de ce *régnant* à *i*. C'eft ainfi qu'en oppofant un genre à l'autre, ou encore la marche qui augmente les dièfes ou les bémols à celle qui les diminue, on efface le fentiment des *Tons* trop éloignés du *régnant*, pour le rappeler à l'oreille, comme s'il eût toûjours exifté.

On voit à *f* du premier *K* la même cadence irrégulière qu'auparavant, où chaque tonique devient fous-dominante en y ajoûtant

la

la fixte majeure, ce qui procure pour lors un chant agréable aux deux parties fupérieures par imitations; mais au premier *g* la tonique, qui l'auroit encore pû recevoir enfuite, l'éloignant trop du *Ton régnant*, on ne lui donne plus qu'une tierce mineure, d'où elle n'eft plus fondamentale, comme le prouve la B. F. du deuxième *g,* ce qui conträrie les dièfes ou béquares d'auparavant, & rappelle par ce moyen l'idée du *Ton régnant*, qui n'a ni dièfes ni bémols, felon ce qui en a déjà paru.

Remarquons bien que la fufpenfion dé l'octave de la tonique *h* par fa neuvième dans la B. C. du premier *K,* naît juftement d'une imitation de la cadence interrompue terminée au même *k* dans la B. F. & forcée par la fyncope du chant: fi cette même tonique *h* de la B. C. ne continue pas fous fon octave, comme elle l'auroit pû, c'eft pour donner plus d'agrément à fon chant, & plus de variété entre ce chant & celui du deffus. A quelque B. F. légitime qu'appartienne une confonance qui doit fauver la diffonance, ne fait-on pas à préfent que l'effet en eft toûjours bon?

Remarquons bien encore qu'on ne peut employer la note fenfible que dans la B. C. comme on le voit avant *h,* dès qu'il s'agit de fufpendre enfuite l'octave de la tonique par fa neuvième.

L'imitation des cadences interrompues de *l* à *k,* entrelacées avec celles des parfaites de *k* à *l,* procure d'agréables imitations entre les deux deffus; cependant, en approchant du repos annoncé à *n,* on les abandonne pour fuivre les plus parfaites routes.

Dans le début du premier *K,* les imitations montent diatoniquement de tierce, en y fous-entendant les guidons; & fi elles montent de même de *f* à *g,* remarquez bien que d'un côté ce font des toniques qui montent diatoniquement fur des dominantes-toniques, auxquelles on fubftitue des fufpenfions dans la B. C. & que de l'autre ce font des cadences irrégulières.

Pour que la B. C. annonce la cadence dès le *temps bon* à *n,* je lui donne la fufpenfion de la quarte qu'indique la fyncope de la B. F. toûjours dans le premier *K;* d'ailleurs, toute fufpenfion eft généralement indiquée par la fyncope d'une diffonance dans le chant même, comme de *m* à *n* ; ce dont il faut bien se souvenir, en remarquant encore que ce qui ne se trouve point effectué pour lors dans le chant, peut toûjours l'être dans le fond d'harmonie qu'il exige.

Quoique la plus basse note du chant *o* ne tienne point à l'harmonie de la B. F. remarquez que ne pouvant lui donner pour B. F. que la même note qui la suit dans le *temps bon*, c'est pour lors que je la compte pour rien, selon l'explication donnée à ce sujet dans l'Article XVII, *page 96 & suiv.*

Bien que cette note *o* soit octave de la B. C. remarquez encore qu'elle seroit mal reçûe de l'oreille si elle faisoit corps avec l'harmonie, puisque la B. C. y est surnuméraire par la supposition de la neuvième qu'elle porte, sa note ne pouvant être admise qu'au dessous de la B. F.

Nous apprendrons plus particulièrement dans la suite les espèces de licences dans lesquelles nous sommes tombés jusqu'à présent : remarquez, en attendant, que la supposition dont il s'agit à *o*, ajoûte de l'agrément au chant de la B. C.

Voyez ensuite cet entrelacement de quartes de *p* à *q*, & de neuvièmes de *r* à *s*, avec des accords parfaits où la B. C. change rarement de route, dès qu'il s'y agit de trio ou de quatuor ; ce ne sont par-tout que des suppositions avec lesquelles la B. F. suit un enchaînement de dominantes, de sorte qu'il est libre d'employer dans une quatrième partie telle note de l'harmonie de cette B. F. que l'on veut, parmi celles qui n'existent point dans les autres parties, en y observant le diatonique autant qu'on le peut.

Approchant de la fin, je ne me sers plus de la supposition après *t*, d'où suit l'enchaînement connu, savoir, le *parfait*, l'*ajoûté*, la *seconde*, le *sensible*, puis le *parfait*, d'abord après le dernier *p*.

De ce trio donné dans le premier *K*, se forme, quand on le veut, un simple duo, où néanmoins le trio se fait sentir, comme on le voit dans le troisième *K* ; ce dont on peut tirer de nouvelles lumières.

La B. F. de ce troisième *K* est pareille à celle du premier, à l'exception du début, où cette B. F. du troisième imite la B. C. de ce premier, d'autant qu'avec la B. F. de celui-ci le chant demande une autre route qu'avec celle du premier.

Concluons sans aucune restriction sur ce dernier duo, que toutes les notes d'un chant qui sont à la sixte & à la septième les unes des autres, peuvent rester jusqu'à celles où elles descendront ensuite diatoniquement, ayant expressément tiré une ligne depuis ces notes jusqu'à leurs secondes au dessous, pour qu'on les remarque plus aisément: qui plus est, en confrontant le duo avec le trio du premier *K*, on verra la chose rendue par les notes mêmes de chacune des deux parties du chant dans ce premier *K*.

Cette connoissance doit en donner une certaine du fond d'harmonie sous de pareils chants: on voit par la B. C. les occasions d'y faire valoir la supposition pour embellir le chant de cette B. C. on doit y reconnoître de plus, que les tierces & secondes du chant peuvent se renverser en sixtes & septièmes, lesquelles descendant ensuite diatoniquement, seront susceptibles des mêmes avantages que ces sixtes & septièmes.

Par exemple, les notes *a*, *b*, *c* du troisième *K* peuvent se renverser en celles du quatrième *K*, & par conséquent jouir du même privilége: *a*, *b*, *c* sont les mêmes notes de chaque côté; *c* du quatrième *K* présente par un guidon la note sur laquelle *a* doit descendre diatoniquement en même-temps que la note *b* du troisième *K* descendroit sur le guidon *d*; ce que le fond d'harmonie doit faire sous-entendre.

D'un autre côté, les notes qui sont à la quinte & à la sixte les unes des autres, ou, par renversement, à la quarte & à la tierce, comme celles du troisième *K*, *o*, *p*, *q*, *r*, *s*, *t*, *u*, peuvent également rester jusqu'aux notes où elles montent diatoniquement, comme l'indiquent les lignes tirées, de même que l'indiquent également les deux parties du chant *k*, *l*, *k* du premier *K*.

J'ai encore tiré une ligne, dans le troisième *K*, de la note *f* au guidon *g*, & de la note *g* à la note *i*, pour faire remarquer la même tenue entre les notes à la quinte & à la sixte les unes des autres, jusqu'à ce qu'elles descendent au **contraire** diatoniquement: il en est de même des lignes de *h* à *l*, & de *k* à *m*, *n*, où l'on peut également monter à *m* & descendre à *n*, parce que dans ces deux derniers exemples, *f*, *h* & *k* sont des consonances qui peuvent également monter ou descendre diatoniquement, l'arbitraire n'y étant considéré que pour se livrer à des imitations de chant, aussi-bien qu'à l'agrément de ce chant.

La B. C. de la fin du troisième *K*, qui commence à *x*, est généralement pareille à celle du premier *K*, qui commence immédiatement avant *p*; & l'on voit depuis cet *x* les tenues indiquées par les lignes tirées d'une note à une autre, comme l'indiquent les notes mêmes depuis *p* du premier *K*. Si les deux basses n'en font qu'une depuis *x*, c'est pour en faire remarquer la possibilité dans les suspensions, comme dans les suppositions qui peuvent passer pour suspensions.

Dans le cinquième *K* j'ai soûmis la B. F. aux suspensions *a* & *c*, au lieu que j'ai marqué dans cette B. F. la supposition à *d* & à *e*, parce qu'elle y fait voir l'enchaînement des dominantes depuis *d*, qui dans sa route arrive à l'*ajoûté* de la tonique régnante à *e*, d'où suit sa *seconde* à *f*, qui au lieu de suivre la même route en passant à l'*accord sensible*, passe au contraire à cette tonique même à *g*, pour y former une cadence irrégulière, où sa tierce *h* est encore suspendue par sa quarte *g*.

Le double emploi se fait aisément connoître par le guidon *f* de la B. F. qui, par les guidons qui suivent celui-là, prouve la liberté qu'on a d'y traiter un enchaînement de dominantes depuis *e*, lequel donnant l'*ajoûté* de la tonique, seroit suivi de sa *seconde f*, de son *sensible g*, & de son *parfait h*; mais, à la faveur des suspensions, on peut passer de la *seconde* de la tonique à son *parfait* suspendu par sa quarte *g*; arbitraire qu'il faut avoir toûjours présent à l'esprit, & sur-tout à l'oreille, pour savoir en profiter dans l'occasion.

Dans le sixième *K*, plus de tenues sous-entendues, tout porte harmonie; on y suit, si l'on veut, un enchaînement de dominantes après la censée tonique *a* de la B. F. ou bien l'on y entrelace des imitations de cadences rompues & interrompues, selon l a

B. C. où le guidon *c* marque la B. F. & où le chant se prête à l'arbitraire entre cette B. F. & celle d'au dessous, par les notes de ce chant communes aux deux B. F. *b*, *c*, dès que la marche prescrite ne s'oppose point à celle des deux différentes cadences qu'elles offrent.

Le septième *K* offre un chant qui répond au trio du premier, *k*, *l*, *k*, &c. & dont les différentes B. F. consistent en ce que de ce côté-ci les toniques passent à des dominantes-toniques, occasionnant du chromatique par ce moyen, au lieu que de l'autre *k*, *l*, *k* donnent des imitations de cadences parfaites & interrompues.

Le huitième *K*, qui répond encore en partie au trio *k*, *l*, *k*, &c. donne un chromatique moins commun que le septième, puisque les toniques y montent de tierce sur des dominantes-toniques : l'effet en est beaucoup plus agréable.

Ce huitième *K* est calqué sur un trio de l'Opéra d'Hippolyte & Aricie, *page 169*, où l'imitation règne dans chaque partie : la sixte superflue s'y trouve, comme à *b*. On rend raison de cet intervalle & de son accord dans le IX.ᵉ Moyen.

Si l'on fait bien attention, l'on verra que toutes les variétés possibles en harmonie, & par conséquent en mélodie, naissent des différentes marches des toniques, & des différentes cadences, soit naturelles, soit rompues, soit interrompues, soit évitées ou imitées dans des enchaînemens ou entrelacemens, en y comprenant les suppositions, suspensions & renversemens, sans parler des nouveaux genres qui vont être exposés dans les Moyens suivans, & en y supposant une belle modulation, dont je ne donnerai connoissance qu'à la fin de cette Méthode.

On peut même dès-à-présent juger sur tous les exemples précédens, des différentes routes harmoniques que peut procurer un même chant, soit par les notes communes à différentes B. F. soit par les différens *Tons* dont ce chant est susceptible, & dont la juste application se dévoilera par la connoissance de la modulation.

Remarquez dans le cinquième *K*, que la tierce desirée sur *a* de la B. F. devient quinte de celle qui la suit à *b*, selon ce qui paroît déjà dans le IVe Moyen, *page 104*, d'où fuit l'heureux paſſage du *Ton majeur* dans fon *mineur* relatif, à la faveur d'une cadence interrompue de *a* à *b*.

VIIe M O Y E N.

Genre Chromatique.

E X E M P L E *L, page 16.*

Le chromatique annonce toûjours changement de *Ton*.

Une chofe à remarquer d'abord, c'eft que le chromatique, qui confifte dans le changement d'une note en fon dièfe ou en fon bémol, ne change point l'intervalle, il en change feulement le genre.

C'eft en conféquence de cette loi, que fans changer de tonique, on peut changer le genre de fon *Ton*, en changeant celui de fa tierce, ce qui n'a pas befoin d'exemple.

Les feuls *Tons majeurs* à la quinte l'un de l'autre peuvent fouffrir le chromatique, foit en faifant monter la fous-dominante de la plus baffe tonique à fon dièfe, foit en faifant defcendre la note fenfible de la plus haute tonique fur fon bémol; par conféquent cela regarde toûjours la note *fa* entre les *Tons majeurs* d'*ut* & de *fol*, ce dont on peut fe faire des exemples dans différens *Tons majeurs* à la quinte l'un de l'autre; autrement, le *Ton majeur* paſſe au *mineur*; & quand on eft dans celui-ci, fon genre ne peut plus difcontinuer en variant les *Tons*, fi ce n'eft dans des arbitraires entre les deux *Tons* relatifs à la tierce, comme on l'expliquera bien-tôt.

Chromatique en montant.

Lorfque le chant part de l'octave de l'une des trois principales notes fondamentales d'un *Ton majeur*, fi cette octave monte fur fon dièfe, la B. F. defcend pour lors d'une tierce mineure fur une dominante-tonique: *a* pour la tonique qui monte à fon dièfe: *b* pour fa fous-dominante qui monte au fien: & *c* pour fa dominante qui monte de même.

Si le chant part de la quinte, la B. F. du *Ton majeur* monte pour lors d'une tierce majeure sur une dominante-tonique: *d* pour la tonique: *e* pour sa sous-dominante: & *f* pour sa dominante.

La tonique *d* passe dans son *Ton mineur* relatif, où passe sa dominante à *c*; la sous-dominante *e* passe au *Ton mineur* de la su-tonique, où passe l'octave de la tonique à *a*: pour ce qui est de la dominante *f*, elle passe ici dans un *Ton* peu relatif, & qui l'est cependant; car *ré* & *mi* sont la sous-dominante & la dominante de *la*, *Ton mineur* relatif au *majeur d'ut régnant*.

On ne peut former du chromatique en montant de la tierce majeure à une autre note.

Il y a une espèce de licence à *f* autorisée par le chromatique, qui ne change que le genre de l'intervalle; donc la septième de la B. F. que donne la B. C. avant *f*, se conserve dans la quinte de cette B. F. sous *f* même: c'est toûjours *fa* quinte de *si*, laquelle ayant auparavant formé la septième de *sol*, se *sauve* en descendant sur l'octave de la tonique marquée d'un guidon dans la B. C.

Le dièse où le chromatique engage de monter, se faisant généralement sentir pour note sensible, demande encore à monter; par conséquent, si la note sensible que donne le chant monte de droit à *f*, remarquez que le dièse de la B. C. qui n'est point note sensible, descend justement sur la note qui doit *sauver* la septième de la B. F. ce qui suffit pour la satisfaction de l'oreille, selon l'énoncé de l'Article XVII, *page 96.*

En partant d'un *Ton mineur*, le chromatique en montant ne peut débuter que par la médiante, ou par la su-dominante; & lorsqu'on est arrivé dans le *Ton* de la sous-dominante du *régnant*, comme à *g g*, ou *l l*, veut-on continuer le chromatique, l'arbitraire règne pour lors entre le *Ton mineur* de la dominante du *régnant*, *h h* & *i i*, & le *mineur* relatif à ce dernier comme à *m m*: si bien que la sous-dominante en question, donnée comme tonique, descend généralement de tierce sur une dominante-tonique, *g, h,* ou la devient elle-même, *l, m.*

Ce même arbitraire peut avoir lieu sur toutes les notes sensibles de *Tons majeurs*, puisqu'elles sont en même-temps les su-toniques de leurs *mineurs* relatifs; mais dans le chromatique, le genre majeur ne pouvant se continuer qu'une fois seulement, on ne peut le faifir dans un autre cas que dans celui-ci, où le chromatique fe continue après la fous-dominante du mineur, fans trop s'écarter du *Ton régnant*.

J'ai mis différentes B. C. au deffus des mêmes B. F. pour y accoûtumer l'oreille, & pour qu'on fache en profiter dans le befoin, foit dans la B. C. foit dans une autre partie, foit pour en compofer plufieurs enfemble : le chromatique s'y préfente dans deux parties, comme à *i* & à *g, h ;* ce dont on pourra profiter.

Chromatique en defcendant.

D E U X I È M E *L, page 16.*

Le chromatique en defcendant ne commence guère qu'après la tonique régnante, & fe recommence toûjours en defcendant, foit après fa dominante, foit après fa fous-dominante, qu'on rend pour lors toniques, mais feulement en paffant.

Si le chromatique annonce changement de *Ton*, il eft donc impoffible de le continuer autrement : eft-on arrivé à la note fenfible d'un *Ton* dont on veut continuer la phrafe, plus de chromatique pour lors, finon le *Ton* change.

Il n'y a dans ce dernier genre que la tierce majeure des trois notes fondamentales de quelque *Ton* que ce foit qui puiffe defcendre fur la mineure; mais abandonnant, fi l'on veut, l'une de ces B. F. après avoir été employée, on fait de leur tierce mineure la feptième d'une nouvelle dominante-tonique, d'où fuit cet enchaînement déclaré dans la XXVIe Leçon, *page 66.*

Après avoir débuté par le *Ton mineur*, deuxième *L*, je rends fa dominante *b* cenfée tonique, en y montant de quinte; mais comme fon *Ton* ne peut être *majeur*, en égard au rapport qu'il doit avoir avec le *mineur régnant*, j'en fais une véritable tonique à *c*, en lui rendant fa tierce mineure à la faveur du chromatique; & voulant continuer fon *Ton*, plus de chromatique.

Les guidons *dd* de la B. F. marquent cette B. F. poffible; mais fe trouvant néceffairement la même dans la mefure qui la fuit, celle qui eft copiée vaut mieux en ce cas, pour éviter la

monotonie

monotonie de deux cadences semblables trop voisines. Les autres guidons *dd* de la B. C. sont encore bons: la note sensible, comme B. F. y représente la B. F. même, & lui dispute, aussi-bien qu'à la sous-dominante notée, par les notes qu'elles ont de communes dans leurs accords.

En débutant par ce même *Ton mineur*, d'où je descends chromatiquement, il n'arrive pas un demi-ton chromatique que le *Ton* ne change; la tonique même, en changeant de tierce de *m* à *m*, ne passe-t-elle pas du *Ton majeur* au *mineur!* Si l'on vouloit prendre un autre *Ton*, cette tonique pourroit être sur le champ dominante-tonique, pour passer au guidon sous le deuxième *m* de la B. C.

Je puis rendre *e* tonique à *f* même, comme de *b* à *c;* mais en les rendant dominantes-toniques, j'occasionne un nouveau chromatique dans d'autres parties, dont je ne pourrois jouir sans ce secours.

Par l'enchaînement des dominantes-toniques, je prends à *i* le *Ton majeur* relatif au *mineur régnant:* ou bien je rentre dans le *régnant* par une note sensible représentant, comme B. F, la dominante-tonique dont elle fait la tierce, selon les guidons de la B. C. sous *h, i*.

La tonique régnante, savoir, *la* marqué d'un guidon, peut tenir toute la mesure *i*, ou descendre de tierce sur une dominante simple à l'*i* de la B. F. qui donne pour lors une note de plus dans l'harmonie.

Je puis tenir la même dominante-tonique dans la B. C. depuis *n* jusqu'à *q*, en lui donnant la supposition de la quarte sous *m, n*, d'où la syncope *o* reçoit une nouvelle B. F.

On peut aussi varier cette B. F. de *m, n, o, p, q*, selon ce qui paroît à *t, u, x, y*.

Au dernier *x* le chant ne donne aucune note de l'harmonie de sa B. F. mais ne sait-on pas que l'octave de la B. C. accompagne sa quinte & sa quarte, l'une étant la B. F. & l'autre sa septième, dont se forme la supposition de la quarte: il suffit donc que cette octave paroisse dans le chant, pour qu'une

Q

pareille fuppofition puiffe être pratiquée, fur-tout dès qu'il s'agit de préparer l'annonce d'une cadence, felon ce qui en a été dit ailleurs.

Revenons à l'exemple *e*, *f*, *g*, *h*, &c. du deuxième *L*, examinons-le dans le troifième *L*, nous y trouverons encore de nouvelles B. F. poffibles, où les guidons *h*, *i* de la B. C. du deuxième *L* font notés dans la première B. F.

La note *e* du troifième *L*, première B. F. eft effectivement cenfée tonique à *f*, puifqu'elle y eft fuivie de fa dominante à *g*: la note fenfible du *Ton régnant* fous *h*, eft rendue B. F.

Arrivé à la tonique *i* de cette première B. F. je monte continuellement de quinte jufqu'à *m*, & j'en fais autant de toniques, chacune pour fon moment; mais pour rentrer dans le *Ton régnant*, je prends la note fenfible de fa dominante-tonique au deuxième *m* pour B. F.

Dans la deuxième B. F. au contraire, tout eft enchaînement de dominantes, où règne continuellement le chromatique, à la réferve du moment où vient à *i* le *Ton majeur* relatif au *mineur régnant*, puis encore la dominante de ce *Ton majeur* à *n*, que je rends effectivement tonique, pour en faire fentir le rapport avec fon *mineur* à la tierce, dans le *Ton* duquel je puis finir la phrafe, felon la deuxième B. F. en ajoûtant un dièfe à la note *p* du chant, qui pour lors montera au guidon *q*.

C'eft uniquement pour faciliter l'intelligence des notes & des guidons inférés dans les baffes du deuxième *L*, que je leur ai fubftitué, fous le même chant, celles du troifième *L*.

Il fe trouve une tournure de chromatique affez fingulière dans la première partie de ma Pièce de Clavecin, intitulée, l'*Enharmonique*, II.ᵉ Livre, *page 26*, depuis la quatorzième mefure jufqu'à la vingtième, dont les Curieux pourront tirer quelques lumières, pourvû qu'on y obferve un petit filence à chaque repos.

VIII.ᵉ Moyen.

Genre Enharmonique.

EXEMPLE *M, page 18.*

Je n'ai rien à ajoûter à ce que j'ai dit dans la XXVII.ᵉ Leçon, *page 68,* fur le genre enharmonique, fi ce n'eſt l'Exemple que je viens de promettre, & qui tient également aux deux derniers genres.

En faiſant marcher les notes ſenſibles, priſes pour B. F. avec leur accord de ſeptième diminuée dans le même ordre de l'enchaînement des dominantes-toniques qu'elles repréſentent, & dont elles forment la tierce majeure, s'il en ſuit un chromatique ſingulier qui a ſes agrémens dans de certaines expreſſions, il en peut ſuivre auſſi de l'enharmonique quand on le veut, puiſque ce dernier genre ne tire ſa ſource que de pareilles notes ſenſibles.

L'Exemple *M* offre quatre parties au deſſus de la B. F. qui n'eſt là que pour la preuve : le chromatique règne tantôt dans une partie, tantôt dans l'autre; mais l'enharmonique peut y régner également. En tranſpoſant tel bémol qu'on veut en un dièſe, ou tel dièſe en un bémol, & choiſiſſant pour note ſenſible celle qu'on veut de tout l'accord, on paſſe pour lors dans le *Ton mineur* qu'elle indique, comme à *b, b,* où *ré dièſe* eſt ſubſtitué à *mi bémol,* ces deux notes étant la même ſur tous les inſtrumens à touches; ſi bien que le *Ton mineur* de *ſol,* annoncé par ſa note ſenſible *fa dièſe; c,* ſe change ſur le champ en celui de *mi:* ce même *mi,* dont la cadence eſt rompue à *d,* & qu'indiquent les guidons, peut encore être rendu dominante-tonique, en ſuſpendant ſon accord par celui de la quarte, pour paſſer dans le *Ton majeur* ou *mineur* de *la.* Ainſi des trois autres notes du même accord, pour changer de la même façon les tons qu'indiqueront les nouvelles notes ſenſibles qu'on s'y propoſera; ce qui donne le moyen de choiſir entre douze *Tons* celui qu'on veut.

Q ij

† Voyez la 9.ᵉ & la 10.ᵉ mesures de la reprise dans la Pièce de Clavecin où j'ai déjà renvoyé au sujet du Chromatique, vous y trouverez l'enharmonique dans un *ut dièse* changé en *ré bémol*, dont pour lors *mi* est B. F. comme note sensible.

IX.ᵉ MOYEN.

Des Licences, où il s'agit encore de la Supposition, de la Suspension, de la Sixte superflue & de la Syncope.

EXEMPLE N, page 18.

Il se forme souvent une imitation de cadence parfaite sur des dominantes-toniques, où le repos paroît final dans le chant, sur-tout quand il y a des paroles, quoiqu'on sente bien qu'il n'est pas absolu.

Dans les cinq exemples *a, b, c, d, e* du premier *N*, tous les repos sont sur des dominantes-toniques, où la B. C. doit toûjours arriver diatoniquement, la B. F. n'y étant donnée que pour preuve du fond de l'harmonie.

a & *b* donnent le même chant dans le *Ton majeur* & dans son *mineur* relatif; ce dont on saura profiter dans l'occasion, selon ce qui en a déjà été dit, outre qu'il en sera question ailleurs.

e donne une sixte superflue, qui est justement la note sensible de la dominante-tonique sur laquelle se termine le repos; de sorte que pour éviter cette dissonance, il n'y auroit qu'à diéser le *fa* de la B. C. en donnant la quinte juste à la B. F. sous *e*; mais le *Ton mineur régnant* demandant qu'on descende à sa dominante d'un demi-ton, ne pourroit y recevoir ce *fa dièse* sans que son *Ton* ne changeât en celui de sa dominante. D'ailleurs, toute note sensible d'une finale, pour lors tonique, ou censée telle, a des droits sur l'oreille, qui lui sont toûjours agréables; si bien que le chant observé dans la B. C. conséquemment au *Ton régnant*, differ de la discordance que forme avec elle la note sensible étrangère à ce même *Ton*.

En conséquence de cette dernière remarque, on peut terminer

tout repos fur une dominante, en y montant d'un demi-ton par fa note fenfible.

On s'eft beaucoup prévalu de cette liberté en pratiquant des notes fenfibles de pur goût, à la vérité fur des brèves paffagères, fans que l'harmonie y ait part, quoique cela ne convienne à aucune note fenfible harmonique, non plus même qu'aux médiantes d'un *Ton majeur*.

II.ᵉ *N.*

On traite mal-à-propos de licence toute dominante qui defcend fur une autre; c'eft un pur renverfement de la cadence irrégulière, où l'on doit voir qu'on intercepte pour lors la dominante qui, felon l'ordre de leur enchaînement, doit fe trouver entre deux.

On voit effectivement dans la B. F. du II.ᵉ *N*, qu'en donnant aux notes *b* de la B. C. la moitié de leur valeur de plus pour recevoir leur harmonie de la B. F. *c*, (valeur qu'on retrancheroit pour lors des notes *c*, de cette B. C.) tout s'accorderoit enfemble dans l'ordre le plus fimple de la B. F. Mais engagé, par quelque raifon que ce foit, à donner à la B. C. une valeur égale à celle du chant, je fubftitue pour lors à la note *c* de la B. F. celle que défigne le guidon au deffous, & qui donne une fucceffion diatonique de deux dominantes en defcendant, où la feptième fe fauve par une autre; ce qui fe trouve fuffifamment expliqué fur la fin de la XXIII.ᵉ Leçon, *page 62*, où je renvoie pour qu'on en prenne une parfaite intelligence, & pour qu'on y profite en même-temps de quelques autres fucceffions bonnes à connoître.

III.ᵉ *N.*

Plus d'un Muficien féduit par la durée d'une note qui, dans la B. C. ne fait que fufpendre l'harmonie d'une dominante, qui reparoît immédiatement enfuite, chiffre pour lors cette note de manière à n'y rien comprendre, comme, par exemple, $\frac{7}{6}$ fur la médiante *b* du III.ᵉ *N*, où l'on voit la même diffonance continuer pendant *a*, *b*, *c*, & ne fe *fauver* qu'à *d*. Or, fi la même diffonance fubfifte, la même B. F. fubfifte par conféquent.

Pourquoi donc en changer l'harmonie dans sa route, ou du moins paroître vouloir la défigurer ?

Quel est le sentiment qu'on éprouve pour lors, si ce n'est celui de la dissonance, dont on est toûjours préoccupé jusqu'à ce qu'elle soit *sauvée !* le desir d'une telle *résolution* est le seul objet de l'oreille en ce cas.

Il en est de ceci comme de la suspension de la quarte, dont tout l'accord n'est composé que de la B. F. & de sa septième, avec une note de B. C. surnuméraire & son octave : aussi n'est-ce que suspension de part & d'autre. Ce $\frac{7}{6}$, dont la B. C. est chiffrée sous *b*, suspend la *résolution* de la septième donnée à *a* & sauvée à *d :* la même B. F. y subsiste toûjours jusqu'à *d*, de même que lorsqu'elle syncope pour la suspension ; & si l'on donne une tierce à cette note *b* de la B. C. c'est pour que pendant sa durée on ne soit pas choqué de la discordance que formeroient avec elle les notes auxquelles cette tierce est substituée ; de même que dans la suspension de la quarte on substitue l'octave de la B. C. aux notes de l'accord fondamental, qui choqueroient avec cette B. C.

Même moyen de part & d'autre, où restent seulement la B. F. & sa septième ; & dans l'accompagnement du Clavecin, il n'y a qu'à conserver l'accord fondamental, en cas de $\frac{7}{6}$, pour ne le répéter qu'avec la B. F. ou l'une de ses harmoniques.

Si l'accord sensible dispense de préparation toute dissonance qui l'accompagne, il s'ensuit qu'il n'exige aucune liaison avec ce qui le précède. En effet, lorsque la note sensible est prise pour B. F. il ne se trouve aucune liaison entre son accord & celui de la tonique qui peut le précéder, même le suivre, d'où naissent des espèces de licences dont l'effet ne peut qu'être agréable, parce que les dissonances y sont exactement bien sauvées.

Dans le IVe *N* paroît une nouvelle rupture de cadence entre *a* & *b*, à la faveur de la note sensible *b*, où tout est exactement sauvé.

Le VIIe *N* prouve que cette licence peut se porter jusque sur une dominante, suivie de la sienne à la faveur du chromatique, où l'on voit que les notes *a, b, c* du second dessus étant cenſées les mêmes, puiſqu'elles y changent ſeulement de genre (i), la diſſonance *a*, *b*, *c* ſe trouve par conſéquent ſauvée à *d*, pendant que la note ſenſible *a* du premier deſſus monte à *b*, comme elle le doit, & pendant que celle du ſecond deſſus deſcend chromatiquement à *c*. On vient de voir une ſuſpenſion à peu-près pareille dans le III.ᵉ *N*, entre *a*, *b*, *c*, *d*.

Revenons au IV.ᵉ *N*, & remarquons dans la B. F. ces trois notes ſenſibles *c*, *d*, *e*, ſe ſuccéder ſans aucune liaiſon entre leurs accords, & cela dans l'ordre de l'enchaînement des dominantes. Tel eſt le droit du chromatique entre des notes ſenſibles données pour B. F.

Voyez enfin dans ce même IV.ᵉ *N* ces deux notes ſenſibles, *f*, *g* & *h*, *i*, dont l'une monte diatoniquement à l'autre, formant entr'elles une eſpèce de cadence rompue ſans liaiſon, d'où peut ſuivre l'enharmonique à volonté, puiſqu'on peut y ſubſtituer *mi bémol*, (*i* de la B. C.) à *ré dièſe g*, ou à *i* de la B. F.

Je ne vois preſque de vraies licences que dans les ſuſpenſions, dont le goût du chant eſt certainement l'origine : toutes les autres ſe trouvent autoriſées de façon ou d'autre. En effet, on appuie un *tril* par une note ſupérieure, & un *port de voix* par une inférieure, qui ne ſont ni l'une ni l'autre du corps harmonique, & c'eſt juſtement dans ces ſortes de cas que pour s'accorder avec le chant on ſuſpend la chûte de la diſſonance. De-là on a ſuppoſé le poſſible par-tout, &, comme je l'ai déjà fait remarquer *(k)*, on peut ſuſpendre toutes les notes d'un accord de ſeptième dans un enchaînement de dominantes, où pour lors la B. F. deſcendroit continuellement de tierce. Il en ſeroit de même encore de la ſuſpenſion de la neuvième ſur une tonique précédée de ſon accord ſenſible, c'eſt-à-dire, de ſa dominante-tonique ; mais la ſucceſſion harmonique n'ayant aucune part à toute ſuſpenſion, où pendant qu'exiſte une B. F. on conſerve ſon principal fond d'harmonie, c'eſt-à-dire, du moins cette B. F. & ſa ſeptième. On voit aſſez, comme on le ſent, que ce n'eſt qu'un ſimple retardement d'un effet deſiré, qu'une ſimple

(i) VII.ᵉ Moyen, *page 118*.
(k) XXI.ᵉ Leçon, *page 56*.

suspension en un mot, dont on peut toûjours se dispenser de chercher la B. F.

Il est bon d'avertir que la suspension de la quarte sur une tonique précédée de son accord sensible peut avoir lieu sur sa médiante & sur sa dominante, lorsqu'après un pareil accord sensible le goût du chant de la B. C. fait employer cette médiante ou cette dominante au lieu de leur tonique; de sorte que le même accord de quarte qu'on feroit sur cette tonique peut se pratiquer sur sa médiante, formant pour lors sa sixte, sa tierce & sa neuvième, ou sur sa dominante, formant son octave, sa septième & sa quarte. Mais comme l'harmonie n'offre jamais de pareils intervalles ensemble, c'est ce qui m'a fait imaginer de traverser d'une ligne horizontale le chiffre qui, dans le III.e N, suspend la consonance. On trouve dans la XXI.e Leçon, *page 56*, l'exemple d'un pareil renversement pour la suspension de neuvième sur la tonique.

Une certaine suite diatonique d'accords parfaits, renversés en accords de sixte, dont il est mention dans la XXIV.e Leçon, *page 64*, doit encore être mise au nombre des licences, en ce qu'il n'y a point de liaison; elle est cependant très-agréable en trio, pourvû qu'on évite les quintes de suite dans ce renversement.

VI.e N.

On peut en dire autant d'une succession enharmonique, où manque la liaison, tantôt d'un côté, tantôt de l'autre, & à laquelle le sentiment a fait donner le nom de *pleureuse*.

Cette succession consiste à diminuer d'un demi-ton la su-tonique d'un *Ton mineur*, pour passer à sa note sensible, soit immédiatement, soit enharmoniquement par les deux demi-tons majeurs qui s'y trouvent pour lors de suite. Le VI.e N offre un exemple des différentes manières d'accompagner cette *pleureuse*, où le Compositeur peut choisir les notes de son goût pour le chant de chaque partie. On rompt souvent la cadence qu'annonce en ce cas la note sensible, comme d'*a* à *b*; & quand la tonique du *Ton régnant* la termine, elle peut être rendue sur le champ dominante-tonique, comme à *c*.

Pour

Pour tout dire enfin, non feulement la diffonance peut tirer
fa préparation d'une note fous-entendue dans l'harmonie qui la
précède, non feulement encore cette diffonance peut fe fauver
en defcendant diatoniquement fur une note de l'harmonie qui la
fuivra, quelle qu'en foit la B. F. pourvû que fa fucceffion foit
légitime; mais on peut fe paffer encore d'y arriver diatoniquement, à la faveur de cette note fous-entendue dans l'harmonie qui
la précède, felon ce qui fe dit à ce fujet dans l'Article XVII,
page 96.

Remarquez la différence entre la fufpenfion & la fuppofition;
celle-ci reçoit la diffonance toûjours préparée par une confonance;
l'autre reçoit au contraire fa diffonance par la même diffonance
qui la précède, excepté $\frac{6}{4}$, fur une dominante, où l'accord de
fa tonique eft cenfé fe répéter, bien qu'on puiffe l'employer quand
on veut au lieu de $\frac{5}{4}$, où la B. F. fyncoperoit pour lors: le tout
fans parler de ces fufpenfions de fantaifie que je viens de citer.

Il y a des fyncopes de fantaifie fur toutes les notes d'un même
accord, où chaque partie peut également fyncoper; ce qui n'a
pas befoin d'exemple, puifque l'harmonie n'y varie point.

X.ᶜ MOYEN.

*Imitations, Deffeins, Fugues & Canons, où il s'agit
encore de la Sixte fuperflue.*

EXEMPLE O, page 20.

Tous les chants s'imitent d'une mefure à l'autre, ou de deux
en deux, quelquefois plus, formant ordinairement les mêmes
intervalles au deffus de leur B. F. dans chaque imitation; & bien
qu'ils puiffent recevoir d'autres B. F. celle par imitation eft généralement plus agréable; ce qui peut fouvent aider dans des cas
où la meilleure B. F. trouvée naturellement fous une des imitations du chant, détermine celle des autres imitations qui
pourroient être équivoques ou embarraffantes.

Par exemple, des deux B. F. qui fe trouvent fous les notes
a, b, c, d du premier *O*, celle qui doit être la *continue* eft la

R

meilleure ; & dans ce cas, il vaudroit mieux la faire débuter
par la médiante que par la tonique, ayant noté l'une & l'autre.

Les guidons de la B. F. fous *h. i, k; l,* font trop fouvent
répéter la même cadence parfaite dans le *Ton régnant ;* donc les
notes y valent mieux : qui plus eſt, pour éviter encore la répétition de cette cadence, par laquelle on va finir, j'emprunte
le fecours du chromatique de *m* à *n,* pour rentrer fur le champ
dans le *Ton régnant,* & pour y pouvoir rompre la cadence de
n à *o.*

Tous les chants qui s'imitent en defcendant de feconde, de
tierce, de quarte ou de quinte, & qui recommencent leur imitation un degré, c'eſt-à-dire une feconde au deſſous de la note
par laquelle a commencé le chant imité, ont généralement pour
B. F. un enchaînement de dominantes, comme on le voit dans
la B. F. tenant lieu de B. C. fous *b, c, d,* & dans la vraie B. F.
fous *k, l, m, n ;* après quoi la cadence parfaite, qui devroit paroître, fe trouve rompue, pour en éviter la monotonie avec celle
par laquelle on va finir.

On peut rendre indifféremment cenfée tonique ou dominante
la note *o,* fur laquelle fe rompt la cadence dès que la fuite le
permet.

On trouve dans l'exemple des quatre premiers *I* une B. F.
prefque toûjours la même, pendant que le chant defcend diatoniquement fur des notes, dont chacune reçoit deux B. F.
différentes.

Le deuxième *O* préfente des imitations qui montent de quarte
& defcendent de tierce, & que la B. C. contrarie ordinairement
par les mêmes routes, comme on le voit dans l'exemple. Cette
B. C. peut être B. F. elle-même, en y rendant dominantes les
notes *a, b,* conféquemment aux feptièmes chiffrées au deſſous,
où pour lors fe forme un entrelacement de cadences parfaites
& interrompues jufqu'à *c ;* lequel *c* offre l'interception dont on
parle à la *page 125,* avec fon exemple dans le deuxième *N.*

Tout chant qui, partant de la médiante d'un *Ton majeur,*
defcend de feconde & monte enfuite de tierce, diatoniquement
ou non, pour recommencer la même route depuis cette tierce,

qui devient médiante à son tour, ce chant, dis-je, peut recevoir par-tout des cadences irrégulières qui s'imitent également entre elles, comme on le voit au III.ᵉ *O*; & souvenons-nous que ces cadences ne peuvent s'éloigner du *Ton majeur régnant* que jusqu'à celui de la dominante de son *mineur* relatif; laquelle dominante, de tonique qu'elle est d'abord au premier *c*, devroit prendre au deuxième *c* sa qualité de dominante: & si elle y prend celle de sous-dominante, ce n'est que pour alonger la phrase, où sa dominante *d*, censée tonique, y retourne, en lui rendant sa vraie qualité, qui lui fait annoncer une cadence parfaite dans le *Ton mineur* relatif au *majeur*, par lequel le III.ᵉ *O* a débuté.

Reconnoissez par les guidons de la B. F. dans ce III.ᵉ *O*, le change qu'on peut prendre entre différentes cadences dans le même *Ton*, ou entre les mêmes cadences dans des *Tons* différens, eu égard aux notes du chant, communes à différentes B. F. dont la marche peut toûjours conduire à des *Tons* relatifs au *régnant*, & dont la dissonance qu'elles portent suit sa route décidée.

a, a donnent, au dessus de la B. C. une cadence irrégulière dans un *Ton mineur*, où la sixte ajoûtée monte comme elle le doit; ils donnent en même-temps une cadence parfaite dans le même *Ton* au dessus de la B. F. & une pareille dans le *majeur* relatif à ce *mineur*. Selon les guidons, *a, a, b, b* & *c, c* donneront la même variété.

Tout l'exemple *K* n'est rempli que d'imitations.

Le chant qui, après avoir syncopé, descend diatoniquement de tierce, pour s'imiter ensuite à la seconde au dessus, peut s'imiter aussi dans la B. C. au dessus d'une B. F. où les toniques montent diatoniquement sur des dominantes-toniques, comme on le voit dans le IV.ᵉ *O*.

Donnez le chant de la B. C. à une autre partie, en ne le faisant commencer qu'à la troisième ronde, cette B. C. pourra prendre celui de la B. F.

Quant aux deux accords arbitraires sur la dernière note de ce IV.ᵉ *O*, cela dépend du *Ton* où l'on veut passer.

On trouve dans le V.ᵉ *O* la même imitation que dans le IV.ᵉ avec la même B. F. pendant que de son côté la B. C. donne un chant particulier qu'elle imite aussi.

On peut rendre sous-dominantes toutes les toniques où l'on monte de tierce, dès qu'elles montent ensuite de quinte, comme l'indique la B. C. du VI.ᵉ *O*, où se pratiquent des imitations entre le chant & la B. F. formant aussi B. C. pendant lesquelles une autre partie, qui pourroit être aussi B. C. descend, selon ce qui en a déjà été dit, outre qu'il en sera question ailleurs.

Le VII.ᵉ *O* présente des imitations fondées sur un enchaînement de dominantes, lequel enchaînement peut procurer une infinité d'autres imitations.

L'imitation dans le dessein n'a que le bon goût, le sentiment & l'esprit pour règle : le sentiment fait choisir un chant convenable à l'expression ; l'esprit & le bon goût engagent à répéter à propos ce même chant dans différens *Tons*, non pas même toûjours avec exactitude, les principaux traits qui peuvent en rappeler l'idée suffisent, sur-tout lorsqu'on veut conserver un beau chant dans une autre partie.

La Fugue demande beaucoup de précaution ; mais comme elle n'attire guère l'attention que des gens de l'Art, on peut voir ce que j'en dis dans le Traité de l'Harmonie, *page 332 ;* d'ailleurs c'est le champ de bataille de tous les Musiciens qui jusqu'à présent ont cru savoir la Composition.

.Le Canon consiste en une phrase de Musique, à deux, à trois, à quatre & à cinq parties, dont chaque partie puisse continuer le même chant ; de sorte qu'autant de parties, autant de phrases en apparence. Voyez les Canons donnés dans le Traité de l'Harmonie.

Il s'en faut bien que j'aie épuisé toutes les imitations ; mais l'expérience, secondée des connoissances qui pourront s'acquerir chaque jour, y suppléera bien-tôt : les notes d'ornement ou de goût, dont nous parlerons à la fin, y ajoûtent beaucoup, non pas cependant quant au fond : toutes les Musiques d'ailleurs en sont remplies.

CHAPITRE IX.

Réflexions.

AI-JE bien tout dit? du moins j'ai pouffé les principes de l'Art beaucoup plus loin qu'on ne l'a fait encore. Ne les trouvera-t-on pas un peu compliqués? Il y a bien des chofes à favoir; les pourra-t-on retenir toutes? cela feroit bien difficile, fi l'oreille n'y entroit pour rien: auffi vous ai-je recommandé l'accompagnement du Clavecin, & d'exécuter fur cet inftrument tous mes exemples: j'en ai donné de toutes les façons, avec différentes B. C. fur les mêmes fonds d'harmonie; l'oreille s'y accoûtume infenfiblement, & fe forme aux routes les plus extraordinaires à peu près comme l'aiguille d'une montre arrive à l'heure defirée, fans qu'elle paroiffe marcher.

Croyez-vous qu'il faille vous occuper de tous les moyens donnés? non fans doute. Repaffez-les de temps en temps, faites-y des remarques à votre portée; attendez avec patience le fecours de l'oreille, il ne vous manquera pas.

La feule expérience, la feule oreille a formé jufqu'à préfent tous ces grands Muficiens, dont les Ouvrages nous rendent témoignage: vous avez de plus aujourd'hui une connoiffance certaine du principe, favoir, la B. F. dont les produits ne leur font devenus fenfibles qu'après un travail de quantité d'années, même fans les poffëder tous, ni fans en connoître la fource; vous avez, dis-je, ce principe de plus & le moyen de former votre oreille en peu de temps. Tout vous affure donc un fuccès favorable, pour peu que vous foyez fecondé des talens qu'on vous fuppofe.

Commençons d'abord par reconnoître les routes les plus fimples de la B. F. celles des cadences, par exemple, nous n'imaginerons guère de chants qui n'y foient foûmis: déjà tout le diatonique s'y prête; & fi nous y joignons quelques dièfes ou bémols, voyons quels ils font; la règle nous dira bien-tôt dans quel *Ton* ils conduifent. Mais c'eft ici la grande affaire, que j'ai juftement réfervée pour la.dernière, & j'efpère qu'on la concevra bien-tôt, après quelques réflexions fur mon Expofé.

Rien n'eft plus fimple que l'enchaînement des dominantes & celui des cadences irrégulières, où la B. F. defcend toûjours de quinte d'un côté & monte de l'autre. Une tonique peut paffer là ou là; une dominante de même. Une fous-dominante ne peut monter de quinte que pour y terminer la cadence qu'elle annonce: après cela on s'occupe de la fufpenfion qui prépare cette annonce, & bien-tôt on eft plus avancé que je ne puis le dire; mais c'eft toûjours en ne fe preffant point, en ne voulant point embraffer trop de chofes à la fois. Suivons dans nos chants imaginés la route que nous prefcrit le peu que la Nature nous infpire: plus nous y ferons bornés, plus cette route fera fimple, & plus elle s'accordera avec la fimplicité de la B. F. Attendons que notre goût fe perfectionne, qu'il nous conduife, fans y penfer, par des routes moins communes; pour lors nous aurons recours aux moyens qui pourront nous mettre fur la voie. Mon chant eft-il diatonique, chromatique, ou confonant? les intervalles qui peuvent me guider fe trouvent-ils dans la même mefure? marchent-ils en montant ou en defcendant? Que dit-on en ce cas des tierces, des quintes, &c. où fe porte ma voix comme d'elle-même immédiatement après la finale d'un repos? quelle en doit être la B. F? Le *Ton* eft-il douteux? parcourons le diatonique d'une note à l'autre, pour voir fi je n'y inférerai pas naturellement un dièfe ou un bémol qui me le fera connoître. Tous ces moyens font développés: s'il y a de l'arbitraire ou de l'impoffible en apparence, faute de tout favoir, on fe dit, n'y auroit-il pas ici des notes communes à différentes B. F? au lieu de celle-ci, celle-là ne me conduira-t-elle pas mieux jufqu'au repos? car c'eft-là où fe terminent les routes, & c'eft toûjours d'un repos à l'autre qu'elles doivent être exactement obfervées. Paffons à la Modulation.

CHAPITRE X.

De la Modulation en général.

EXEMPLE P, page 21.

ON appelle-*moduler* l'art de conduire un chant & son harmonie, tant dans un même *Ton*, que d'un *Ton* à un autre.

Il faut d'abord se représenter le *Ton majeur d'ut*, où il n'y a ni dièses ni bémols. On pourroit également se représenter son relatif, le *mineur de la;* mais comme il est susceptible de plus de variétés, tenons-nous en d'abord au plus simple.

Il ne faut pas encore s'occuper de l'étendue des voix ni des instrumens; cela viendra par la suite.

Pour peu que l'oreille soit formée, on scande naturellement un chant à peu près de même que le vers; les repos s'y font toûjours sentir de deux en deux mesures, du moins de quatre en quatre *(l)*; & le plus souvent, en s'arrêtant aux deuxièmes mesures, on y sentira une possibilité de repos qui doit suffire pour se conduire avec plus de certitude.

Ces repos se terminent toûjours sur la tonique ou sur la dominante, dans quelque *Ton* que ce soit: vient-il un nouveau dièse ou bémol? le repos se terminera par conséquent sur la tonique ou sur la dominante du *Ton* déclaré par l'un de ces accidens, qui cependant laissent souvent de l'arbitraire entre les deux *Tons* relatifs à la tierce.

Le repos sur la tonique peut se former en cadence parfaite ou irrégulière, au lieu que sur sa dominante il ne peut se former qu'en cadence irrégulière, sinon le chant passeroit dans son *Ton* sans qu'on s'en doutât. Il y a cependant une licence possible à ce sujet *(m)*.

Il y a deux demi-tons naturels dans chaque *Ton;* l'un monte de la note sensible à la tonique dans le *majeur*, & de la su-tonique à la médiante dans fon *mineur* relatif, comme de fi à *ut* dans le *majeur* d'*ut* & le *mineur* de *la*, que nous prendrons pour modèles; l'autre monte de la médiante à la fous-dominante dans le *majeur*, & de la dominante à la fu-dominante dans le *mineur*, comme de *mi* à *fa* dans les deux *Tons* fpécifiés.

Quand les deux notes de ces demi-tons fe fuivent, fi la dernière des deux, foit en montant, foit en defcendant, tombe dans le *temps bon*, elle y termine volontiers un repos plus ou moins fenfible, du moins une cadence qu'on peut regarder comme un repos.

Dans le *Ton majeur*, le demi-ton en montant de *fi* à *ut*, ne peut donner qu'une cadence parfaite; & dans fon *mineur* relatif, il peut en donner une parfaite & une irrégulière. Ce même demi-ton en defcendant donnera, dans le *majeur*, une cadence irrégulière fur fa dominante, ou même parfaite, fuppofé qu'on veuille faire régner le *Ton* de cette dominante; & dans le *mineur* relatif, il ne pourra donner qu'une cadence irrégulière fur fa dominante.

Celui de *mi* à *fa*, en montant, donnera une cadence parfaite poffible fur la fous-dominante de chacun des deux *Tons*, pour peu que le chant y rende le repos fenfible; & s'il marche en defcendant, il fournira les moyens d'une cadence parfaite ou irrégulière dans le *Ton majeur*, & feulement celui d'une irrégulière dans le *mineur*, à moins que la note fenfible, comme B. F. n'y annonce l'imitation d'une cadence parfaite.

Si la dernière note de ces deux demi-tons tombe au contraire dans le *temps mauvais*, on aura feulement égard à ce qui les fuivra pour déterminer la marche fondamentale, où l'arbitraire pourra toûjours régner entre le *Ton majeur* & fon *mineur* relatif.

Quant au choix de cet arbitraire, c'eft au rapport des *Tons* fucceffifs d'en décider d'abord, outre le goût de variété, pour éviter la monotonie, comme on l'a déjà déclaré plus d'une fois.

Nous avons après cela les chûtes en defcendant de tierce, de quarte ou de quinte, felon l'énoncé du IIe Moyen, *page 100*, où les repos font plus ou moins décidés par la différence des *temps* de la mefure, outre la B. F. naturellement infpirée par

toutes

toutes les notes qui terminent un repos; Article VI, *page 84.*

N'employez dans vos chants que des notes qui vaillent au moins un *temps*, pour qu'elles puissent toûjours former harmonie avec la B. F. vous pourrez cependant vous y permettre les brèves, comme croches après une noire pointée, immédiatement avant la finale du repos fur le même degré, où pour lors cette brève fera comptée pour rien ; ce qui regarde la syncope de la B. F. dont on parle dans le VI.ᵉ Moyen, *page 111.*

Il n'y a guère de notes où le chant exige de faire monter de seconde la B. F. qui ne puissent aussi permettre que cette B. F. descende de tierce, en donnant pour lors deux B. F. différentes à la même note répétée, ou partagée en deux valeurs égales. Par exemple, bien que la tonique puisse monter d'abord de seconde fous *b* de l'Exemple *P*, quoiqu'elle puisse, au lieu de cette seconde, passer à la dominante, selon la II.ᵉ B. F. on voit qu'en partageant chaque note du chant en deux valeurs égales, la première, *a*, permet qu'on descende de tierce pour passer à la dominante de la dominante-tonique fous *b*, qui pourroit recevoir d'abord cette dernière dominante après fa tonique, selon la II.ᵉ B. F. Même observation à *c*, *d* & à *e*, *f*.

Le guidon *f* de la II.ᵉ B. F. indique encore une cadence irrégulière possible, terminée fur la dominante-tonique, & annoncée par fa tonique même.

Ces observations procurent des variétés qu'il ne faut pas négliger. Observer la plus parfaite marche fondamentale, en donnant deux valeurs à une même note, cela varie non seulement l'harmonie & la mélodie, mais la succession en est encore toûjours plus agréable: l'on ne doit fe refuser à cette ressource qu'en faveur de la briéveté des *temps* de la mesure, d'un certain goût de chant, d'un dessein ou d'une imitation.

CHAPITRE XI.

Du rapport des Tons, *de leur entrelacement, de la longueur de leurs phrases conséquemment à leurs rapports, du moment de leur début, & de la marche fondamentale.*

E X E M P L E Q, *page 22.*

ON rappelle dans ce titre des questions déjà traitées, du moins en partie, mais dont il faut nécessairement se rafraîchir la mémoire, parce qu'il s'agit maintenant de réunir le tout dans un seul point de vûe.

Chaque *Ton* en a cinq autres relatifs, ceux de sa dominante & de sa sous-dominante, puis son relatif à la tierce mineure également avec ceux de sa dominante & de sa sous-dominante.

Ces six notes, *ut, ré, mi, fa, sol, la,* donnent tous les *Tons* relatifs au *majeur* d'*ut* & au *mineur* de *la;* exemple qu'on peut se prescrire dans tous les *Tons régnans.*

On ne s'y trompera jamais lorsqu'on ne passera que dans des *Tons* qui n'aient qu'un dièse ou un bémol de plus ou de moins que le premier *régnant,* en se souvenant que le *Ton mineur* est censé n'avoir de légitimes que les dièses ou bémols de son *majeur* relatif, & que les deux accidentels, qui s'y trouvent en montant à la tonique, n'y font point loi; d'ailleurs les *Tons* à la quinte l'un de l'autre sont de même genre, au lieu que ceux à la tierce sont d'un genre différent.

Un *Ton* n'en a de vraiment relatifs que ceux de sa dominante & de son relatif à la tierce mineure, en conséquence de quoi leurs phrases peuvent être les plus longues après celles du *régnant:* quant aux autres, leurs phrases ne doivent être que passagères & courtes.

La phrase du *Ton régnant* doit être généralement la plus longue, & peut reparoître de temps en temps après celles de l'un de ses relatifs, mais non pas deux fois après le même, à moins que les phrases de l'un & de l'autre ne soient très-brèves dans l'une des deux fois, sinon la monotonie s'y fait toûjours sentir : tel est le défaut des Airs de Trompette, de Cor, de Musette & de Vielle.

Les plus longues phrases sont ordinairement de huit mesures, qu'on peut néanmoins doubler, selon la vitesse du mouvement : & les plus courtes sont de deux, quelquefois d'une seule quand le mouvement est lent, ou de quatre quand il est vif : c'est à quoi l'on doit faire grande attention en repassant sa Musique après l'avoir, *pour ainsi dire*, oubliée, comme pour la critiquer ; & c'est pour lors qu'on s'aperçoit de sa monotonie, s'il y en a.

Toute phrase ne commence que dans le *temps bon* ; ainsi le nombre de ses mesures ne se compte que depuis le *temps bon* qui suit celui par lequel la phrase précédente a fini.

Toute Musique débute généralement par la tonique, non qu'on ne puisse faire précéder celle-ci de sa dominante ou de sa sous-dominante ; ce qui est cependant très-rare, & ne peut guère arriver que dans un air donné comme suite d'un autre.

Toute phrase qui succède à une autre, doit y tenir généralement par quelques liens : la tonique qui termine sa phrase passe à celle du nouveau *Ton*, soit sur le champ, soit par une suite de quelques toniques passagères, soit en lui servant de dominante ou de sous-dominante, soit par la dominante ou sous-dominante de la nouvelle tonique, soit enfin par une simple dominante qui commence un enchaînement pour y conduire ; ce qui n'exclut point la suspension de la quarte d'une tonique à une autre, suspension qui pour lors n'est souvent qu'une supposition, toute vraie suspension n'arrivant jamais qu'après une dissonance, excepté celle de $\frac{6}{4}$, où la tonique syncope le plus souvent ; car il y a bien des cas où cet accord de $\frac{6}{4}$ peut se pratiquer sur la dominante-tonique au lieu de celui de $\frac{7}{4}$, qu'on pourroit lui substituer sans que la tonique l'eût précédée immédiatement, comme le permet le double emploi, dans le seul cas où la su-tonique passant à la dominante-tonique, peut tenir lieu de la sous-dominante, bien que cela ne produise que l'effet d'une suspension au lieu de $\frac{7}{4}$.

Le chromatique peut s'introduire d'une dominante-tonique à une autre, lorsque du *Ton* qu'annonce la première on veut passer sur le champ dans celui de sa sous-dominante, c'est-à-dire, de sa quinte au dessous.

Entre plusieurs dièses accidentels dans une phrase où rien ne se décide par une cadence, le dernier, dans l'ordre donné, est toûjours note sensible. Soient, par exemple, de suite les dièses *sol*, *ré*, *ut*, &c. *ré* sera le sensible, quelque rang qu'il y tienne.

On doit se souvenir encore des marches *(n)*, où la dernière des deux notes tombe dans le *temps bon* ou *mauvais;* l'induction qu'on en doit tirer est souvent différente.

Excepté le passage d'une tonique à quelque note que ce soit, tout est cadence, parfaite, rompue, interrompue ou irrégulière, en y comprenant leur imitation.

La marche des dominantes & des sous-dominantes, dans la B. F. n'est autre que celle des cadences qui leur sont propres, parfaites, rompues ou interrompues pour les premières, & la seule irrégulière pour les dernières.

Tous les intervalles consonans où la tonique peut passer, sont, ou toniques, ou censés telles, ou dominantes, ou encore sous-dominantes. Une tonique, aussi-bien qu'une dominante, peut monter ou descendre diatoniquement sur une dominante, selon l'énoncé du IX.e Moyen, *page* 124.

On a vû ce que le chromatique, l'enharmonique & les licences peuvent produire en leur particulier dans l'harmonie; ainsi ce détail des marches fondamentales, rassemblé dans ce petit précis, doit en donner, à ce que je crois, une idée bien distincte.

Quant au choix d'une note rendue tonique, dominante ou sous-dominante, c'est le rapport des *Tons* successifs qui en décide; & pour ne pas s'y tromper, il faut s'arrêter d'abord à tous les repos du chant, aux moins sensibles comme aux autres, appliquer un signe au dessus des notes qui les terminent, & tâcher de connoître, sur-tout de sentir, en quel *Ton* ils peuvent être; ce que le signe peut également indiquer. Cela étant fait, on voit si les repos voisins ne sont pas trop souvent les mêmes sur la même tonique dans le chant, si les notes communes à différentes B. F. ne pourroient pas faire changer la nature de la cadence sur la

(n) II.e Moyen, *page* 100.

même tonique, ou procurer le moyen d'en former une dans le *Ton* relatif à la tierce, bien entendu que la dissonance qui pourra s'y trouver suivra sa route légitime, comme on l'a déjà dit ; ce qu'on marque encore d'un signe, puis on chante tout l'air en mesure une fois, deux fois, trois fois; & dans l'une des dernières fois, ou dans plusieurs, on essaye de trouver de soi-même la B. F. de chaque repos *(o)* : bien-tôt la Nature, secondant les connoissances, éclaircissant même les doutes, fait plus qu'on n'ose en attendre.

Ce n'est pas tout, il faut voir encore si le rapport des *Tons* successifs est bien observé, & si la longueur des phrases est bien proportionnée au plus ou moins de rapport entre ces *Tons*. Un chant que l'imagination produit & fait continuer sans réflexion, pèche rarement contre ces rapports; tel est l'empire de la Nature. Il y régnera tout au plus une monotonie, dans laquelle le défaut d'expérience aura pû faire tomber, mais qui deviendra bien-tôt sensible, & dont les connoissances données pourront aisément relever.

Les phrases de Musique dans chaque *Ton* tiennent volontiers à celles des vers qui ont un hémistiche. Des deux premiers repos qui se rencontrent dans un *Ton*, le dernier est toûjours le plus absolu: si cependant il s'en trouvoit un troisième, un quatrième, dans le même *Ton*, encore plus absolu que les autres, supposé que les cadences y fussent également sensibles, on conserveroit la marche fondamentale pour la dernière cadence dans la B. C. & l'on romproit ou renverseroit les autres, selon que pourroit le demander le plus beau chant de cette B. C.

Le repos le plus absolu se fait-il sur la tonique; celui qui le précède immédiatement se fait ordinairement sur sa dominante ou sur sa sous-dominante, mais beaucoup plus rarement: se termine-t-il sur l'une des deux dernières B. F. c'est pour lors celui de leur tonique qui le précède. Ce qui se suppose ici dans le commencement d'un air, peut n'être plus observé dans le courant en vertu des différens *Tons* qui pourront s'y succéder.

Souvent la suite d'un chant offre des repos arbitraires, mais simplement passagers & sans conséquence, soit sur la dominante,

(o) Article VI, *page 84.*

foit fur la fous-dominante, dont on peut fous-entendre la note fenfible dans l'harmonie qui les précède. Or, dès que l'oreille en eft garante, comme cela fe peut par le fecours du diatonique recommandé en pareil cas *(p)*, il n'en peut naître qu'une agréable variété, bien entendu que cette même dominante, ou fous-dominante, reprendra fur le champ fa première qualité; finon il s'agiroit de traiter fon *Ton* dans les formes, mais ce n'eft pas ici le cas.

Ce ne doit être qu'après avoir bien établi le *Ton régnant* dans les huit premières mefures au moins, excepté quand le mouvement eft bien lent, qu'on le quitte pour paffer dans un autre.

C'eft généralement le *Ton* de la dominante qui fe préfente après le *régnant* dans le début: un peu d'expérience y fait quelquefois préférer fon relatif à la tierce, même celui de fa fous-dominante, même encore celui de fa fu-tonique pour les *Tons majeurs* feulement; mais une expofition des poffibles, fecondée d'exemples en pareil cas, achèvera de mettre au fait. Une tonique, en paffant à fa dominante, peut toûjours recevoir l'*ajoûté*, pourvû que celle-ci ne porte pas d'abord la quarte, comme de *a* à *b*: elle peut y paffer encore par un enchaînement de dominantes, qui commencera, ou par fa fous-dominante, ou par fa tierce mineure au deffous, comme de *g* à *h*, finon en montant d'abord diatoniquement fur une dominante-tonique, comme elle l'auroit pû faire de *g* à *i*, en confervant à *g* une note de fon accord dans le chant. *Si* ces deux dernières marches font celles de l'*ajoûté h* & de la *feconde i* fur la tonique régnante, elles deviennent ici la *feconde* & le *fenfible* de fa dominante, pour lors rendue tonique.

Toute tonique qui paffe à une autre, foit en montant de tierce, foit fur-tout en defcendant de même, produit fouvent un effet agréable, comme de *b* à *c*. Moins les *Tons* y font relatifs, pourvû qu'ils le foient cependant, plus le paffage en eft piquant, comme, par exemple, en donnant la tierce majeure à la note *b* au lieu de la mineure; ce qui regarde toute dominante-tonique d'un *Ton mineur* qui termine un repos.

(p) Article VI, *page 84.*

On peut former des phrases très-courtes, dans le milieu d'un air, sur trois *Tons* qui se succéderont immédiatement à la seconde l'un de l'autre, & cela par le moyen d'un chromatique effectif ou sous-entendu, tant en montant qu'en descendant. Si le *Ton régnant* est *mineur*, les trois en question seront ceux de sa dominante *m*, de sa sous-dominante *n*, & de sa médiante *o*, qui est son *majeur* relatif; & s'il est *majeur*, ce sera ceux de sa su-dominante, qui est son *mineur* relatif, de sa dominante & de sa sous-dominante.

Remarquons que le *Ton mineur* relatif au *majeur*, supposé *régnant*, est à la tête des trois *Tons* à la seconde en descendant; & que le *majeur* relatif au *mineur*, supposé *régnant*, commence la même marche en montant.

II.ᵉ Q, *page 22.*

Outre le passage immédiat d'une tonique à celle de son relatif à la tierce, la tonique du *majeur* peut y passer par des cadences irrégulières, comme le prouvent les notes *a, b, c, d* dans la B. C. l'on pourroit y doubler les *temps* de la mesure ou les partager en deux, pour donner la suspension de la quarte à chaque tonique, ou pour l'orner de l'*ajoûté* après son accord parfait.

La B. F. conserve le même *Ton majeur* dès le début jusqu'à la fin sous le même chant, où l'on remarquera que la tonique *a* peut monter de seconde au guidon *b*, au lieu de passer d'abord à sa dominante, & qu'en conséquence celle-ci peut recevoir sa suspension.

Les brèves *c, f* sont de pur ornement: ce sera le sujet du Chapitre suivant.

Le *Ton mineur* ne peut passer à son *majeur* relatif par la voie des cadences irrégulières, attendu qu'elles ne peuvent se perpétuer dans des *Tons* d'un même genre au-delà de la dominante sans un défaut de rapport; mais le *Ton majeur* a cela de particulier, que la tierce de sa dominante peut se changer de majeure en mineure, comme l'indique le bémol suivi du béquarre au dessus de la note *b* (*q*) pour passer au *Ton* de sa su-tonique *c*, & de-là à son *mineur* relatif *d*; lequel *Ton mineur* auroit pû se porter encore

(*q*) XVIII.ᵉ Leçon, *page 50.*

jusqu'au *Ton* de sa dominante, celle-ci prenant ensuite la route que prend sa tonique *d* pour rentrer dans le *majeur régnant*.

On doit savoir d'ailleurs que par l'enchaînement des dominantes, un *Ton* quelconque peut passer non seulement à son relatif à la tierce, mais encore à tous les rapports (r), en prévenant à propos celui dans lequel on veut passer par le dièse ou le bémol qui le fait distinguer, comme à *h* & à *o* du premier *Q*.

Rien n'empêche encore de s'arrêter au *Ton* que l'on veut, en y arrivant par quelque cadence que ce soit, & de le continuer, supposé que la variété des rapports y soit bien observée sans monotonie, & que sa phrase soit d'autant plus courte, que son rapport est éloigné du *régnant*.

La cadence rompue est une affaire de goût; elle se présente d'abord à l'oreille pour parfaite. On sait quand & comment on peut l'employer; mais elle est susceptible de renversemens, dont l'usage n'est pas trop fréquent, & qui peuvent cependant être très-favorables pour certaines expressions. *Voyez* les dernières pages de la méthode pour le prélude, qui renvoient à l'exemple *V*.

III.ᵉ *Q, page 22.*

Le chant *a*, *b*, *c*, *d* n'est répété dans le III.ᵉ *Q* que pour faire remarquer les différentes B. C. dont il est susceptible, & les différentes façons d'y renverser la cadence rompue, pouvant également pratiquer ce renversement dans la partie supérieure, comme dans les autres aux notes *c*, *d*, *e*, *f* & *g*, *h*.

IV.ᵉ *Q, page 23.*

A l'égard de la cadence interrompue, un peu d'expérience peut l'inspirer dans le chant, sans qu'on l'y reconnoisse pour cela: cependant plus d'un moyen empêche qu'on ne puisse s'y tromper. Elle ne se pratique jamais que dans le passage de la dominante-tonique d'un *Ton majeur*, *a* de la B. F., à celle de son *mineur* relatif *b*, pendant que la quinte de la première *c*, *d*, où sa tierce *f*, *g* syncope dans le chant, pour conduire à un repos qui ne peut appartenir qu'à ce *Ton mineur*, en supposant une oreille assez.

(r) XVII.ᵉ Leçon, *page* 49.

formée

formée pour sentir l'insipidité qui naîtroit de la continuation du *Ton majeur* entre les notes *c, d, f, g & n, o* du chant, sinon, qu'on éprouve, du moins en pareil cas, d'en trouver de soi-même la B. F. dans l'un & l'autre *Ton*, l'oreille y sera bien-tôt d'accord avec le jugement: d'ailleurs, la longue monotonie qu'on éprouveroit de *c* à *h* seroit une raison bien forte pour chercher à l'éviter. Quant au *fa dièse i*, le *Ton mineur* de *mi* qu'il annonce, & dont on ne peut douter à sa cadence *l, m*, fait voir & sentir son rapport bien plus lié au *mineur* de *la* qu'au *majeur* d'*ut*. Je laisse à part le repos *p, q*, d'autant que c'est à la suite d'en décider, quoique la tournure du chant penche plûtôt vers le *mineur* que vers le *majeur*: c'est pourquoi j'ai mis un *&c.* à la fin, pour avertir que le chant doit être continué pour rentrer & finir dans le *Ton régnant.*

Il faut se familiariser, autant qu'il est possible, avec les suspensions & suppositions que j'ai employées exprès dans le total de l'Exemple *Q*: elles servent beaucoup à l'embellissement du chant de la B. C. & de l'harmonie.

Voir la B. F. au dessous de la note par supposition dans la B. C. cela ne doit point surprendre, dès qu'on sait qu'elle représente son octave au dessus.

Il est inutile de rappeler ici les différens entrelacemens de cadences, l'Exemple *K, pages 12, 13, 14 & 15*, en fournit suffisamment: disons-en autant du chromatique & de l'enharmonique donnés dans les Exemples *L, M & N, pages 16, 17, 18 & 19*, & dans ceux de *Q & R*, pour l'Accompagnement, *pages 6 & 7*. Reste le rapport des *Modes* ou *Tons* à observer dans le courant d'un air; c'est-là le grand nœud qu'on ne sauroit trop souvent remettre sur le tapis.

V.ᵉ *Q, page 24.*

Ne sentez-vous pas beaucoup plus d'agrément dans la variété qu'offre la première B. F. à laquelle répond la B. C. que dans l'espèce de monotonie dont la II.ᵉ B. F. est susceptible? Cette seule tierce mineure donnée à la dominante *a*, qui devient sur le champ sous-dominante pour annoncer le *Ton mineur* qui la suit, n'a-t-elle rien ici qui vous prévienne en sa faveur? en est-il de même

T.

de cette cadence irrégulière de *e* à *f* dans la II.ᵉ B. F. qui mène à un *Ton* éloigné du *régnant*, lorſqu'il n'eſt pas encore bien établi dans l'oreille? au lieu que par les premières cadences irrégulières de *a* à *b* & de *b* à *c* de la première B. F. on paſſe au *Ton* relatif à la tierce, qui, par une pareille cadence, ramène le *régnant* de *d* à *e*.

Le doute, dans quelque arbitraire que ce ſoit, ne peut guère régner que ſur des oreilles encore trop peu formées; d'un côté la plus parfaite marche fondamentale & le plus de rapport entre les *Tons* ſucceſſifs, de l'autre ce goût du chant & de variété qui doit toûjours nous occuper, ſont de ſûrs moyens pour ne point ſe tromper dans le choix.

Accompagnez de meſure les différentes ſucceſſions harmoniques qu'offrent les B. F. arbitraires de ce V.ᵉ *Q*, bien-tôt vous découvrirez en vous ce germe de perfection que vous cache un défaut d'expérience, & dont l'accompagnement accélère le progrès, dès qu'on y obſerve la plus parfaite ſucceſſion entre les conſonances & les diſſonances; ce qui n'eſt guère que du reſſort de la méchanique des doigts, ſecondée des connoiſſances qu'on en peut tirer.

Cette méchanique, par exemple, ne fait-elle pas connoître ſur le champ la licence prétendue *f, g* dans ce V.ᵉ *Q*, où la première B. F. deſcend diatoniquement d'une dominante ſur une autre, lorſqu'il faut faire deſcendre pour lors enſemble les quatre doigts, qui ne le doivent que de deux en deux? ne fait-elle pas connoître en même temps, par cette néceſſité, la dominante interceptée entre *f* & *g*! (ſ) N'y voit-on pas la poſſibilité de partager en deux valeurs la note *g* du chant, pour que le tout ſoit régulier? & cette régularité-même ne peut-elle pas s'obſerver dans la licence, en ſuivant l'ordre naturel de la méchanique, où les deux derniers doigts à deſcendre ſuivroient promptement les deux premiers en forme d'harpégement? ce qui peut ſe pratiquer, même dans la Compoſition, par des brèves, comme ſuſpenſion, appui, coulé; & ce qui ne pourroit ajoûter que de l'agrément, en ce que ces brèves ſeroient juſtement ſentir, en paſſant, l'harmonie de la dominante interceptée.

(ſ) IX.ᵉ Moyen, *page 124.*

Le goût du chant de la B. C. son contraste avec celui du dessus, la variété qui s'en suit, ce sont-là des véhicules bien séduisans pour autoriser une pareille licence, où d'ailleurs la dissonance suit sa route naturelle.

Cette licence prétendue va nous faire rappeler une première règle, qui doit en quelque façon la suggérer. En effet, si la note syncopée du chant à *f* doit engager à lui donner deux B. F. différentes *(t)*, si sa dernière valeur, qui est dans le *temps bon*, doit la faire augurer dissonante, & si elle descend ensuite diatoniquement, tout concourt à la faire juger telle : de-là, voyant & sentant un petit repos sur la médiante *h* du chant, où la note *f* descend de tierce dans le *temps bon*, la tonique qu'exige en ce cas cette médiante, engage à l'annoncer par sa dominante sous *g*, où l'on ne peut faire autrement, à moins qu'on ne voulût y pratiquer les cadences irrégulières indiquées par les guidons de la première B. F. sur *sol, ré, la*.

Dans tout autre cas, la cadence rompue, donnée dans la II.e B. F. sous *g, h*, viendroit à propos pour éviter la monotonie avec la parfaite qui la suit immédiatement à *i*.

Il est tout naturel qu'en partant du *Ton régnant*, lors même qu'il ne fait que se déclarer, on attribue le dièse *k* du chant au *Ton* de sa dominante ; cependant il est bon d'en examiner la suite avant que de décider.

Ce dièse qu'on voit à *k* & à *m*, est également note sensible d'un *Ton majeur*, & su-tonique du *mineur* relatif à ce *majeur*. Or, si d'abord après le repos à *i* venoit la note *l* & sa suite, le choix entre ces deux *Tons* seroit très-arbitraire, & seroit même pencher pour le *mineur*, attendu que la phrase, qui pour lors commenceroit à *l*, termine sur la tonique de ce *mineur* à *o*, & qu'il n'est pas moins naturel que le repos possible à *n* appartienne à la dominante du *Ton mineur* relatif, aussi-bien qu'à celle du *régnant*. Souvenons-nous donc, comme on l'a déjà remarqué *(u)*, que si ce même dièse *m*, où l'on descend de tierce dans le *temps bon*, doit être naturellement médiante, il peut être aussi quinte

(t) Article XIV, *page 92.* | *(u)* II.e Moyen, *page 100.*

T ij

de sa B. F. comme il l'est effectivement ici. Souvenons-nous encore, que de deux repos dans une même phrase, le premier doit être dans un *Ton* des plus relatifs à celui qui la termine, lui servant comme d'hémistiche *(x)* ; de sorte que si le repos après le dièse *k* se lie au *Ton* qui le précède par son grand rapport avec lui, il doit se lier de même avec celui qui le suit.

Voulant rappeler le sentiment du *Ton régnant*, dont la trace s'est perdue par le long temps où de nouveaux dièses lui ont été opposés, on tâche de leur opposer des bémols qui rendent, pour ainsi dire, l'équilibre à ce *Ton régnant*, auquel on ne peut plus se refuser pour lors. En effet, ce contraste entre bémols & dièses ne permettant pas qu'on se détermine en faveur d'aucun des *Tons* auxquels ils appartiennent, fait qu'on n'entend pas plutôt le *Ton régnant* à leur suite, qu'il le devient plus fortement que jamais par le plaisir qu'on a de le sentir reparoître si à propos. Telle est la magie musicale dans sa modulation, dont il a déjà été question il n'y a qu'un moment.

Occupé de cette opposition entre dièses & bémols, j'imagine des phrases de *Tons* sans liaison, comme lorsque dans le discours on passe d'un sujet à un autre; & pour lors ces *Tons* sans liaison, qui se succèdent toûjours à la seconde l'un de l'autre, n'ont que des rapports éloignés du *régnant:* ici, par exemple, les *Tons* des repos *o* & *q* ne tiennent à ce *régnant* que parce que leurs toniques sont la dominante & la sous-dominante du *mineur* relatif à ce même *régnant (y)*. On voit, au reste, qu'il n'y a point de notes communes entre les accords parfaits de *o* & de *p*, non plus qu'entre ceux de *q* & *r:* il y a des cas où de pareils défauts de liaison sont très-heureux, quoiqu'il soit facile ici d'interposer une dominante entre *o* & *p* & entre *q* & *r*, quand même les notes *o* & *q* ne vaudroient qu'un *temps*, ayant pour lors la liberté de les partager en deux valeurs égales, selon les guidons de la B. F. sous *o* & *q*.

Non content d'avoir ramené le *Ton régnant* de *r* à *s*, après deux autres qui se contrarient par leurs dièses & bémols, je rappelle encore pour un moment le dernier, du moins son relatif

(x). Article VI, *page 84.* | *(y)* Chapitre IX, *page 133.*

t, *u*, *x*, crainte que les dièses qui ont dominé pendant quelque temps ne prennent encore trop d'empire, & je termine ce *Ton régnant* à la satisfaction de l'Auditeur.

Il reste à déclarer, plus généralement que je ne l'ai encore fait, cette communauté de notes & d'accords à différentes B. F. pour qu'on en sache profiter, soit pour varier à propos les *Tons*, soit pour éviter la monotonie de leurs cadences pareilles & trop voisines, soit pour embellir le chant de quelque partie que ce soit, sur-tout quand elle domine, comme fait généralement la B. C.

VI.ᵉ *Q*, *page 26*.

Tous les passages qui vont être cités peuvent appartenir également aux deux *Tons* relatifs à la tierce mineure, excepté ceux où la dominante du *majeur* & la note sensible du *mineur* ont lieu, & qui ne sont propres qu'à leurs *Tons*: c'est au Compositeur de savoir profiter du change qu'il y peut donner, bien entendu que l'intervalle dont il sera question arrivera dans le *temps bon*.

Le passage diatonique du chant à la sus-tonique d'un *Ton majeur* annonce toûjours une cadence irrégulière sur sa dominante-tonique, où la tonique peut recevoir l'*ajoûté*, si l'on veut, sur-tout dès qu'on peut y sous-entendre le moindre repos *a*, *a*. Ce passage peut aussi donner, dans le *Ton mineur* relatif à ce *majeur*, celui d'une tonique à sa sous-dominante *b*; au lieu que s'il s'agit effectivement d'un *Ton mineur*, ce même passage pourra fournir, dans son *Ton majeur* relatif, une cadence parfaite *c*, *c*, ou irrégulière *d*, *d*, sur la dominante-tonique de ce *Ton majeur*.

Le passage diatonique à la médiante peut également donner dans chaque *Ton* une cadence parfaite *e*, *e*, ou irrégulière *f*, *f*. Quant au repos sur la médiante du *Ton mineur*, le *majeur* n'y pourra recevoir qu'une cadence parfaite *g*, *g*.

Le passage diatonique à la sous-dominante du *Ton majeur* a pour B. F. dans chaque *Ton*, la tonique qui passe à sa sous-dominante, en la rendant même tonique, si l'on veut, par son *sensible*, que recevra pour lors sa tonique prétendue jusque-là. Dans le *Ton mineur*, ce passage ne peut y former cadence, mais il pourra en former une irrégulière sur la dominante de son *majeur*

T iij

relatif; ce qui revient au passage diatonique à la su-tonique de ce *Ton majeur*, qui pour lors est sous-dominante du *mineur*. Voyez *a*, *a* pour celui-ci, & *b*, *b* pour son *mineur* relatif.

Un pareil passage à la dominante donne, dans chaque *Ton*, une cadence irrégulière sur la tonique.

Quant au passage diatonique à la su-dominante il forme volontiers une cadence parfaite sur la sous-dominante, pourvû que dans le *Ton mineur* cette su-dominante ne soit pas diésée, comme en prenant *kk* pour être dans celui de *la* : sinon, dès qu'elle est diésée, c'est pour monter ensuite à la note sensible *p* ; autrement on passeroit dans le *Ton* de la dominante, comme à *ll*, qui donne le *Ton mineur* de *mi*, dominante de *la*.

Si l'on veut employer le *Ton majeur* dans ce même passage du *mineur* sans dièse, il y suivra la route que demande celui de sa sous-dominante *kk*, en y prenant le chant pour être dans le *Ton mineur* de *la*, & qu'on voudra insérer dans le *majeur* d'*ut*.

Passe-t-on diatoniquement à la note sensible, on ne le peut qu'avec les dièses accidentels en montant dans le *Ton mineur*, & la B. F. du premier dièse ne peut être que la dominante simple de la dominante-tonique ; dominante simple qu'on peut néanmoins rendre dominante-tonique à la faveur du chromatique, selon le chiffre de la B. F. *p* ; mais on n'y descend guère sur la note sensible que pour remonter au *Ton*, ou bien le chromatique peut y être admis pour changer de *Ton*, en la faisant descendre sur son béquare ou bémol, comme au 2.e *p*.

D'ailleurs, la marche en descendant dans ce *Ton mineur*, où pour lors le bémol ou béquare de sa note sensible a lieu, peut former cadence irrégulière dans son *majeur* relatif, comme à *x*.

Cette même marche en descendant dans le *Ton majeur*, forme généralement une cadence irrégulière sur sa dominante *r* ou sur celle de son *mineur* relatif, comme à *y* ; le tout à volonté, selon l'occurrence dans le rapport des *Tons* qui se succèdent, selon la variété qu'on veut y introduire, sur-tout pour éviter de trop fréquentes cadences pareilles dans le même *Ton*.

Pour se rendre ces sortes de variétés bien familières, il suffit de considérer que les marches données sont presque par-tout les mêmes dans les deux *Tons* relatifs à une tierce mineure l'un de l'autre, à la différence près, que si elles partent de la tonique du *Ton mineur*, elles partent au contraire de la su-dominante du *majeur*, ainsi du reste à proportion.

Il faut bien se souvenir que les cadences proposées ne peuvent d'abord être telles, qu'aux conditions que la note qui les termine tombera dans le *temps bon*; sinon toute dominante-tonique, en ce cas, changeroit sa tierce majeure en mineure, ou bien ne recevroit point la septième. Les repos plus ou moins sensibles doivent en faire décider, aussi-bien que le dessein qu'on a de continuer le même *Ton* ou d'en changer.

Pour profiter de ces routes données, lorsqu'on passe à quelques-unes des notes spécifiées par des consonances, on examine si la première note de ces consonances fait partie de l'accord où se trouve dans le même *Ton* l'une des voisines de celles sur lesquelles on doit monter ou descendre diatoniquement, & certainement elles seront susceptibles de la même B. F.

De pareilles routes peuvent conduire à différens *Tons*, qui seront toûjours ceux de la dominante ou de la sous-dominante du *majeur*, sinon du *mineur*. Il faut s'en faire des exemples particuliers de toutes les façons, pour en prendre connoissance, & les Accompagner sur le Clavecin pour y accoûtumer l'oreille. D'ailleurs tout ceci se trouve déjà expliqué d'une autre manière dans les précédens Moyens.

CHAPITRE XII.

Notes d'ornement ou de goût, où l'on traite encore de la Modulation.

EXEMPLE R, page 27.

L'HARMONIE ne porte généralement que sur chaque *temps* de la mesure; & de toutes les brèves qu'on peut insérer d'un *temps* à l'autre en marche diatonique, il n'y a généralement d'harmoniques que celles qui sont à la tierce les unes des autres, excepté qu'elles ne forment $\frac{6}{5}$ d'une sous-dominante, $\frac{4}{5}$ d'une su-dominante, ou $\frac{8}{7}$ d'une dominante : au reste, c'est toûjours la marche fondamentale obligée ou possible qui en décide.

Dès que les notes du chant marchent par des consonances, quel qu'en soit le nombre dans un seul *temps*, elles tiennent toutes à l'harmonie.

Rien ne constate mieux la vérité de la B. F. que le besoin qu'on a de son secours pour juger des notes harmoniques parmi plusieurs autres qui s'y trouvent entrelacées pour le seul goût du chant. Soyons donc bien attentifs à suivre exactement la marche fondamentale prescrite, examinons toutes les possibles, recherchons celles qui peuvent occasionner plus de variété, & empêchons sur-tout la monotonie, s'il s'en trouve, soit dans une trop longue continuité du même *Ton*, soit dans une trop fréquente répétition des deux mêmes *Tons* qui se succèdent, soit enfin dans les mêmes cadences trop voisines.

On doit remarquer d'abord toutes les phrases dans lesquelles le chant peut être réduit, puis examiner s'il n'y auroit pas repos possible dès la deuxième mesure de chaque phrase; possibilité qu'autorise le diatonique, aussi-bien que toutes les chûtes en descendant de tierce & de quinte dans le *temps bon;* & c'est pour lors que si l'un de ces moyens menace le *Ton* de la dominante ou de la sous-dominante, il faut éprouver si leur note sensible seroit agréable en y montant diatoniquement.

Le dièse, celui-là même qui donne le sentiment de note sensible, ajoûte souvent un grand agrément dans la mélodie; & si plusieurs Musiciens en abusent, il ne faut pas moins profiter des occasions d'en faire usage, sur-tout dans de certaines expressions qui peuvent le demander, & je n'en vois guère à éviter en pareils cas que la note sensible de la tierce majeure d'une tonique & celle d'une note sensible même.

Voyez l'Exemple *R*, & vous jugerez, par le *Ton régnant,* que tous les dièses *a, b, c, d* sont de pur goût; les faux intervalles qu'ils amènent avec l'une & l'autre Basse, n'étant donnés que par des brèves, ajoûteront toûjours quelques agrémens à la mélodie, sans que l'harmonie en souffre. Quant aux dièses *e, f,* ce sont les

accidentels

accidentels du *Ton mineur régnant :* le premier dièfe *l* eſt encore ornement.

Souvenez-vous de la règle des imitations en deſcendant diatoniquement, vous reconnoîtrez bien-tôt la néceſſité de l'enchaînement des dominantes ſous le chant, malgré ſes brèves *a, b, c, d ;* vous jugerez de la poſſibilité du chromatique dans la B. C. à la faveur de la ſeptième diminuée, que favoriſe le *Ton mineur régnant ;* vous ſouffrirez par conſéquent les quintes ſuperflues de la B. F. ſous *a* & *c.* Quant au dièſe ſous *e,* s'il forme une octave ſuperflue avec la B. C. remarquez-que chaque partie y ſuit ſa route naturelle dans le *Ton,* & que l'une des deux eſt brève ; ce qui ſuffit pour la ſatisfaction de l'oreille.

Les repos à *i* & à *k* ſont aſſez ſenſibles pour juger de la route fondamentale *h, i, k,* ſans égard pour les brèves depuis les croches pointées *h* & *i :* les notes d'harmonie s'y trouvent du moins de deux notes l'une.

Ce n'eſt pas toûjours la première des deux notes diatoniques qui porte harmonie, mais bien celle des deux qui ſe prête le mieux à la parfaite ſucceſſion fondamentale, comme les dernières notes de *h,* de *k* & de *p.*

m, n, & *o, p* offrent de chaque côté une pleureuſe ; la première, *m, n.* ſans intermédiaire, où pour lors chaque note doit avoir ſa B. F. qui forme enſuite une cadence rompue de *n* à *o.* Quant à l'intermédiaire de *o* à *p,* on y voit aſſez que le ſeul *p* eſt en harmonie, bien qu'on pût la faire porter à chaque note, ſelon les guidons de la B. F.

Au deuxième *l,* les deux *Tons* relatifs à la tierce ſont arbitraires, comme le prouvent les guidons de la B. F. ayant préféré le *Ton majeur* dans la B. C. pour rendre ſa mélodie plus chantante.

Ayez toûjours égard à la marche fondamentale preſcrite dans les *temps* principaux de la meſure, rarement les notes de goût vous y arrêteront, comme vous pourrez en juger déjà dans tout le premier Exemple, & comme la ſuite va le confirmer.

V

I I.ᵉ R, page 28.

Les notes de la B. F. répondent à la première B. C. où l'on voit la même tonique rester pendant les deux premières mesures, bien qu'on puisse y saisir des brèves pour harmoniques, selon la I I.ᵉ B. C. qui répond aux guidons de la B. F. on pourroit même donner une B. F. à chaque croche du chant, dont le mouvement seroit supposé lent, & qui seroit pour lors contrarié par celui de la B. C.

Quand la B. F. commence une mesure & continue dans l'autre, elle ne syncope jamais, comme de *a* à *b* de la B. F. cependant le chant pourroit exiger un changement de B. F. entre *a*, *b*, selon la I I.ᵉ B. C. ce qui dépend du goût.

On ne doit presque jamais examiner les croches qui passent rapidement dans un *temps*, excepté qu'il n'y arrive quelques signes qui marquent changement de *Ton*, comme à *d*; & c'est pour lors qu'après avoir terminé le *Ton* d'auparavant, on cherche une route fondamentale qui, de la tonique qui a terminé ce *Ton*, puisse amener agréablement le nouveau *Ton* annoncé: aussi la plus parfaite route possible, dans le cas présent, engage-t-elle à descendre de tierce sur la dominante-tonique *f* dans la B. F. Les dièses du *Ton régnant* paroissant ensuite, on a la même attention qu'auparavant, & l'on remarquera seulement aux notes *g*, *h* de la B. F. qu'on peut faire monter de seconde la tonique *g*, ou la faire descendre de tierce selon le guidon.

I I I.ᵉ R, page 29.

Nous allons mêler à présent des notes de goût avec des suspensions, formées en partie de suppositions, & cela sur différentes cadences ornées d'imitations & de desseins, dont on pourra tirer de nouvelles lumières.

Le même chant donné à deux & à trois *temps* dans ce III.ᵉ *R*, est pour faire connoître que toute idée de chant peut se transposer d'un mouvement dans l'autre, en plaçant d'un côté les notes d'harmonie dans les mêmes *temps* de la mesure où elles se trouvent de l'autre, & en y augmentant ou diminuant le nombre des notes de goût à proportion des *temps*.

Quel que soit le nombre des notes employées dans un, deux, trois & quatre *temps* de la mesure, la même B. F. y pourra toûjours subsister, tant qu'elle pourra recevoir dans son harmonie l'une des deux notes qui s'y trouveront à la seconde; bien entendu cependant qu'elle n'y seroit pas forcée pour lors de changer, pour suivre sa route légitime.

On voit assez que la première des deux noires du chant sur le même degré *a*, *b*, est de pur goût, puisque la B. F. seroit forcée d'y syncoper; & si elle syncope au guidon du dernier *c*, ce n'est que pour indiquer la suspension de la note même placée au dessus de ce guidon, comme cela se trouve également dans le début de la B. C. au dessus des notes *c*, *d* de la B. F. suspension justement indiquée par les guidons de la B. F. sous ces mêmes notes *c*, *d*.

Il se forme à *e*, *f* une suspension singulière de la quinte *f* par la sixte *e*, laquelle seroit toute simple selon les guidons de la B. C. où la note *b* du chant, se partageant en deux valeurs égales, recevroit deux dominantes, dont la dernière passeroit à sa to- nique *c*, recevant la suspension de la quarte; mais voulant éviter la monotonie, je profite de la possibilité d'admettre dans le *Ton mineur* ce qui paroît de droit naturel dans son *majeur* relatif. *Voyez* la deuxième noire du second dessus sous le 3.ᵉ *b*; si elle est note sensible du *Ton majeur*, n'est-elle pas aussi su-tonique de son *mineur* relatif? n'y peut-elle pas jouir du droit de sixte ajoûtée, aussi-bien que de note sensible, puisqu'elle monte diatoniquement? la sous- dominante, qui la reçoit dans son harmonie, ne trouve-t-elle pas la quinte de sa tonique à *f* pour pouvoir y passer? &, selon l'esprit du chant, la noire *e* n'est-elle pas suspension dans ce *Ton mineur* comme dans le *majeur?* Ainsi la sixte, quoique consonante, devient ici suspension de la quinte, comme elle l'auroit été de la tierce dans le *Ton majeur*, en formant la quarte au guidon de la B. C.

La dominante-tonique du *Ton majeur* se placera sous *e*, ou bien fous la deuxième valeur de la blanche *b*, pour former enfuite une fufpenfion fur fa tonique. Or, comme tout l'efprit du chant roule fur les fufpenfions jufque-là, c'eft à l'Auteur de fentir & de juger ce qui vaut le mieux, comme auffi ce qui regarde la monotonie.

Au refte, fi l'on ne fufpend ici que la quinte par la fixte, on peut y fufpendre en même-temps la tierce par la quarte & la feconde, c'eft-à-dire que l'accord de la tonique *e* peut être fufpendu par l'accord total qui le précède, foit comme *fenfible* dans le *Ton majeur*, foit comme *ajoûté* dans le *mineur*, auquel le fecond deffus fe prêteroit pour lors, en confervant la même note de *b* à *e*; arbitraire qui peut avoir lieu dans toutes les fufpenfions où la quarte peut fufpendre la tierce d'une tonique.

La cadence parfaite fimplement imitée de *l* à *m* dans la B. F. ne l'eft qu'en conféquence de la licence citée dans le IX.ᵉ Moyen, *page 124.*

Même idée de chant à *c*, *d* qu'à *a*, *b*, où *d* fauve les fufpenfions *c*, de même que *b* fauve les fufpenfions *a*; fufpenfions qui naiffent, en partie, de la fuppofition.

Ces mêmes fufpenfions peuvent fe former par-tout en accords de $\frac{5}{4}$ ou de $\frac{6}{4}$, à volonté.

La B. C. peut imiter le chant de *p* à *q*, en y répétant la note indiquée par un guidon: ce même chant eft doublé de *r* à *s* & triplé de *q* à *r*; le fecond deffus y deffine d'une manière qui peut être variée en plufieurs autres, foit par la fucceffion variée des notes que fournit la B. F. foit par la multiplication ou diminution des brèves, tantôt ici, tantôt là.

On peut rendre dominante la B. C. qui rompt la cadence à *s*, felon la B. C. ou tonique felon la B. F. Ici le double emploi eft évident; fi la fous-dominante eft B. F. dans la B. F. à *t*, la fu-tonique l'eft au contraire dans la B. C. de forte que l'accord de $\frac{6}{4}$, que porte enfuite la dominante-tonique *u*, fufpend fimplement fon accord de feptième *x*, qui auroit pû paroître d'abord après *t*, avec un nouveau chant.

I V.ᵉ R, page 30.

Remarquez aux notes *a, b, c, d* & *k, l, m, n* du 4.ᵉ *R*, les différentes B. F. que peut souffrir le chant *c, d* du 3.ᵉ *R*, & voyez la variété qu'elles peuvent procurer aux parties dont on accompagne ce chant. Si dans le 3.ᵉ *R* se trouvent des suspensions de quarte à tous les *c*, c'est ici suspension de sixte-quarte à *k*, puis celle de septième superflue à *n*; pendant que si la suspension des *d* du 3.ᵉ *R* est une quarte, elle est neuvième ici, de sorte que l'accord sensible employé d'un côté ne peut l'être de l'autre.

Examinez la B. F. des brèves *f, g, h*, vous verrez qu'elles doivent avoir chacune leur B. F. ne pouvant arriver à la tonique que demande la médiante *g*, qu'en la faisant précéder de sa dominante *f*, qui doit reparoître à *h* pour la même raison. Dans un mouvement vif cependant, *f* & *g* pourroient passer pour le goût du chant, en attendant *h* pour lui donner l'accord sensible qui suit de droit celui de seconde.

Il faut encore remarquer ici qu'à la faveur du double emploi, l'harmonie de la su-tonique *c* dans la B. F. pareille à celle de la sous-dominante dans la B. C. peut supposer cette sous-dominante; d'où naîtroit une cadence irrégulière de *c* à *g*, dont l'effet, qui ne pourroit être que très-bon, dépend de l'Auteur.

Si le chant conduit forcément à la note *i*, l'octave qu'en forme la B. C. quoiqu'en montant également, ne peut qu'être agréable en faveur du chant de cette B. C. sinon l'on peut substituer à la note *i* du chant celle qu'indique le guidon au dessus.

Remarquez, au reste, que la suspension de la quarte, donnée au pénultième *c* du 3.ᵉ *R*, est un peu hardie, attendu qu'elle y est accompagnée de la fausse quinte, au lieu de la quinte; ce qui cependant est nécessaire, dès qu'on y veut conserver le sentiment du *Ton régnant*, qui subsiste auparavant & immédiatement après.

Je ne vois pas qu'après de pareils exemples on puisse se tromper sur les notes de goût, en y joignant les réflexions suivantes.

N'ayant principalement égard qu'à chaque *temps* de la mesure, y eût-il seize triples croches dans un *temps*, dès que l'ordre en est diatonique, suivez les loix de la B. F. vous marcherez toûjours bien.

Si parmi le diatonique se trouvent quelques intervalles consonans, ce sont-là vos guides, à plus forte raison encore si tout est consonant. Il y a seulement une chose à remarquer, savoir, que la dernière note d'une consonance, passant diatoniquement à une autre note qui annonce ou termine le repos, peut quelquefois ne pas appartenir à l'harmonie dont il paroît qu'elle doit faire partie, attendu que le repos & son annonce doivent avoir par-tout la préférence.

Il y a des cas où l'on peut donner, sans nécessité, une B. F. à des brèves, comme on l'a remarqué au 2.ᵉ *R*.

Généralement les brèves, suivies sur le même degré dans le *temps bon*, ne tiennent à l'harmonie qu'autant que la B. F. ne peut autrement suivre la route prescrite pour arriver au repos.

On ne peut guère se tromper sur les notes d'ornement, lorsque les règles que je viens d'en donner seront secondées du soin qu'on doit prendre à ne point faire syncoper la B. F. & à conserver dans toute la mesure, ou du moins dans sa dernière moitié, la note qui annonce une cadence, sans s'y occuper d'une brève, dont la B. F. pourroit changer la nature de cette cadence, sur-tout si la cadence n'est qu'imitée : une consonance, même donnée dans un *temps mauvais* & répétée dans le *bon* qui vient ensuite, doit être comptée pour rien, dès que la B. F. seroit forcée d'y syncoper & dès qu'on termineroit la cadence dans le *temps mauvais*, au lieu de la terminer dans le *bon*.

Quelquefois cependant se termine un repos sur une note précédée d'une brève sur le même degré, ou d'une longue qui paroîtroit syncoper ; mais le repos étant une fois sensible, cette longue ou brève doit toûjours être l'octave de la dominante qui annonceroit un pareil repos sur sa tonique, ou bien la quinte d'une tonique qui l'annonceroit sur sa dominante.

CHAPITRE XIII.

De la Composition à plusieurs parties.

EXEMPLE S, page 31.

LA marche la plus régulière & la plus agréable de toutes les parties harmoniques, existe dans l'accompagnement-même. Qu'on juge par-là combien cet Art est nécessaire au Compositeur, & de quelle importance lui doit être en ce cas la méchanique des doigts, puisque dans cette méchanique les plus rigoureuses règles de la Composition se trouvent renfermées avec ce qu'il y a de plus agréable.

Si la marche consonante nous est offerte la première pour celle de la B. F. nous voyons néanmoins toutes ses parties harmoniques marcher diatoniquement, ou se lier en répétant la même note d'un accord à l'autre : aussi le diatonique prime-t-il dans tous les chants, le consonant n'y étant amené que de temps en temps. Voulez-vous de la syncope ? la liaison des harmoniques vous enseigne les notes qui en sont susceptibles, & cela toûjours dans la méchanique des doigts. Il ne tient qu'à vous, pendant qu'existe une même note fondamentale, de former votre chant de toutes ses harmoniques par octaves, tierces, quartes, par suspensions, quintes, sixtes ajoûtées, & septièmes s'il y en a, même encore de passer d'un accord à un autre par un intervalle consonant entre les consonances de l'un & de l'autre, d'autant que leur marche est arbitraire, & doit toûjours céder à la volonté du Compositeur : tout ce qu'il y a, c'est que pendant qu'une partie, qui sera sans doute le sujet, embrasse successivement toutes les harmoniques d'une même B. F. on ne peut que les redoubler dans les autres, soit en tenues, soit en contrariant leur marche.

Cette contrariété de marche est très-recommandable entre les parties, mais ce n'est guère qu'après des unissons, octaves ou quintes ; encore, lorsque celles-ci passent à des tierces ou sixtes, la marche y est-elle arbitraire.

Le goût de variété demande qu'on s'interdise, autant qu'on le peut, deux unissons, octaves ou quintes de suite, non qu'on ne puisse s'en dispenser en faveur du beau chant, aussi-bien qu'en faveur d'un dessein qui ne pourroit s'exécuter autrement.

La méchanique des doigts nous apprend que dans la suite des accords se trouve au moins une note commune entre ceux qui se succèdent immédiatement, souvent deux, quelquefois trois, si bien qu'il y paroît toûjours des syncopes à volonté: le contraire n'arrive guère que dans l'accord sensible d'un *Ton* peu relatif à celui qui le précède, & qui ne se pratique sans doute qu'en faveur d'une certaine expression, ou bien dans plusieurs occurrences de l'accord de septième diminuée, ou encore lorsqu'on rend tonique la note qui termine une cadence rompue; car, en la rendant dominante, sa septième forme pour lors liaison.

Le renversement occasionne une grande variété dont on doit profiter, sur-tout pour éviter la monotonie de semblables cadences trop voisines: non seulement la B. C. peut rompre ou inter-rompre une cadence parfaite, mais elle peut les renverser toutes, en empruntant pour son chant celui qui est possible dans telle partie de son harmonie qu'il plaît. De même aussi l'une de ces parties peut suivre en ce cas la route fondamentale, & l'on peut faire de ce change un très-heureux usage; savoir, par exemple, placer à propos la B. F. d'une cadence rompue dans une partie supérieure d'un *Ton mineur* sur-tout; cela peut quelquefois péné-trer jusqu'à l'ame.

Moins il y a de parties, plus le beau chant est recommandable: s'agit-il d'un récitatif, d'un air? toutes les routes, & fondamen-tales & harmoniques, doivent y être sacrifiées; c'est à la B. C. à s'y prêter. Dans le récitatif, il faut prendre pour notes de goût tout ce qui peut s'y soûmettre, de sorte qu'une même note de la B. C. puisse continuer pendant une ou plusieurs mesures; non que bien des tournures de chant ne le permettent pas toûjours, étant forcé quelquefois d'y suivre chaque syllabe, sur-tout dans de certaines cadences qui ne sont annoncées que par des brèves; mais en même-temps une seule note de basse peut tenir à dif-férentes B. F. ici comme B. F. là comme harmonique, ce dont

il

il faut profiter dès que l'on peut. A l'égard des airs, la B. C. doit un peu chanter, mais toûjours avec difcrétion, crainte qu'elle n'offufque le fujet; la fimplicité lui conviendra toûjours mieux, en ce cas, qu'une broderie trop continuelle, à moins que quelques deffeins d'imagination n'en foient l'objet principal, comme, par exemple, les Baffes contraintes, & autres à peu près femblables, dont on eft déjà revenu, & dont on reviendra bien davantage encore, dès qu'on fentira que l'expreffion eft l'unique objet du Muficien.

Dans le duo, vraiment duo, tout doit chanter agréablement: fi ce font deux parties accompagnées d'une B. C. pour lors les tierces ou fixtes doivent être les plus ufitées entr'elles; mais fi c'eft deffus & baffe, celle-ci a fes droits de baffe, à cela près que les tierces, les fixtes, & fur-tout les quintes entre cette baffe & le deffus, doivent contribuer à leur mélodie.

Le trio demande prefque toûjours une tierce ou fixte entre deux parties, la troifième formant en même-temps quinte ou quarte avec l'une des deux, quelquefois feconde, feptième, neuvième même, lorfque l'accord eft diffonant.

Tous les accords fondamentaux font compofés de tierces, dont les fixtes font renverfées. Deux tierces font une quinte, trois font une feptième; il eft donc impoffible que trois parties puiffent s'accorder entr'elles, fans que deux, au moins, ne faffent tierce ou fixte entr'elles. Il n'y a que dans la feule fuppofition où les trois parties puiffent fe trouver à la quinte l'une de l'autre, & c'eft à la beauté du chant que doit céder le choix des tierces ou des quintes en pareil cas.

Pour la facilité de l'opération, tout doit fe réduire aux moindres degrés. Quelques octaves qu'il fe trouve entre *ut* & *mi*, entre *ut* & *fol*, par exemple, on doit toûjours les juger tierce & quinte, quant au fond de l'art, non quant à l'effet: la dixième plaira plus que la tierce, la dix-feptième encore davantage, & la douzième plus que la quinte; mais l'étendue des voix, & quelquefois même des Inftrumens, ne permet pas toûjours qu'on puiffe amener ces grands intervalles doublés ou triplés.

On fait que dans le renverfement, la tierce devient fixte, la quinte devient quarte, & la feptième, même la neuvième, devient

X

seconde; si bien qu'il est libre d'employer entre les parties tel de ces renversés que l'on veut. Par exemple, des sixtes de suite sont souvent plus agréables que des tierces, sur-tout entre la Basse & une autre partie: des quartes & sixtes de suite en trio (z) plairont, au lieu que leurs renversés donneront une monotonie peu satisfaisante. Quant à la supposition, quoique la neuvième paroisse seconde, il faut bien prendre garde à ne jamais l'employer que relativement à la Basse, au moins une neuvième au dessus.

Dans le quatuor, on prend pour sujet telle partie qu'on veut, tantôt l'une, tantôt l'autre, selon qu'il est dessiné par fugues ou par simples imitations; mais le chant de la Basse ne doit pas être négligé pour cela: aussi dit-on communément, une Basse bien chantante annonce une bonne Musique, pour ne pas dire belle.

Il y a différence entre quatuor, proprement dit, chœur à quatre parties, & récit accompagné de trois autres parties.

Le quatuor demande que chaque partie chante le mieux qu'il est possible, & certainement la méchanique des doigts dans l'accompagnement en fournit bien les moyens; à cela près, que si le sujet emploie dans son chant plusieurs intervalles d'un même accord, il en prive d'autant les autres parties, qui cependant peuvent les employer aussi, soit par mouvement contraire, soit en remplaçant d'un côté celui qu'on quitte de l'autre, soit dans la tenue de l'un de ces intervalles, dont la succession pourra se contrarier entre les deux parties qui le feront entendre, comme on l'a déjà dit.

Dans les chœurs, le sujet s'applique ordinairement aux voix les plus agréables, qui sont celles des femmes: la Basse y répond du mieux qu'il est possible, & les autres parties qui se trouvent entre deux n'y sont presque que pour accompagnement, sans s'y désister pour cela du plus beau chant que le fond d'harmonie peut y permettre.

Les plus beaux chœurs sont souvent traités en quatuor; chaque partie s'y distingue à tour de rôle, & cela par des fugues ou simples imitations.

Un récit n'exige, dans la symphonie qui l'accompagne, que

(z) XXIV.ᵉ Leçon, page 64.

ce que l'on veut: ou cet accompagnement forme simplement un fond d'harmonie en tenues, ou il marche syllabiquement avec les paroles, ou il saisit quelques traits du chant de ce récit, quand l'harmonie le permet, ou l'un des instrumens le suit à l'unisson, dès que le mouvement en est vif & sans agrémens arbitraires (a), ou bien on lui donne un dessein particulier qui soit pour lors analogue à la situation. •

Ces sortes d'accompagnemens n'exigent qu'autant de parties que l'on veut; il suffit qu'une y dessine, les autres remplissent l'harmonie.

Il est presque inutile de composer à cinq parties, quant au fond d'harmonie, puisqu'il ne s'y trouve jamais cinq sons différens que dans la supposition ou dans quelques suspensions, qui se réduisent toûjours à quatre ensuite, puis à trois. Il est vrai que dans un enchaînement de dominantes on peut aisément faire marcher cinq parties, y compris la B. F. mais après cela il en faut doubler quelques-unes, & bien-tôt le chant pèche d'un côté ou de l'autre.

L'art de diminuer à propos le nombre des parties, pour en faire rentrer une, puis une autre, & cela par un chant de fugue ou d'imitation sur des paroles convenables, s'il y en a, cet art, dis-je, a ses agrémens: c'est au goût, au sentiment, à l'esprit d'en ordonner, & ce n'est qu'à force d'entendre les beaux morceaux de Musique dans tous les genres qu'on parvient enfin à pouvoir faire valoir ces dons de la Nature.

Tous mes Exemples sont ou duo ou trio; l'on peut examiner encore tous les chœurs & quatuor en musique: mais, au fond de l'art près, c'est à nous de savoir en tirer avantage, pour faire valoir des dons sans lesquels nous demeurerions toûjours en arrière.

Quelque recommandable que soit la plénitude de l'harmonie, le goût du chant doit l'emporter; c'est pourquoi l'on doit savoir que lorsqu'on est forcé de doubler un intervalle, soit en faveur

_____

(a) Par-tout où le sentiment ordonne, rarement deux personnes peuvent s'y accorder; c'est pourquoi le chant d'un Acteur ne peut guère être secondé à l'unisson que dans des mouvemens vifs, où pour lors les agrémens sont de convention.

de la mélodie, soit parce que l'on compose à plus de parties que n'en contient un accord, l'octave de la B. F. doit être préférée, ensuite sa quinte.

Ne doublons les tierces que par force, & que ce ne soit du moins que dans un *temps mauvais*, non qu'on ne puisse transgresser cette règle en faveur de la mélodie, comme, par exemple, quand il se trouve une médiante dans la B. C. pourvû que ce ne soit pas une note sensible : le sujet-même, fût-il seul avec cette B. C. peut en former l'octave. Pour ce qui est des dissonances, elles ne se doublent jamais.

Dans l'Exemple S se trouvent des tierces où chaque mesure peut n'avoir qu'une note fondamentale, selon la 2.ᵉ B. F. mais si le mouvement est lent, la variété d'harmonie y convient mieux, selon la première B. F. Dans tout le reste, les repos ou passages forcés à la tonique par la rigueur du chant, font distinguer les notes de goût de celles d'harmonie. Par exemple, bien que l'harmonie commence dans le *temps bon* de la mesure *a*, le repos par où débute la mesure *b*, demande que les notes au dessus de *a* soient pour ornement, non seulement parce qu'elles ne s'accordent pas avec la première B. F. mais encore parce qu'en leur donnant une B. F. particulière, selon la 2.ᵉ B. F. la même cadence se trouveroit trop voisine, dans le *temps mauvais*, de celle qui ne doit produire son effet que dans le *bon* qui la suit ; considération qu'il faut avoir toûjours devant les yeux, dès que de deux brèves, dans quelque temps de la mesure qu'elles se trouvent, on peut en supposer une pour ornement, dans le dessein de faire sentir le repos ou son annonce dès le commencement d'une mesure, comme on auroit pû le faire, à l'égard de l'annonce, dans la mesure *a*, si le goût de variété, par la syncope de la B. C. n'en ordonnoit autrement. Tout le reste porte sur le même principe : si, par exemple, les notes *f, g* ne sont point en harmonie, c'est pour y observer l'égalité des *temps*, en faisant commencer l'annonce du repos dans un *temps bon*, à la faveur de la suspension de la quarte, par laquelle débute la mesure *f, g ;* ainsi des notes *h, i, k, l, m, n* & *o, p*.

En faisant porter harmonie à toutes les noires du chant

depuis *f*, *g*, felon la 2.ᵉ B. F. où fe trouvent des imitations de cadences interrompues entre *q*, *r*, *s*, *t*, *u*, *x* & *y*, *z*, non feulement le chant de la B. C. en foufîriroit, mais cela détruiroit encore tout l'agrément des imitations entre les deux deffus du chant.

CHAPITRE XIV.

De l'Expreffion.

EXEMPLE *T, page 32.*

ON peut dire que la Mufique, fimplement confidérée dans les différentes inflexions de la voix, laiffant le gefte à part, a dû être notre premier langage jufqu'à ce qu'on ait enfin imaginé des termes pour s'exprimer. Il naît avec nous ce langage; l'enfant en donne des preuves dès le berceau.

Notre inftinct ne fe borne pas là, il s'étend jufque fur l'harmonie, comme je l'ai déjà prouvé *(b)*, & comme je vais tâcher de le prouver encore mieux; du moins les Exemples pourront-ils avoir plus de force auprès des perfonnes qui ne veulent rien approfondir.

L'Harmonie, dans fon état primitif & naturel, tel que la donnent les corps fonores, dont notre voix fait partie, doit produire fur nous, qui fommes des corps paffivement harmoniques, l'effet le plus naturel, & par conféquent le plus commun à tous. De-là vient que celui qui, faute d'une oreille exercée, eft peu fenfible aux différentes fucceffions de l'harmonie, l'eft au moins par inftinct au fon d'un corps parfaitement fonore, comme une belle cloche. Or, dès que ce fon lui plaît, il eft bien certain qu'en lui faifant entendre, fur trois corps différens, les trois fons qui réfonnent dans cette cloche, bien qu'il croie n'y diftinguer que le plus grave, il ne pourra qu'en être auffi agréablement affecté. Qu'on prenne enfuite pour fon grave le plus prochain du premier grave, en lui faifant entendre au deffus la même harmonie, ces deux mêmes

---

(b) Obfervation fur notre inftinct pour la Mufique.

X iij

sons graves, qui lui auront plû ensemble, lui plairont sans doute également à la suite l'un de l'autre, puisque la même harmonie de chaque côté ne pourra produire sur son ame que le même effet : bien-tôt après, pour ne pas dire dans le même instant, l'ordre diatonique, qui naît de la succession harmonique de ces deux corps sonores, lui deviendra tout aussi familier qu'il l'est presqu'à tous les hommes, & même généralement plus que le consonant dont il dérive, parce qu'il est le plus fréquent (c).

Comment peut-on être insensible à de pareilles successions, lorsque la Nature elle-même les a imprimées dans des Instrumens artificiels, savoir, Cors & Trompettes, où il faut que le souffle de celui qui les sonne se soûmette, par plus ou moins de force, aux degrés naturels à ces sortes d'Instrumens ? Comment se pourroit-il, après cela, qu'elle les eût refusées à des corps qu'elle a formés elle-même ? N'en croyons donc pas ceux qui se piquent d'insensibilité sur cet article, ils ne se connoissent pas eux-mêmes ; j'en ai fait l'épreuve plus d'une fois, & de toutes les façons, sur-tout à Paris.

Le singulier de ceci, c'est qu'il n'y a de justes dans les sons qu'on peut tirer de ces Instrumens artificiels, que ceux qui composent l'harmonie des deux graves en question. Ne soyons donc plus étonnés que si l'on passe à l'un de ceux qui s'y trouvent faux, l'oreille n'en soit surprise, & surprise de différentes façons, selon qu'il y aura plus ou moins de rapport dans cette succession. Sans doute que la Nature agit sur nous de même que sur ces corps ; nous en donnerons bien-tôt la preuve.

Tant que le même *Ton* n'est entrelacé que de son premier rapport, savoir celui qui s'y trouve imprimé par la Nature, l'ame demeure toûjours dans l'état tranquille où sa sympathie avec le corps sonore doit la tenir naturellement ; la différence des mouvemens, du doux & du fort, & l'action du Chanteur feront seuls capables de l'en tirer. Comment donc remuer l'ame sans ces secours ? c'est en franchissant les bornes du corps sonore, sans en enfreindre néanmoins les loix.

(c) L'antiquité la plus reculée nous apprend que l'ordre diatonique, quoique produit par l'harmonie, s'est principalement emparé de l'oreille.

Appelons *ut* le premier son qu'on entonnera, sans autre pressentiment que celui qui sera naturellement inspiré, dès-lors il agira sur nous comme générateur de tous les sons qu'on lui fera succéder ; ce sera notre tonique ; on sera dans le *Ton majeur* d'*ut*, sans que la réflexion s'en mêle. De-là, toûjours sans réflexion, l'on chantera son accord parfait en montant, *ut*, *mi*, *sol*, *ut*, ou en descendant, *ut*, *sol*, *mi*, *ut*. Telle est la manière dont la plûspart des Chanteurs essaient leurs voix en préludant. Voudra-t-on suivre l'ordre diatonique, on s'arrêtera sur *mi*, sur-tout sur *sol* plûtôt que sur *fa*, d'autant que *ut* ne peut donner aucun sentiment de *fa* : si *ut* est le générateur de sa quinte *sol*, *fa* l'est par conséquent de sa quinte *ut* ; le générateur, pour lors censé le plus grand corps sonore, ne peut jamais faire naître le sentiment d'un plus grand que le sien, excepté son octave, à la faveur de l'identité des octaves. Aussi peut-on s'apercevoir qu'en laissant tomber la voix après *ut*, toûjours sans réflexion, sans y penser, elle tombera sur sa quarte au dessous *sol*, jamais sur sa quinte au dessous *fa* ; la voix-même sera plûtôt entraînée vers cette quarte au dessous que sur un degré diatonique, qui n'y seroit jamais préféré que par une habitude acquise, encore faudroit-il que la réflexion s'en mêlât. La chose doit s'exécuter comme dans le même moment, sur-tout pour prononcer sur cette quarte la syllabe muette qui termine un mot, comme *me* dans le mot *j'aime* (*d*). Écoutez les gens qui chantent ce qu'ils crient dans les rues, rien ne vous prouvera mieux les purs effets de la Nature en pareil cas : aussi le *sol* est-il juste dans les Trompettes, au dessous de *ut* comme au dessus, pendant que *fa* y est faux par-tout. De-là vient qu'une Musique continuellement composée dans un *Ton* qui n'est varié que par celui de sa quinte, comme sont les Airs de Trompette, Cor, Musette & Vielle, ne produisent aucun effet sur l'ame, si ce n'est par la variété des mouvemens. Veut-on la sortir de son premier état naturel, ce ne peut être qu'en lui présentant un *Ton* à la suite d'un autre qui lui en a refusé le sentiment, & c'est justement ce *fa* étranger à *ut* ; son harmonie n'a qu'à se faire entendre après celle de la tonique *ut*,

(*d*) Article V I, *page* 85.

pour nous furprendre jufqu'à nous jeter dans une efpèce de trif-
teffe, en ce que l'ame, privée pour lors de fon point d'appui,
eft dans l'embarras jufqu'à ce qu'on le lui rende, encore faut-il
le lui rendre promptement : auffi n'ai-je pas manqué de recommander des phrafes courtes dans le *Ton* de la quarte, qui eft la
quinte au deffous. Ne fe fent-on pas naturellement frappé de
componction avec l'Actrice qui chante *triftes apprêts*, &c. dans
l'Opéra de Caftor & Pollux, au moment de la quinte au deffous,
favoir *fa* qui fuccède à *ut* fur la dernière fyllabe ? & ne fe fent-on
pas un peu foulagé quand l'*ut* revient immédiatement après fur la
dernière fyllabe de ces autres mots, *pâles flambeaux*, fans néanmoins qu'il ne refte en nous quelques veftiges de la première

impreffion *a* & *b* de l'Exemple *T!* Qu'on fubftitue ${c \ \hat{a} \ a \atop fol \ \hat{a} \ fa}$

l'on en fentira bien-tôt la différence ; l'ame y reftera pour lors
dans fa même affiette, rien ne la remuera, tout lui deviendra
indifférent tant que le même *Ton* fubfiftera ; il n'y aura plus que
le mouvement qui pourra l'y préoccuper, comme en y joignant
des paroles joyeufes *c*. Rappelons-nous cette parenthèfe de Lulli
dans fon Opéra d'Armide, *fi quelqu'un le peut être :* cet Auteur
y fubftitue juftement le *Ton* de la quarte au *régnant*, qui commence & finit la phrafe. Le feul fentiment lui a dicté cette
fubftitution, capable de remuer l'ame au point de faire fentir la
fituation de l'Actrice : auffi la mémoire s'en rafraîchit-elle chaque
jour parmi les perfonnes qui en ont été une fois frappées. Le
même effet fe préfente encore dans ce vers, *Le charme du fommeil*
le livre à ma vengeance, du monologue du même Opéra, qui
commence par, *Enfin il eft en ma puiffance :* tout y eft compaffé
dans le véritable ordre que peut infpirer la Nature. Quel goût !
quel génie ! quel fentiment ! Le monologue débute par le *Ton*
mineur de *mi*, & paffe à fon *majeur* relatif à la tierce, qui eft
celui de *fol*, pour donner plus de force aux épithètes dont
Armide caractérife fon héros ; de-là, pour faire fentir fa réflexion
fur l'accident qui le met en fa poffeffion, *Le charme du fommeil*
le livre à ma vengeance, vient immédiatement *fol dièfe*, qui donne
juftement le *Ton* de la quarte du *régnant*, favoir le *mineur* de *la ;*

puis

puis ſe livrant à ſon tranſport, c'eſt par ce *Ton régnant* qu'elle exprime, *Je vais percer ſon invincible cœur*. On ſent tous les effets de cette belle modulation, ſans en ſavoir la cauſe, même ſans s'en être jamais occupé: quelle eſt heureuſe! Que l'on continue le *Ton majeur de ſol*, qui précède celui de la quarte en queſtion, ſur ces paroles, *le charme du ſommeil*, &c. comme cela ſe peut, ſelon l'Exemple à *e*, on en éprouvera un effet tout oppoſé à celui que doivent inſpirer les paroles (*e*). Faites fonds, après cela, ſur la ſimple mélodie, lorſqu'elle change de nature au ſeul changement d'harmonie dont elle eſt ſuſceptible. Il y a bien d'autres cas à citer de différens Auteurs ſur le même ſujet, mais la mémoire ne me les fournit pas. Au reſte, en voilà bien aſſez pour quiconque voudra réfléchir ſur ſes ſenſations, par les différens mouvemens qu'excitera en lui la même mélodie, produite par différens fonds d'harmonie, ſans s'y laiſſer ſéduire par l'art de l'Acteur, non plus que par les raiſonnemens de gens qui s'érigent en Légiſlateurs ſur cet art, dont ils n'ont encore que de foibles notions.

On ne ſe prête point aſſez aux différens effets de la Muſique; on les éprouve ſans croire les tenir du fond de l'harmonie; on eſt content, ſans ſe mettre en peine de la raiſon: on n'eſt guère encore ſuſceptible que de l'imitation des différens bruits; mais c'eſt à l'ame que la Muſique doit parler: le moyen en eſt dans tous les *Tons* que refuſe le premier, donné comme *régnant; Tons* qui prennent leur ſource du côté de ſa quinte au deſſous, dite ſous-dominante, par où commencent les bémols, au lieu que ſa génération marche du côté de ſa dominante, de la quinte au deſſus, par où commencent les dièſes.

(*e*) Le chant de Lulli, qui eſt à *d*, ſe continue à *g* depuis *f*, où la B. C. reprend ſa marche de *f* à *g*, & c'eſt à *e* que l'on doit ſentir la différence de l'effet du même chant *d*, *e*, par la ſeule différence de l'Harmonie. On trouve encore des exemples ſur le même ſujet dans les *Réflexions ſur notre inſtinct pour la Muſique*, & dans le *proſpectus* de ce Code.

Il faut être bien peu ſenſible aux effets de l'harmonie, & n'en connoître guère les cauſes, pour avoir oſé critiquer ce Monologue: le premier qui l'a oſé donne effectivement des preuves de cette inſenſibilité au mot *accord*, dans l'Encyclopédie. Pourrions-nous taxer des mêmes défauts les perſonnes qui ſont encore de ſon ſentiment!

Y

La diſſonance encore, ſans oublier celle qui accompagne la note ſenſible, les dièſes accidentels, qui peuvent former autant de notes ſenſibles paſſagères, ſont de nouveaux moyens pour bien rendre une expreſſion, dès qu'on ſait choiſir dans le rapport des *Tons* celui qui a le plus d'analogie avec le rapport du ſens entre les phraſes qui ſe ſuccèdent. En un mot, l'expreſſion de la penſée, du ſentiment, des paſſions, doit être le vrai but de la Muſique. On n'a guère encore ſongé qu'à s'amuſer de cet Art; l'oreille s'y contente de quelques fleurs ſemées par ci, par là, de la variété des mouvemens, de l'action du Chanteur, qui fait quelquefois valoir un ſentiment nullement rendu par la Muſique, & je ne vois guère de Connoiſſeurs, ſoit diſant, qui ne s'attachent pluſtôt à l'exécution qu'à la choſe. On a ſouvent lieu d'admirer l'exécution d'une Cantatrice, d'un Joueur d'Inſtrumens; mais qu'en réſulte-t-il du côté de l'expreſſion? c'eſt de quoi l'on ſe met peu en peine.

N'oublions pas que l'expreſſion d'un ſentiment, & ſur-tout de la paſſion, ne produit aucun effet qu'en altérant la meſure *(ſ)* & en changeant de *Ton.* Le moment de l'expreſſion demande un nouveau *Ton;* le grand art y dépend non ſeulement du ſentiment du Compoſiteur, mais encore du choix qu'il doit faire entre le côté des dièſes ou des bémols, relativement au plus ou moins de joie ou de triſteſſe qu'il s'agit d'exprimer; ſi bien que, entre les *Tons* relatifs à celui que l'on quitte, il doit ſe trouver, autant qu'il ſe peut, une analogie du plus ou moins de rapport avec le plus ou moins de joie ou de triſteſſe; ce qu'une heureuſe veine a quelquefois produit chez certains Muſiciens, mais bien rarement; au lieu qu'avec de grands talens, ſecondés des connoiſſances dont je crois être ici le premier diſpenſateur, on peut eſpérer qu'inſenſiblement la Muſique deviendra pour nous quelque choſe de plus que le ſimple amuſement des oreilles.

(ſ) Vouloir faire l'éloge de la Muſique italienne, en ce que la meſure y eſt toûjours obſervée, c'eſt lui refuſer l'expreſſion, qu'il ne faut pas confondre avec les images & imitations.

CHAPITRE XV.

Méthode pour accompagner sans chiffres.

JE suppose que qui veut accompagner sans chiffres, possède déjà parfaitement l'Accompagnement avec chiffres, aussi-bien que les règles de composition qui y répondent, & qu'il a sur-tout l'oreille consommée en harmonie; sinon ce seroit en vain qu'on croiroit pouvoir se passer de chiffres, même ayant une Partition sous les yeux, & sachant assez bien lire la Musique pour y distinguer à temps plusieurs parties. A moins que l'harmonie ne soit toûjours complète dans une Partition, l'on peut souvent se tromper sur des arbitraires, où régneront les harmoniques de différentes B. F. & dont la suite, qui doit faire connoître laquelle demande la préférence, pourra n'être pas assez tôt aperçûe. Il est bien vrai que sans une parfaite connoissance des règles, qu'avec une pratique & une oreille un peu formées, on peut accompagner sans chiffres des airs de Trompette, de Cor, de Musette, de Vielle, & même les *Dacapo* de la plûspart des Ariettes italiennes, vû que le tout ne roule ordinairement que sur les deux *Tons* de la tonique & de sa dominante, bien que dans les Ariettes il arrive quelquefois des passages dans les *Tons* de la sous-dominante & du relatif à la tierce mineure : mais seroit-on bien avancé, quand on ne se tromperoit dans aucun de ces rapports ?

Pour faciliter l'art dont il s'agit maintenant, je me vois dans la nécessité de rappeler une partie des principes fondamentaux, que je suppose être déjà présens à l'esprit.

C'est principalement sur la route qu'observe la B. C. que l'harmonie doit se régler : tantôt cette route est fondamentale, tantôt elle en est renversée, & c'est ce dernier point qui en fait toute la difficulté.

Commençons par nous mettre d'abord au fait de toutes les cadences, dont la B. C. suit le plus souvent la route fondamentale.

PREMIÈRE OBSERVATION.

Des Cadences en général, de leurs Renversemens, & de leurs Imitations.

Toute cadence parfaite descend de quinte ou monte de quarte; elle passe de la dominante à sa tonique; elle fournit dans ses imitations des enchaînemens de dominantes plus ou moins longs, dont généralement la fin est annoncée par un accord sensible, où l'oreille sent qu'on arrive au repos : quelquefois, à la faveur du *double emploi*, au lieu de passer de l'accord de *seconde* au *sensible* (g), on passe à celui de la tonique, où pour lors la cadence est irrégulière; & si l'on n'y aperçoit pas la fin de la phrase, soit par la tonique, soit par sa médiante, soit par sa dominante, qui porteront pour lors son même accord dans le *temps bon*, du moins l'oreille le sentira.

Cette cadence parfaite & ses imitations jouissent d'un plus grand nombre de renversemens dans la B. C. que toute autre; mais remarquons que son fondement consistant dans une marche par quintes en descendant, il suffira de voir descendre la B. C. soit diatoniquement, soit en syncopant, soit de tierce, soit de quinte, pour peu qu'il y ait encore d'imitations de chant dans cette marche, pour s'y assurer de celle de la cadence parfaite, ou imitée par un enchaînement de dominantes, en se souvenant encore que la sixte & la quarte en montant représentent la tierce & la quinte en descendant. Souvent, lorsque la dominante-tonique du seul *Ton majeur* descend de tierce, on peut imaginer qu'elle descend sur la médiante, & qu'en conséquence la cadence est parfaite: mais quelquefois il peut s'y former une cadence interrompue; ce qui se reconnoît d'abord, en ce que la médiante n'arrive pas dans le *temps bon*, qu'on sent le repos interrompu, & que cette médiante va tomber, dans le *temps bon*, de quarte ou de seconde; de quarte, pour former une cadence parfaite

(g) Souvenons-nous que les termes d'*ajoûté*, de *seconde* & de *sensible*, prononcent des accords relatifs à la tonique, qui doit toûjours être présente à l'esprit. *Voyez* la XVe Leçon, *pages 47 & 48.*

dans le *Ton mineur* relatif au *majeur* d'auparavant; ou de seconde, pour rompre cette dernière cadence parfaite, supposé qu'on y sente un repos possible. Dans ces sortes de cas, on sent une suspension de la quinte ou de la note sensible dans le chant des parties, qui annonce certainement l'interruption de la cadence. Souvent de pareilles interruptions, suivies de cadences parfaites ou imitées, se succèdent par imitation; le chant y forme aussi souvent des imitations de son côté, & généralement ces imitations marchent dans la B. C. jusqu'à la note sensible.

On doit reconnoître, dès ce début, combien le secours de l'oreille est nécessaire pour accompagner sans chiffres, puisqu'une même marche de la B. C. peut appartenir à différentes B. F. Si la dominante-tonique, en effet, descend de tierce, il n'y a que le sentiment d'une continuité de phrases dans le même *Ton* qui doive la faire traiter de médiante; car cette médiante peut fort bien ensuite monter de quarte sans changer de *Ton*: mais l'œil n'y devient pas moins nécessaire, en regardant quelques mesures en avant, pour voir où peut se terminer le repos, & s'il n'y a pas quelques dièses ou bémols qui fassent décider pour le *Ton* qui pourroit le disputer au *régnant* dans de pareilles marches.

Au défaut de Partition, il faut écouter les chants des autres parties dont on accompagne la B. C. pour juger, sur les repos annoncés ou retardés par des suspensions forcées, ou de goût dans le chant même, sur les imitations qui peuvent s'y former d'une mesure à l'autre, ou d'un certain nombre de ces mesures à un nombre pareil, pour juger, dis-je, quelle route cela peut regarder lorsque ces imitations se reprennent au dessus ou au dessous du premier chant imité.

Si ces imitations se prennent au dessous dans le chant, on en conclut de même que dans la B. C. dont la marche pourroit alors ne pas indiquer aussi précisément le fait; la suite de l'harmonie y tiendroit certainement toûjours de l'enchaînement des dominantes.

Si au contraire les imitations se prennent au dessus du premier chant imité, elles tiennent généralement à la cadence irrégulière, où la B. C. monte généralement de quinte, de même que la

B. F. bien qu'elle puisse y tenir aussi d'autres routes, mais toûjours soûmises à la même cadence; de sorte donc qu'on ne doit pas être moins attentif au chant de toutes les parties qu'à celui de la B. C. pour s'assurer de la qualité des cadences.

SECONDE OBSERVATION.

De l'Ordre diatonique.

L'ordre diatonique d'une B. C. a généralement deux repos; le premier sur la dominante, l'autre sur la tonique. Si le repos va chercher la dominante, dès-lors sa tierce doit être traitée comme sa médiante, & non comme note sensible, sinon le repos appartiendroit à la tonique: d'ailleurs dans une pareille marche tout n'est que cadence.

Dans cet ordre diatonique, l'accord de la sous-dominante est arbitraire: s'il doit être généralement la *seconde* en montant & le *sensible* en descendant, le contraire peut arriver au choix du Compositeur, & c'est à l'oreille d'en décider sur le chant des autres parties.

Cette sous-dominante peut encore recevoir l'*ajoûté* avant la *seconde*, & même le *sensible* ensuite; de sorte qu'elle est, en ce cas, susceptible de trois accords, qui se font reconnoître ordinairement quand elle débute dans le *temps mauvais* & continue dans le *temps bon* suivant. Quelquefois elle n'y doit porter que deux accords; quelquefois celui de la *seconde* doit être le dernier; ce qui se reconnoît par la note qui suit, en remarquant si cette note appartient à l'harmonie de la dominante ou à celle de la tonique, se trouvant assez ordinairement un repos peu après ces sortes de marches. Autant en peut arriver à la *sû-tonique*, dont l'accord ordinaire est le sensible, dès qu'elle n'en a qu'un. Les autres notes du même *Ton* ne peuvent avoir que deux accords; mais remarquez que le premier des deux accords, comme aussi des trois, n'est guère employé pour lors que comme suspension, quoiqu'il puisse tenir de la supposition: le deuxième accord, quand il y en a trois, peut encore être pratiqué sous cette idée; ce qui est d'une grande ressource pour les momens douteux: car si le premier

& le deuxième accords ne font pas de l'harmonie exigée par le chant des autres parties, ils ne produifent pour lors que l'effet d'un coulé, qui ne détruit point à l'oreille celui de l'harmonie préfente, pourvû que l'Accompagnateur fache couler promptement fes doigts dans l'ordre de leur méchanique *(h)*.

Les cadences rompues & leur imitation tiennent toûjours du diatonique; mais en ce cas il fuit généralement un repos qui les fait diftinguer pour ce qui en eft.

Une dominante qui defcend diatoniquement fur une autre, marque fimplement l'interception d'un accord dans l'ordre de la méchanique, où il ne s'agit que de faire fuccéder prompte-ment, aux deux premiers doigts qu'on fait defcendre, les deux qui complètent l'accord de cette autre dominante *(i)*.

Troisième Observation.

De l'entrelacement des Tons.

On eft fans doute au fait des dièfes, bémols & béquares, par lefquels les *Tons* font connus, dès qu'on veut entreprendre d'accompagner fans chiffres; finon l'entreprife feroit téméraire, à moins que la Mufique ne roule pour lors fur trois *Tons* à la quinte l'un de l'autre, dont l'un a un dièfe & l'autre un bémol de plus que le *régnant*.

Ce dernier fecours n'eft cependant pas fuffifant pour recon-noître un nouveau *Ton;* fouvent même le figne dont cela dépen-droit n'exifte point dans la B. C. mais en même-temps il eft rare que ce figne ne fe faffe entendre dans une autre partie. Suppofons cependant la nullité de ce figne; n'avons-nous pas des repos, au moins à la quatrième mefure? & la B. C. n'y fuit-elle pas le plus fouvent la route de la B. F? Cela ne fuffit pas encore; c'eft fouvent au chant des autres parties qu'il faut avoir recours, pour s'affurer, par leurs marches, du repos auquel elles tendent: une dominante peut defcendre de tierce ou refter fur le même degré

(h) XXI.ᵉ Leçon, *pages 57 & 58.*
(i) IX.ᵉ Moyen, *page 124;* & dernier à linéa de la XXIII.ᵉ Leçon, *page 61.*

pour terminer le repos, ou bien encore monter diatoniquement pour rompre la cadence. Ainsi, malgré toutes vos connoissances, sans le secours de l'oreille, vous risquerez souvent de vous tromper. N'y a-t-il pas d'ailleurs le *Ton majeur* & son *mineur* relatif à la tierce mineure au dessous, dont tout le diatonique est le même, tant que la dominante du *majeur*, ou la note sensible du *mineur*, ne paroît dans aucun chant? Il n'y a pour lors que le plus prochain repos qui puisse faire sortir de doute; encore est-il bon d'être toûjours attentif au chant des autres parties, pour peu que l'on craigne de se tromper.

Nous avons dans tout ceci une petite ressource, savoir, que, comme la dissonance n'est qu'une addition à l'accord parfait, excepté dans les suspensions, on peut, dans l'incertitude, ne donner que cet accord parfait à toute note dont on ignore l'harmonie complette; ressource dont plusieurs Accompagnateurs, qui passent néanmoins pour habiles, font un grand usage: mais pour lors la méchanique des doigts, soûmise à la plus parfaite succession de l'harmonie & de la mélodie, perd tous ses droits, & même le Chanteur à livre ouvert en souffre, en ce que le plus souvent certaines dissonances sont capables de lui faire sentir ce que ses yeux ne font qu'apercevoir à demi, en le laissant dans l'incertitude.

Les dièses accidentels du *Ton mineur* sont encore d'un grand secours pour faire reconnoître ce *Ton*, sur-tout à la suite d'un autre *Ton majeur* ou *mineur*. On sait que ces dièses sont toûjours à la seconde l'un de l'autre en montant, comme de *fa* à *sol*, ou de *si* à *ut*, où souvent le *si* n'a qu'un béquare, parce qu'il est bémol à côté de la clef; ce qui suppose cependant une Musique dont la clef est régulièrement armée: car il s'est trouvé, & il s'en trouve encore, des Compositeurs assez ignorans pour s'y tromper.

Dans les *Tons mineurs*, l'accord de la septième diminuée & le *sensible* ordinaire sont arbitraires; il faut toûjours écouter les autres parties, pour savoir à quoi s'en tenir. Il en est de même du chromatique & de l'enharmonique.

Si le chromatique ne règne point dans la B. C. il peut régner dans d'autres parties, sans que cette B. C. puisse en donner le moindre soupçon. Quant aux *Tons majeurs*, ce chromatique ne

peut

peut régner généralement qu'entre deux *Tons*, où la tonique du *majeur* monte fur fon dièse pour paſſer au *mineur* de ſa ſu-tonique, ou bien encore où ſa note ſenſible deſcend ſur fon bémol pour paſſer au *Ton* de ſa ſous-dominante: mais dans les *Tons mineurs* tout eſt preſque incertain; on croit ne voir que du diatonique, lorſque le chromatique s'y préſente. Jugeons par-là de quel ſecours doit être l'oreille en pareil cas *(k)*.

L'enharmonique a de bien plus grands inconvéniens encore. Si le haſard ne fait point naître une ſucceſſion immédiate de dièſes ou de bémols dans la B. C. qui dépayſent tellement, qu'on ne puiſſe juger par-là que l'enharmonique doit avoir lieu, il eſt bien rare qu'on ne s'y trompe; il n'y a guère que les moyens ſuivans qui puiſſent mettre l'Accompagnateur ſur la voie.

Dans tout enharmonique, le repos du nouveau *Ton* généralement *mineur*, que ce genre produit, ſuit immédiatement l'accord de ſeptième diminuée qu'on tient déjà ſous les doigts, où ſe trouve néceſſairement la note ſenſible de la nouvelle tonique. Il eſt donc à ſuppoſer d'abord qu'on tient un accord de ſeptième diminuée ſous les doigts, relativement à une note ſenſible connue; ſi bien que toute la difficulté ne conſiſte plus qu'à pouvoir ſe repréſenter laquelle des quatre notes ou touches qu'on a déjà ſous les doigts, devient note ſenſible du nouveau *Ton* qu'amène l'enharmonique: mais elle eſt aſſez grande cette difficulté, parce que la nouvelle note ſenſible ne peut guère ſe deviner par la marche de la B. C. où la note qu'on pourra croire telle, ne ſera peut-être que ſa tierce mineure, au lieu de ſa ſeconde ſuperflue, ainſi des autres, & où d'ailleurs cette B. C. marchera diatoniquement ſans certitude des intervalles qu'elle forme dans le nouveau *Ton*. De quelles précautions le jugement & l'oreille ne doivent-ils donc pas ſe munir en pareil cas! ſouvent le plus habile eſt forcé d'attendre, & de ne faire réſonner l'harmonie qu'après coup. Au reſte, ce genre de Muſique eſt très-rare, & l'on ne doit s'en occuper que lorſqu'on ſe croit en poſſeſſion de tout le reſte.

C'eſt à l'Accompagnateur de conſulter la B. C. de différentes

Z.

Musiques, pour y reconnoître les cas douteux sur lesquels son
oreille & ses yeux doivent le prévenir, en examinant quelques
mesures en avant, & pour profiter en même temps des règles
données sur ce sujet. Quant aux routes ordinaires, la méchanique
des doigts y conduit, sans qu'on soit obligé d'y penser, pourvû
qu'on sache y distinguer la cadence irrégulière de la parfaite, dont
les interruptions se font aisément connoître & sentir.

CHAPITRE XVI.

Méthode pour le Prélude.

V, page 33.

OUTRE les méthodes précédentes, on suppose, à quiconque
veut s'adonner au prélude, une pratique déjà perfectionnée sur
l'instrument qu'il choisit à cet effet; c'est le seul moyen de pouvoir
profiter en peu de temps du fruit de ces méthodes.

Ici l'oreille n'est pas d'un moindre secours que dans toute autre
partie de la Musique: on doit s'y sentir capable d'imaginer un
chant, & de pouvoir y joindre des fleurs, c'est-à-dire passages,
traits, roulemens, batteries, &c. qui suppléent souvent au défaut
du chant, par le plaisir qu'y procure la belle exécution.

Cependant on peut, pour se donner la seule satisfaction d'une
harmonie bien modulée, s'en tenir d'abord à l'accompagnement
d'une Basse sur le Clavecin ou sur l'Orgue; Basse dont on sera
maître de choisir les routes, à la faveur des observations suivantes.
Au reste, chacun doit chercher de soi-même, sous ses doigts, les
exemples de tout ce que j'annonce, & dont les principes sont
exactement & suffisamment expliqués. Une pratique conduite
par le jugement peut procurer, dans l'espace d'un ou deux mois,
ce qui a dû coûter des dix & des vingt années à ceux qui,
jusqu'à présent, ont toûjours nagé dans l'incertitude, & n'ont
encore pû se perfectionner qu'à force de tâtonnemens.

Sachant que toutes les notes d'un accord peuvent se porter,
on est donc maître de passer dans la Basse par toutes les notes

d'un même accord pendant qu'on les tient sous la main droite, d'en former des batteries, & d'y rouler de l'une de ces notes à telle autre de ce même accord que l'on veut. On peut également pratiquer les mêmes passages de la main droite, pendant que la gauche touchera tout l'accord, ou une partie, même la seule octave de la plus basse note.

Il n'y a que trois accords principaux dans un *Ton* sur lesquels on puisse alonger une phrase, savoir, celui de la tonique, son *sensible* & la *seconde* (1), plus long-temps sur le premier que sur les deux autres: ceux-ci ne font qu'annoncer des repos, au lieu que la tonique les termine après avoir commencé la phrase. On n'admet ordinairement ces sortes d'alongemens de phrase sur un même accord, que pour les parsemer de ces fleurs dont je viens de parler: remarquons seulement que l'annonce d'une cadence irrégulière en est moins susceptible. Souvenons-nous encore, en ce cas, du double emploi, où cette annonce peut former l'accord de septième sur la su-tonique, pour commencer un enchaînement de dominantes moins susceptible encore de fleurs. Il en est de même de l'*ajoûté*.

Les notes communes à des accords différens, peuvent également les porter; ainsi la tonique commune à son accord parfait, à son *ajoûté* & à la *seconde*, peut par conséquent les porter de suite. Le même privilége tombe en conséquence à toutes les sept notes diatoniques d'une octave, excepté la note sensible qui porte le seul *sensible*. Qui plus est, toutes les notes d'un même accord pouvant lui servir de Basse, comme je viens de l'annoncer, non seulement elles peuvent se succéder sous ce même accord, mais encore se substituer l'une à l'autre quand on le veut.

Remarquons bien en tout ceci qu'il n'y a qu'un très-petit nombre d'accords dont la suite est décidée dans chaque *Ton*. savoir, le parfait de la tonique, son *ajoûté*, la *seconde*, son *sensible*. puis son parfait, étant libre d'y retrancher le *sensible*, pour passer de la *seconde* au parfait, pourvû qu'on ne donne point à cette *seconde* la su-tonique pour Basse; car cette su-tonique est la B. F.

_____

(1) Souvenons-nous, ici comme ailleurs, que ces mots, *ajoûté*, *seconde* & *sensible*, toûjours en italiques, sont des accords relatifs à la tonique.

qui exige le *sensible* après elle. Il y a de plus la *tierce-quarte* de la tonique, dont se forme l'accord de septième d'une sous-dominante, seulement adopté pour commencer le plus long enchaînement de dominantes *(m)*. Voilà tout, à la réserve des suspensions, qui ne doivent qu'au goût leur introduction dans l'harmonie: les nouveautés que le chromatique & l'enharmonique peuvent y amener, tiennent tout de l'accord sensible qui varie, comme on doit le savoir, dans les *Tons mineurs* seulement, d'où ces deux derniers genres tirent leur source.

Si ces accords se multiplient beaucoup par leur renversement & par la supposition, cela doit peu importer; ce n'est jamais l'accord ni sa succession légitime qui changent, c'est la Basse seulement, puisqu'on est toûjours maître d'employer pour Basse, de quelqu'accord que ce soit, celle qu'on veut des notes qui le composent, sinon la tierce ou la quinte au dessous d'une dominante pour toutes les suppositions possibles. Or, qu'est-ce qui, avec un peu de réflexion, ne saura pas varier sa Basse sous une si petite suite d'accords, toûjours la même dans tous les *Tons!* & qu'est-ce qui ne saura pas y faire un choix dont se forment des chants agréables, à proportion des talens dont il sera doué?

On n'ignore pas que les notes voisines de la tonique, comme *si* & *ré* dans le *Ton* de *ut*, aussi-bien que sa dominante, ont le *sensible* en partage, & que les autres notes de ce *Ton*, savoir la sous-dominante & la su-dominante, ont la *seconde*; reste la médiante, qui reçoit l'accord de sa *tonique*. On n'ignore pas non plus qu'avec les deux premiers accords, le *sensible* & la *seconde*, s'annoncent les deux cadences principales, la parfaite & l'irré-gulière, qui se terminent toûjours sur le parfait de la tonique, à laquelle sa médiante ou sa dominante peut être substituée dans la Basse: on est maître cependant d'éviter la cadence irrégulière, en donnant à la *seconde* sa succession la plus commune, selon la méchanique des doigts, qui est d'être suivie du *sensible*: puis se rappelant la communauté des notes dans un même accord, aussi-

(m) Ici tous les accords sont dénommés dans l'ordre de leur succession la plus légitime, que présente la méchanique des doigts d'une manière trop simple pour qu'on puisse s'y méprendre.

bien que la fuppofition, même la fufpenfion, l'on verra que la fu-tonique peut porter la *feconde* avant le *fenfible*, même l'*ajoûté* avant cette *feconde*, à la faveur de la fuppofition; qu'il en eft de même de la fous-dominante, & que la fu-dominante ne peut recevoir que l'*ajoûté* dont elle eft la B. F. & enfuite la *feconde*, le tout après l'accord de la tonique. On verra, par les mêmes raifons, la tonique fufceptible de tous ces accords dans leur fuite régulière, & la médiante pouvoir l'imiter dans la fufpenfion du *fenfible* avant fon accord de fixte. Si l'on fe rappelle enfuite la fufpenfion, rien n'empêchera d'en profiter fur toutes les dominantes-toniques, auffi-bien que fur les toniques; toniques dont les fufpenfions peuvent tomber, par renverfement, à leurs médiantes & dominantes (n).

Après s'être occupé pendant quelque temps à la recherche de ces mêmes fuites d'accords dans le feul *Ton majeur de ut*, tantôt avec une certaine note de Baffe qui puiffe porter deux ou trois accords de fuite, tantôt en fubflituant une autre note dans la Baffe à celle qu'on y tient déjà, foit fous le même accord, foit pour le deuxième, foit pour le troifième, bien-tôt on fera en état d'en former un chant, d'autant plus qu'on trouvera toûjours, dans un ordre diatonique de la Baffe, une note fufceptible de l'un des accords décidés par la fucceffion donnée, pourvû qu'on y obferve la marche qui convient aux diffonances, favoir, de monter diatoniquement après la note fenfible & la fixte ajoûtée, & de defcendre de même après la fous-dominante portant le *fenfible*. Cependant, comme dans ce dernier cas de la diffonance c'eft toûjours l'accord de la tonique qui doit fuivre, non feulement on peut y préférer, dans la Baffe, une des notes de ce même accord à celle qu'exige la diffonance, le *fenfible* peut encore y fervir de fufpenfion, en tout ou en partie, c'eft-à-dire, comme fimple quarte ou neuvième, non feulement fur la tonique, mais encore fur fa médiante ou fur fa dominante, la repréfentant pour lors.

Joignons à tout cela l'enchaînement des dominantes, dont les renverfemens offrent quantité de variétés dans le chant de quelque partie que ce foit, & dont on fe forme d'abord des exemples dans la B. C. pendant qu'on en remplit l'harmonie de la main droite. En examinant l'harmonie de deux accords qui fe fuccèdent, on voit & l'on fent quelles notes on peut y choifir pour les faire fuccéder entr'elles, foit par fecondes, par tierces, par quintes, par fixtes, foit en fyncopant: non feulement l'agrément du chant doit d'abord dicter ce choix, mais encore fon analogie avec l'expreffion ou la fimple imitation, fi le cas le requiert; puis il faut faire en forte que dans toutes les fyncopes, dont l'exemple fe trouve dans la méchanique même des doigts, l'accord de feconde tombe toûjours en frappant fur la note qui fyncope, cette note recevant pour lors auparavant une fixte, foit majeure, foit mineure, felon que l'exige le *Ton régnant*, ajoûtée à fon accord parfait, ou cenfé tel; & fur cette règle on établit la fucceffion des accords renverfés que peut fournir une B. C. tournée à la fantaifie pour l'emploi arbitraire des notes de ces mêmes accords, c'eft-à-dire que la *feconde*, qui s'eft trouvée en frappant fur la note fyncopée, doit être la même qui faffe, en frappant la feptième, la tierce dans un accord de tierce-quarte, ou la quinte dans un accord de fixte-quinte, felon les notes choifies pour former de nouveaux chants dans cette B. C.

Donner un exemple de chofes auffi-bien expliquées, à ce que je crois, fur-tout après la connoiffance de tout ce qui a précédé, & que je dois fuppofer à quiconque veut entreprendre de préluder, ne feroit-ce pas faire injure à fon jugement & à fes talens?

La cadence rompue fe pratique, autant qu'on le veut, dans chaque *Ton*, foit pour alonger une phrafe qu'on ne voudroit pas encore finir, foit pour éviter la monotonie de la parfaite qui termineroit mieux le fens harmonique un moment après, foit pour faire une dominante de la note où fe termine cette cadence rompue, non feulement pour alonger la phrafe dans le même *Ton*, mais encore pour paffer dans un autre *Ton*.

La cadence interrompue ne fe pratique, comme on doit le favoir, qu'en paffant de la dominante-tonique d'un *Ton majeur* à celle de fon *mineur* relatif; mais elle peut s'imiter avec des dominantes simples, soit l'une, soit l'autre, soit toutes les deux. On trouve au 1.er & au 6.e K, des exemples bien circonstanciés de cette sorte d'imitation, *pages 12, 13, 14 & 15.*

La cadence irrégulière n'est qu'une; mais si la sous-dominante qui l'annonce doit passer à la tonique, elle peut également passer diatoniquement par renversement à la médiante ou à la dominante représentant leur tonique, c'est-à-dire, portant son accord parfait.

Toutes ces cadences se renversent, aussi-bien que la parfaite, par une marche arbitraire de la B. C. marche établie sur le choix des notes de leurs accords fondamentaux pour les faire succéder entr'elles; mais quelque arbitraire que soit ce choix, le diatonique doit y être préféré, non que certaines consonances n'y puissent convenir : c'est principalement l'affaire du bon goût, en évitant la monotonie dans des marches trop semblables, de même que dans celles de l'harmonie, à moins qu'on n'y veuille introduire exprès des imitations. Dans la cadence irrégulière, par exemple, comme la septième sur la su-tonique & la sixte ajoûtée à la sous-dominante forment un même accord, sur lequel se fonde le double emploi, il faut éviter cette su-tonique dans la B. C. lorsqu'il s'y agit d'une pareille cadence, excepté dans deux cas; le premier, lorsque se trouvant en ordre diatonique entre deux notes portant l'accord parfait de la tonique, on peut l'employer pour le simple goût du chant de cette B. C. & le deuxième, lorsque après elle suit la dominante-tonique portant ce même accord de la tonique, comme pour suspendre le *sensible*, qui devoit naturellement suivre l'accord de la su-tonique dans l'enchaînement des dominantes; *sensible* qui ne manque pas d'arriver ensuite, comme cela se devoit d'abord après la *seconde*.

Après s'être exercé sur toutes les routes précédentes, de manière qu'elles soient un peu familières sous les doigts, tant avec leur B. F. qu'avec tous les renversemens que peut y souffrir la B. C. où il ne s'agit, je le répète, que des différentes marches de cette B. C. formées des notes comprises dans chaque accord produit par la B. F. on peut aisément se familiariser avec le chromatique, en faveur duquel je suppose déjà l'oreille prévenue, ne s'agissant plus que de s'en procurer la pratique sur les

Exemples Q pour l'Accompagnement, *pages* 6 & 7; & L pour la Composition, *page* 16.

Quant à l'enharmonique, il faut n'avoir plus rien à desirer en harmonie dans le Prélude, pour s'accoûtumer à y choisir les changemens possibles de notes sensibles dans un accord de septième diminuée, autrement dit de *petites tierces*, d'où suive le moins de dureté qu'il est possible entre les deux *Tons* qui s'y succèdent, à moins qu'on ne le fasse exprès pour se prêter à l'expression, comme dans le dernier trio des Parques de l'Opéra d'Hippolyte & Aricie, où le diatonique enharmonique est employé pour inspirer l'épouvante & l'horreur.

Pour diminuer la dureté du simple enharmonique, il est bon de répéter deux ou trois fois au plus, dans le *Ton* d'où l'on veut sortir, le même tour de chant sur lequel ce genre se fera sentir, à peu près comme aux lettres *a b, a c, a d* de l'Exemple *U*, *page* 33 : il semble là que l'ennui de la répétition de *a b* soit soulagé par l'enharmonique *a c d*, malgré sa dureté. Le bon goût, qui ne fera sans doute qu'augmenter, pourra dans la suite procurer des transitions plus heureuses ; mais prenons-y bien garde, quelques Musiciens s'éloignent souvent de ce bon goût par leurs recherches alambiquées. Par exemple, le changement de *f* en *g* doit paroître dur ; aussi n'est-il là que pour faire remarquer comment la tonique *h*, annoncée par sa note sensible *g*, peut être sur le champ rendue dominante-tonique, en suspendant son accord par $\frac{4}{4}$ ou $\frac{6}{4}$; accord qui devient pour lors le *sensible* d'un *Ton majeur* ou *mineur* à volonté (*o*), & après lequel il est libre de rompre la cadence parfaite qu'il annonce, *h, i, k*. Cette même cadence, également rompue à *l*, l'est pour lors dans une partie supérieure par renversement, selon la B. F. pendant que la B. C. la termine en parfaite, mais où la tonique néanmoins reçoit l'accord de sixte, renversé du parfait de sa B. F. (*p*).

Si, à commencer avant *l*, la B. F. monte diatoniquement jusqu'à la quatrième note *n*, ayant pû pousser jusqu'à une cinquième, en y rompant la cadence, comme on le voit à *m, n, o*,

(*o*) VIII.ᵉ Moyen, *page* 123.
(*p*) Cet Exemple se trouve annoncé dans le Chapitre XI, *page* 138.

dont

dont *m* & *n* donnent aux deux endroits la même B. F. tout y fuit rigoureusement les règles: cadence rompue fur la tonique *l*, qui peut monter diatoniquement fur une dominante *m*, laquelle, en montant de même fur une autre, imite cette cadence rompue de *m* à *n*; puis celle-ci *n*, comme dominante-tonique, rompt effectivement la cadence de *n* à *o*, pouvant rendre cette note *o* encore dominante, comme on le voit de *o* à *p*.

Les Organiftes & Claveciniftes, qui ne veulent rien ignorer de leur Art, doivent, pour fe former le goût & le génie, & pour fe procurer l'exécution de toutes fortes de traits, exécuter ce qu'il y a de plus parfait dans tous les genres de Mufique, foit pièces d'Orgue, foit pièces de Clavecin, foit fymphonies d'Opéra, même en accompagnemens d'Ariettes, foit fonates; non feulement les doigts y contractent les habitudes néceffaires, mais l'oreille s'en nourrit au point qu'il s'en forme une efpèce de *po-pourri* dans l'imagination, qui nous rend à la fin Auteurs de nouveautés, quoique la plufpart des traits puiffent être tirés de tels ou tels Ouvrages.

C'eft à la belle modulation fur-tout qu'il faut s'attacher: fouvent les plus beaux traits perdent toute leur force chez le Compilateur qui la néglige, cette modulation.

L'oreille une fois remplie d'une infinité de routes, & les doigts accoûtumés à les exécuter, l'imagination fecondée d'un bon goût n'en fuggère pas pluflôt quelques-unes, que ces doigts les exécutent dans l'inftant: penfer & agir ne font qu'un pour lors. C'eft ainfi que fe font formés les plus grands Organiftes, ou Joueurs de quelques autres Inftrumens, comme Théorbe, Lut, Archilut, Viole, Violon, &c.

Fin du Code.

NOUVELLES
RÉFLEXIONS
SUR LE
PRINCIPE SONORE.

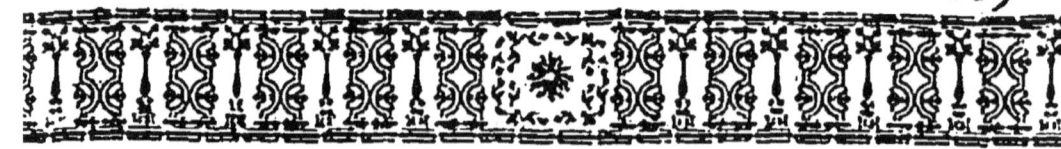

NOUVELLES RÉFLEXIONS
SUR LE
PRINCIPE SONORE.

INTRODUCTION.

LE principe de tout eſt un; c'eſt une vérité dont tous les hommes qui ont fait uſage de la penſée ont eu le ſentiment, & dont perſonne n'a eu la connoiſſance. Convaincus de la néceſſité de ce principe univerſel, les premiers Philoſophes le cherchèrent dans la Muſique: Pythagore, d'après les Égyptiens, appliqua les loix de l'Harmonie au mouvement des planètes; Platon la fit préſider à la compoſition de l'ame; Ariſtote, ſon diſciple, après avoir dit que la Muſique eſt une choſe céleſte & divine, ajoûte qu'on y trouve la raiſon du ſyſtème du Monde *(a)*. En effet, frappés de l'accord merveilleux qui réſulte de l'aſſemblage des parties qui compoſent l'Univers, ces hommes contemplateurs dûrent néceſſairement en chercher la raiſon dans la Muſique, comme dans la ſeule choſe où vivent les proportions;

(a) Il m'eſt tombé depuis quelques jours une traduction de tout ce qu'a pû ramaſſer ſur la Muſique chinoiſe le R. P. Amiot, de la Compagnie de Jéſus, Miſſionnaire à Pékin, depuis environ ſeize ans. L'Auteur dont il tire la plus grande partie de ſes lumières, vivoit, à ce qu'il dit, 2277 ans avant J. C. & cet Auteur, qui ne donne que ce qu'il a pû ramaſſer des débris des Recueils de ſon père, échappés d'un incendie, cite d'abord, conjoin-tement avec d'autres, la progreſſion triple juſqu'à ſon 13.ᵉ terme, pour la ſource des ſyſtèmes de Muſique chinoiſe, & enſuite ces ſyſtèmes, que je rapportérai bien-tôt; puis, après avoir raconté des effets merveilleux de cette Muſique, il donne une énumération des comparaiſons qu'on en a faites avec tout ce qu'on peut imaginer dans la Nature. Cette Traduction ſe trouve adreſſée, en 1754, à M. de Bougainville, de l'Académie des Belles-Lettres.

A a iij

car dans les objets de tout autre sens que celui de l'ouïe, elles n'en font, à proprement parler, que l'image : le mouvement, l'action, la vie des rapports & des analogies n'appartiennent qu'aux types acoustiques. Mais malheureusement le système qu'adoptèrent ces grands hommes, loin de les rapprocher de l'objet de leurs recherches, ne fit que les en éloigner davantage : j'ose assurer même que le phénomène du corps sonore leur fut absolument inconnu. Ce principe est si simple, si lumineux, l'analyse en est si naturelle, si facile, les produits en sont si étendus, si féconds, que de quelque obscurité que le temps ait pû couvrir cette partie des connoissances des Anciens, & quelque considérable que puisse être la perte de leurs Ouvrages sur la Musique, il nous seroit infailliblement resté quelques vestiges de cette découverte dans le petit nombre de leurs Écrits qui nous sont parvenus : on ne voit pas même que les proportions y soient appelées, quoique la progression triple soit l'unique fond sur lequel soit établi le système de Pythagore (b) ; observation que ses Sectateurs n'ont jamais faite, & à laquelle ils ont été si éloignés de penser, que pour développer le système de leur maître ils lui ont prêté une fable, d'où suit l'erreur la plus grossière. En effet, si, comme ils le disent, Pythagore est parti de l'octave divisée par la quinte & la quarte, comment a-t-il divisé tout de suite la tierce majeure en deux Tons égaux, lorsque son modèle lui dictoit le contraire, lorsqu'il est démontré d'ailleurs qu'aucun intervalle harmonique ne peut se diviser en deux égaux ? On sent de reste, que ce Philosophe ayant trouvé une suite de quintes dans une progression triple, où le Ton majeur, qui fait la différence de la quinte avec la quarte, se présente de deux en deux quintes, se laissa tellement éblouir par cette découverte, que malgré le soûlevement de l'oreille, il crut devoir s'en tenir à un système où les rapports de tous les intervalles propres à la Musique se rencontrent jusqu'au *Comma*, dont on n'a point encore pénétré la nature ni l'origine, & qu'on s'est toûjours contenté d'appeler *Comma de Pythagore*, sans autre explication? Ce qu'il y a de singulier, &

(b) Il en est de même du système chinois, quoique dans un ordre diamétralement opposé.

même d'inconcevable, c'est qu'un système dont les rapports rendent faux tous ces intervalles, tierces, sixtes & demi-Tons, outre l'imperfection qu'il renferme, puisque le Ton mineur en est exclu, qu'un système enfin où conséquemment l'oreille n'a jamais été consultée, ait été adopté par Pythagore, par les Grecs, par les Latins, & qu'il ait subsisté jusqu'à Guy d'Arezzo, qui l'a embrassé lui-même *(c)*. Écoutons Zarlino: *Le système égal*, dit-il, *dont les rapports suivent cet ordre,* $\left\{\begin{matrix} ré & mi & fa & sol \\ 9 & 10 & 11 & 12 \end{matrix}\right\}$ *fut le plus usité chez les Anciens; & même jusqu'à ces derniers temps,* continue-t-il, *ce système étoit encore regardé comme le seul naturel aux Instrumens, même à la voix (d).*

Qu'est devenu alors le sentiment de l'ouïe? l'oreille a-t-elle jamais pû s'accommoder de faux rapports? non sans doute; & si les effets merveilleux que les Grecs racontent de leur Musique, ont jamais eu lieu, il faut non seulement supposer des Auditeurs d'une extrême sensibilité, mais des Artistes beaucoup plus attentifs à la voix du sentiment qu'aux règles que leur avoient présentées les Philosophes *(e)*.

Les Chinois, ainsi que Pythagore, tirent leurs systèmes de la seule progression triple; ils veulent qu'il n'y ait que cinq Tons dans leur *Lu,* qui signifie apparemment système, échelle, gamme ou mode. L'un d'entr'eux le donne dans cet ordre, $\left\{\begin{matrix} sol & la & f \\ 3 & 27 & 243 \end{matrix}\right.$

$\left.\begin{matrix} ut\ dièse & ré\ dièse & mi\ dièse \\ 2187 & 19683 & 177147 \end{matrix}\right\}$ *(f)*; ordre des plus vicieux qu'on puisse

---

(c) II.e Partie des Institutions harmoniques de Zarlino, *chap. XVI.* J'expliquerai dans un moment pourquoi la progression triple ne peut donner que les justes rapports de la quinte, de la quarte & du Ton majeur.

(d) *Ibidem.* Étant à remarquer que les rapports de 9, de 10 & de 12 à 11 sont tous faux, comme on peut l'éprouver sur les Trompettes ou Cors de chasse.

(e) Certains effets sur notre théâtre lyrique ont porté jusqu'à l'enthousiasme quelques ames grecques qui subsistent encore pour la Musique, pendant qu'ils n'ont fait qu'une légère impression sur la multitude. Il y a différence entre entendre & écouter, comme l'a fort bien dit depuis peu un de nos Philosophes.

(f) Ces cinq Tons de suite donnent par-tout de faux intervalles, excepté le Ton majeur. *Voyez* les progressions du nouveau système de Musique théorique, *page 24:* tous les termes de la progression triple s'y trouvent dans l'ordre des *Lus* chinois.

imaginer. Mais un autre Auteur le donne dans celui-ci, où manquent feulement deux notes pour s'accorder avec notre gamme, aux rapports près des tierces, qui s'y trouvent faux par les deux Tons majeurs de fuite, $\left\{\begin{array}{ccccc}\text{fol diéfe} & \text{la diéfe} & \text{ut diéfe} & \text{ré diéfe} & \text{mi diéfe} \\ 6561 & 59049 & 2187 & 13683 & 177147\end{array}\right\}$ (g).

Cet ordre répond à celui de *fol la ut ré mi*, auquel l'octave de *fol* s'ajoûte pour recommencer un autre *Lu*, comme cela se trouve dans une Orgue de Barbarie, apportée du Cap de Bonne-efpérance par M. Dupleix, dont il a eu la bonté de me faire préfent, & fur laquelle peuvent s'exécuter tous les airs chinois copiés en Mufique dans le III.e Tome du R. P. du Halde, & dans la *page 380* du XXII.e tome *in-12* de l'Hiftoire des voyages, par M. l'Abbé Prevôt; ce qui prouve affez que ce dernier *Lu* règne depuis long temps dans la Chine.

Quant à la raifon pourquoi la progreffion triple ne peut pas donner les juftes rapports de tous les intervalles, c'eft que fi le corps fonore fait réfonner fa 12.e dite quinte, dans fon tiers, il ne fait réfonner fa 17.e dite tierce, que dans fon cinquième. Or, aucun terme d'une progreffion ne pouvant être égal ni double de celui d'une autre, comme font ici la triple & la quintuple, il eft démontré par-là que fi le jufte rapport des tierces doit naître d'une progreffion quintuple, il ne peut être que faux dans la triple. De cette fauffeté fuit néceffairement la fauffeté des fixtes qui font renverfées des tierces, ainfi que celle des Tons, demi-Tons & Comma qui compofent ces confonances.

On ne croira jamais qu'on ait donné à la Mufique toutes les grandes prérogatives dont les Grecs & les Chinois l'enrichiffent, fans en avoir auparavant goûté les charmes; mais encore une fois comment ont-ils pû les goûter ces charmes, avec tant de faux rapports pour des confonances & pour les degrés naturels qui fervent à paffer de l'un des termes de ces confonances à l'autre? On fait bien que le compas ne commande point à l'oreille comme il commande à l'œil; c'eft l'oreille au contraire qui ordonne de placer les jambes du compas à telles fections d'une corde, jufqu'à ce qu'elle entende la parfaite juftefle de la confonance, donnée

____

(g) Il n'y a plus ici cinq Tons, mais bien cinq fons.

par la feule réfonnance du corps fonore. Il faut donc, en ce cas, que la Mufique ait été entendue dans une certaine perfection; du moins avant que de s'être engagé à chercher les rapports des fons qui la compofent, & qu'apparemment on ne fe foit jamais avifé de l'éprouver dans l'ordre des faux rapports dont tous les fyftèmes anciens font compofés.

DÉVELOPPEMENT

DES NOUVELLES RÉFLEXIONS.

ON fait que le corps fonore, mis en mouvement, fe divife en une infinité de parties, qu'on appelle *aliquotes* ou *fous-multiples*; qu'il les fait frémir, même réfonner, & que de toutes ces parties il n'y en a cependant que deux, favoir, fon tiers, $\frac{1}{3}$, & fon cinquième, $\frac{1}{5}$ (h), dont le fon fe diftingue. On fait encore qu'il fait frémir, & même divifer en fes uniffons, les corps plus grands que le fien, accordés à l'inverfe de fes *aliquotes*, & qu'on appelle *aliquantes* ou *multiples* (i).

De l'affemblage de ces feules notions réfultent naturellement les réflexions fuivantes, & que je fuis étonné de n'avoir pas faites depuis long temps; mais il femble qu'il en foit des grandes vérités comme du foleil, que fa trop grande lumière empêche de fixer. D'ailleurs, devois-je prévoir qu'une proportion fourde, muette, infenfible à l'oreille, & méconnue jufqu'à préfent dans la réfonnance du corps fonore, pût devenir l'ame & le principe même du principe fonore, ainfi que de toutes fes dépendances?

Pourquoi ne diftingue-t-on que la 12.e double quinte, & la

(h) Pour éprouver l'effet du corps fonore, il faut s'en tenir à des touches de l'Orgue, où réfone un feul tuyau de bourdon ou de chromorne un peu grave, parce que le vent y eft toûjours égal; finon, à des cloches, dont les coups de battant font toûjours égaux. Il faut, de plus, fous-entendre en foi-même la 12.e & la 17.e du fon qu'on entend, & fur-tout la 12.e la première; car fi une fois la 17.e frappe l'oreille la première, on y diftinguera difficile-ment enfuite la 12.e. Plus les confonances font parfaites, plus elles s'uniffent à leur principe : ne fous-entendre que leurs octaves, on rifque de ne rien diftinguer; à plus forte raifon fi l'on fous-entend d'autres confonances.

(i) Ici fe découvre l'origine des nombres dans le premier ordre où l'on a pû les imaginer; les aliquotes les préfentent comme divifeurs de l'unité, & les aliquantes comme s'ajoûtant à elle-même.

Bb

17.ᵉ triple tierce majeure, que font entendre le $\frac{1}{3}$ & le $\frac{1}{5}$ du corps sonore mis en mouvement, lorsqu'on n'y distingue point ses octaves dans son $\frac{1}{2}$ ni dans son $\frac{1}{4}$, dont cependant les parties, plus grandes que celles de ce $\frac{1}{3}$ & de ce $\frac{1}{5}$, devroient, à plus forte raison, se faire entendre? Le tour que prend ici la Nature, pour nous empêcher d'y confondre les deux proportions qui s'ensuivent, ne peut trop nous surprendre: elle entrelace d'abord leurs termes, $\frac{1}{2}$, $\frac{1}{3}$, $\frac{1}{4}$, $\frac{1}{5}$, puis elle assourdit, pour ainsi dire, ceux qui, selon ses premières loix, devroient le plus fortement résonner, savoir, le $\frac{1}{2}$ & le $\frac{1}{4}$, pendant qu'elle prononce distincte-ment les sons du $\frac{1}{3}$ & du $\frac{1}{5}$, qui devroient être les moins sen-sibles: elle cache précisément à l'oreille ce qui doit être la base de tout l'édifice, pour ne lui présenter que ce qui doit en faire le charme, l'ornement & la vie, si toutefois ces termes sont assez forts pour désigner les parties substantielles, & même constitu-tives, du son. C'est ainsi que dans le spectacle qu'elle nous donne des plantes & des arbres, elle n'offre à nos yeux que des troncs, des tiges, des branches, des rameaux, des feuilles, des fleurs & des fruits, pendant qu'elle tient les racines cachées dans les entrailles de la terre. Mais le mystère qu'elle fait à l'oreille, elle le révèle à l'œil & au tact, par le frémissement de ces mêmes parties, $\frac{1}{2}$, $\frac{1}{3}$, $\frac{1}{4}$, $\frac{1}{5}$, lorsqu'on en fait l'épreuve sur des cordes d'un même Instrument, accordées à leurs unissons, pendant qu'on fait résonner celle à laquelle on les compare.

Les deux proportions dont il s'agit, sont l'harmonique, for-mée de 1, $\frac{1}{3}$, $\frac{1}{5}$, & la géométrique, formée de 1, $\frac{1}{2}$, $\frac{1}{4}$, qu'on n'avoit point encore soupçonnée dans le corps sonore, apparem-ment à cause des octaves qui en sont le produit, & dont on a pris l'identité pour un vrai silence. Il est cependant d'expérience qu'elles résonnent, mais elles se confondent tellement avec leur générateur, qu'elles ne sont plus qu'un avec lui, & deviennent, en conséquence, le principe même: aussi ne devons-nous pas être surpris qu'une pareille proportion soit l'arbitre de toutes les opérations harmoniques.

Si nous envisageons à présent ces deux proportions à la fois, nous verrons qu'il est impossible d'en trouver ailleurs d'aussi intimes ni d'un enſemble auſſi parfait, puiſqu'elles s'uniſſent tellement entr'elles & à leur principe, que ce principe y paroît unique; avec cette différence cependant, que l'harmonique s'y diſtingue lorſqu'on y prête une grande attention, & que dans la géométrique tout eſt confondu dans un ſeul ſon, ſans qu'on puiſſe y diſtinguer rien de plus; en quoi elle ſe trouve déjà bien ſupérieure à l'harmonique: à cet avantage, elle ajoûte encore celui d'être non ſeulement engendrée la première, mais de reſter inaltérable, de n'être ſuſceptible d'aucune modification qui la dénature, d'être en un mot toûjours la même dans les *multiples*, 1, 2, 4, comme dans les ſous-multiples, 1, $\frac{1}{2}$, $\frac{1}{4}$; au lieu que l'harmonique, formée des ſous-multiples, 1, $\frac{1}{3}$, $\frac{1}{5}$, ſe dénature totalement dans les multiples 1, 3, 5; car elle ſe renverſe pour lors en proportion arithmétique, d'où réſulte le changement & de ſa combinaiſon & de ſon genre, comme nous allons bien-tôt l'expoſer. Voilà donc toutes les proportions données par le générateur harmonique dans des bornes fixées par ſon $\frac{1}{5}$, au delà duquel aucun ſon ne ſe diſtingue, & prononcées de manière à ne pouvoir imaginer qu'elles puiſſent jamais naître de même d'aucun objet du reſſort de tout autre ſens que de celui de l'ouïe. Ne pourroit-on pas conclurre de-là, que s'il eſt un principe univerſel & général, il ne peut ſe découvrir ſenſiblement que dans la Muſique?

Mais revenons au phénomène ſonore; examinons-en bien la nature & les procédés, nous verrons que le principe ſe tranſportant dans ſon premier produit ($\frac{1}{2}$), lui cède pour lors tous ſes droits, en s'y prêtant lui-même. Dès que la proportion géométrique eſt engendrée, ce n'eſt plus le principe qui ordonne, mais le terme moyen ($\frac{1}{2}$) de cette proportion. Ce terme moyen, ainſi placé au centre de la proportion, occaſionne, par la liberté qu'il a de diriger ſa route d'un côté ou de l'autre, des variétés dont ſon principe ne peut jouir, puiſque tout antécédant lui eſt refuſé dans ſes multiples, qu'il force de ſe diviſer en ſes uniſſons, comme on l'a déjà dit, ſinon il ne ſeroit plus principe. Où le trouver ailleurs ce principe, avec ce caractère diſtinctif par lequel on ne peut le méconnoître! ici ſeulement; l'oreille, l'œil & le tact concourent unanimement à nous le faire avouer pour tel.

C'est d'après ces observations que je donne à ce *terme moyen* ($\frac{1}{2}$) le titre d'*ordonnateur*, titre qui caractérise sa fonction, & qui le distingue en même-temps de son générateur, avec lequel il seroit d'autant plus aisé de le confondre, que l'ordonnateur représente le générateur qui lui est consubstantiel, si j'ose me servir de cette expression, qu'il est enfin corps sonore & principe lui-même; privilége dont non seulement l'ordonnateur est revêtu, mais que ses extrêmes 1 & $\frac{1}{4}$ partagent avec lui; car ils sont tous trois principe, & même, à le bien prendre, ils ne sont qu'un, puisqu'ils se confondent en un seul son, de sorte qu'ils paroissent d'abord ne renfermer substantiellement aucune variété: mais si nous y faisons bien attention, ils nous en indiquent les moyens les plus faciles & les plus riches. En effet, le principe générateur, en donnant des octaves de tout côté, par la première génération de la proportion géométrique, ne nous annonce-t-il pas 3 & 5 pour en tirer également, par la même voie, des 12.es ou quintes, & des 17.es ou tierces de tout côté *(k)*! 1, 3, 9 & 1, 5, 25 sont des proportions géométriques où 3 & 5 président, de même que 2 y préside d'abord: nous répandons pour lors de tout côté les deux consonances qu'il s'est appropriées; & des produits du phénomène, revêtus des caractères qui constituent le phénomène même, naissent la richesse & la variété.

Quant aux deux autres proportions, elles sont données de manière à ne pouvoir être variées que dans différentes combinaisons, dont justement l'octave devient l'arbitre, n'étant plus d'ailleurs que l'ornement dont se pare chaque terme géométrique.

Comme toute proportion géométrique tire sa dénomination de son terme moyen, que j'appelle *ordonnateur* (*l*), je vais exposer par ordre les produits des trois en question, auxquelles j'ajoûterai celle des dissonances, inconnue jusqu'à présent; & de ces quatre

(*k*) *Voyez* les progressions du nouveau Systême, &c. *page* 24.

(*l*) En pratique, le terme moyen s'appelle *tonique*, son conséquent *dominante*, & son antécédent *sous-dominante*, chacun sous le titre de son *fondamental*, ce dont il faut se souvenir dans l'occasion: de chaque côté, proportion triple avec ses harmoniques; c'est ce que le seul sentiment a fait deviner dès le Traité de l'Harmonie, sans aucune connoissance de Géométrie ni de la résonnance du corps sonore.

proportions, dont l'harmonique & l'arithmétique feront toûjours partie, naîtront les conféquences qu'on en doit tirer, relativement au principe.

De la Proportion double.

Le procédé de la proportion double nous fait déjà juger identiques les octaves qui fe confondent avec le fon de leur générateur, mais notre propre expérience va le confirmer encore.

Depuis le premier des Muficiens, on ne s'eft expliqué, on ne s'eft conduit que par les moindres degrés naturels à la voix; Tétracordes, fyftèmes, gammes, règles en théorie & de pratique, raifonnemens, tout en un mot s'y trouve foûmis; cependant aucun de ces moindres degrés ne fe rapporte directement au générateur, puifqu'il ne fait entendre que fa 12.e & fa 17.e; mais comme cette 12.e & cette 17.e fur-tout excèdent l'étendue des voix, l'oreille femble n'en tenir nul compte: elle n'apprécie généralement l'une que dans fon octave au deffous, qui eft la quinte, & l'autre dans fa double octave au deffous, qui eft la tierce. A-t-on l'oreille affez formée pour diftinguer les fons harmoniques d'un corps fonore, & pour les entonner, on chantera, fans y penfer, fa quinte au lieu de fa 12.e & fa tierce au lieu de fa 17e. Quand nous chantons encore *ut ré* ou *ut fi*, nous avoifinons toûjours ce *ré* & ce *fi* de l'*ut*, puifque nous ne formons d'un côté que l'intervalle d'un ton, & de l'autre celui d'un demi-ton, lorfque cependant ce *ré* ne fe trouve qu'au deffus de la troifième octave de *ut*, $\overset{8}{ut}\ \overset{9}{ré}$, & ce *fi* qu'au deffous de fa quatrième octave, $\overset{16}{ut}\ \overset{15}{fi}$; d'où l'on voit que tous les intervalles font renfermés dans l'étendue d'une octave, puifque nous les y renfermons de nous-mêmes, & que nous nous apercevons qu'en voulant paffer au-delà de cette étendue, nous ne faifons que recommencer les mêmes intervalles. Les deux fons de l'octave nous font donc clairement affignés pour bornes de toutes nos productions, bornes que nous ne pouvons étendre qu'en les doublant ou triplant, felon que les voix & les Inftrumens peuvent le comporter: aussi n'est-ce que dans cette étendue qu'ont été présentés tous les systèmes de Musique, toutes les gammes. Il y a plus, c'est que si les octaves n'étoient point identiques, nous ne pourrions pas profiter de cette multitude de parties aliquotes, produites par le principe jusqu'à des quatrièmes octaves, lorsqu'elles ne peuvent s'apprécier ni s'entonner que dans le cercle de la première: l'exemple vient d'en être donné, sans parler des autres exemples qui, dans la suite, concourront au même but. Au surplus, l'octave redouble tous les intervalles, en les renversant, sans donner atteinte à leurs premiers droits; s'ils sont consonans d'un côté, ils le sont de l'autre, de sorte que par-là toutes les consonances sont comprises dans ces trois nombres premiers, 2, 3 & 5; ce dont il est inutile de faire l'énumération.

Telle est la puissance de la proportion double, conjointement avec l'harmonique, qui ne s'en sépare jamais: elle constitue les consonances & leur renversement; elle se prête aux foibles facultés de l'oreille & de la voix dans l'exécution, & leur détermine enfin les bornes dans lesquelles elles doivent se renfermer.

De la Proportion triple.

S'il ne paroît pas qu'il puisse résulter aucune variété d'harmonie de la proportion double, la chose va bien changer de face par la proportion triple; chacun des Sons aura pour lors ses harmoniques particuliers, & leur succession nous présentera la plus agréable variété qu'on puisse desirer.

Sans parler des différens entrelacemens que peuvent produire les consonances, données alternativement par chacun des corps sonores de la proportion triple, on en voit naître justement ce système diatonique parfait, sur lequel est établi de tout temps l'ordre des moindres degrés dans l'étendue de l'octave, & auquel on a donné le titre de gamme, d'échelle diatonique, & plus précisément de *Mode* ou *Ton*; ce qui se trouve déjà confirmé par la démonstration du principe de l'harmonie, où l'Exemple de la planche *C* admet un quatrième terme à la proportion $(1, \frac{1}{3}, \frac{1}{9}, \frac{1}{27})$ pour que toute la succession diatonique, *ut, ré, mi, fa, sol, la, fi, ut* (*m*) puisse se renfermer dans l'étendue de l'octave de l'ordonnateur, qui la commence & la termine, comme étant au centre de la proportion, où ses extrêmes sont censés des rayons qui doivent y aboutir; ce qui se trouve conséquent aux deux *Tétracordes disjoints* des Grecs (*n*), car il faut remarquer que ce quatrième terme est inutile dans les *conjoints*, selon l'Exemple *B* qui précède celui où je viens de renvoyer.

La proportion harmonique, réduite à ses moindres termes, justement dans l'ordre qui nous est le plus familier, produit une quinte, divisée en deux tierces différentes, dont la plus grande s'appelle *majeure*, & l'autre *mineure*, & dont se forment deux genres différens d'harmonie, qui se distinguent également en majeurs & mineurs.

Du renversement de cette proportion harmonique en arithmétique, naît un changement d'ordre entre les deux tierces qui divisent & composent en même-temps la quinte; & comme c'est effectivement la quinte qui, conjointement avec son générateur, engendre l'harmonie, puisqu'une seule tierce ne peut la produire, & que toutes les deux doivent être réunies pour cet effet, il suit de ce renversement de proportions, celui du Mode, déjà découvert, en un autre; l'un étant appelé *majeur* en conséquence de la tierce majeure directe dans la proportion harmonique, & l'autre *mineur* en conséquence de la tierce mineure directe dans la proportion arithmétique.

(*m*) Ces moindres degrés, formés de tons & de demi-tons, tirent d'ailleurs, en partie, leur origine d'une quatrième proportionnelle, selon ce qui paroîtra dans l'article intitulé, *Origine des dissonances.*

(*n*) *Ibidem.* On trouve à la fin du même article une remarque sur le *Double emploi* qu'occasionne le quatrième terme ajoûté à la proportion triple.

EXEMPLE.

PROPORTION harmonique, sur laquelle est établi le mode majeur.

PROPORTION arithmétique, renversée de l'harmonique, sur laquelle est établi le mode mineur renversé du majeur.

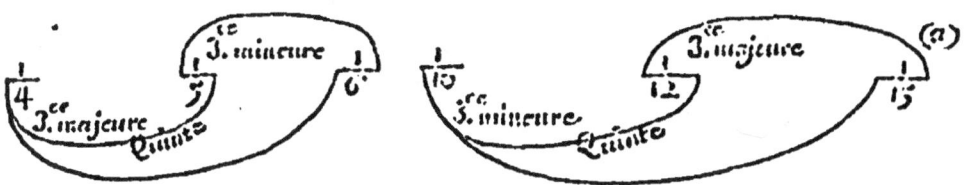

Selon l'ordre des grandeurs, la proportion harmonique sera 15, 12, 10, & l'arithmétique 6, 5, 4, où paroît un nouveau renversement entre les opérations du Géomètre & celles qu'exige le principe donné par le corps sonore.

Si l'ordre diatonique des moindres degrés contenus dans l'étendue d'une octave doit paroître le plus naturel, du moins conséquemment aux bornes de nos facultés, puisque c'est le seul sur lequel on se soit fondé jusqu'à ces derniers jours; si ce même ordre, que semble d'abord refuser l'harmonie du corps sonore, ne peut être rendu que par l'harmonie de trois sons à la 12.ᵉ l'un de l'autre, 12.ᵉˢ que nous appellerons généralement quintes, en vertu de leur identité; & si ces trois sons forment pour lors une proportion triple, dont justement le $\frac{1}{3}$ ordonne comme terme moyen, on voit par-là que le principe 1 ne pouvant avoir d'antécédant sans cesser d'être principe, devient lui-même l'antécédant de sa quinte $\frac{1}{3}$, pour lui céder le privilége de le représenter, en ordonnant du Mode & de toutes ses dépendances, par la proportion triple qui s'ensuit naturellement d'un terme à l'autre, d'une quinte à une autre, & qui sans doute a guidé toutes les oreilles, quoi-qu'il ne paroisse pas qu'on s'en soit jamais aperçû.

(a) On sous-entendra dans la suite les fractions par-tout, c'est-à-dire, $\frac{1}{2}$, $\frac{1}{3}$, $\frac{1}{4}$, &c. où l'on ne verra que 2, 3, 4, &c. à moins qu'on n'en soit averti, ne fût-ce que par l'objet dont il sera question.

EXEMPLE.

SYSTÈME DIATONIQUE.

	Tétracorde.			Tétracorde.		
Tétracordes conjoints, ou Heptacorde..	*fa dièfe,*	*fol,*	*la,*	*fi,*	*ut,*	*ré,*	*mi.*
Rap. des notes du fyftème avec leur B. F.	45,	48,	54,	60,	64,	72,	80.
Leurs intervalles avec cette même B. F.	17ᵉ,	8ᵉ,	12ᵉ,	17ᵉ,	8ᵉ,	12ᵉ,	17ᵉ.
Baffe Fondamentale.............	*ré,*	*fol,*	*ré,*	*fol,*	*ut,*	*fol,*	*ut.*
Proportion triple..............	9,	3,	9,	3,	1,	3,	1.
C, fignifie Conféquent, T, Terme moyen, A, Antécédant.......	C,	T,	C,	T,	A,	T,	A.

La 17.ᵉ de $\frac{9}{ré}$ étant à 45, elle exige de porter les autres rapports à de plus grands nombres, où les fractions, comme $\frac{1}{5}$, $\frac{1}{45}$, font toûjours fous-entendues, & dont on trouvera les octaves dans les termes de leur origine.

Pour arriver à l'octave du terme moyen, qui eft ici *fol,* les Grecs disjoignirent ces deux Tétracordes: auffi faut-il ajoûter un quatrième terme à la proportion pour cet effet, comme on vient de l'expofer.

Le nom des notes ne change point les rapports qui doivent fe trouver de l'une à l'autre; & fi l'on eft dans l'ufage de nommer *ut* le premier Son imaginé, on aura toûjours raifon comme principe des Sons, mais non pas comme celui du Mode, dont il cède la direction à fon $\frac{1}{3}$, à fa quinte *fol.*

En cédant à fon $\frac{1}{3}$ la direction de toute la marche harmonique & mélodieufe, ne croyons pas que le principe ait oublié fon $\frac{1}{5}$; & fi le $\frac{1}{3}$ produit ce qu'il y a de plus parfait dans cette marche, non feulement le $\frac{1}{5}$ y ajoûte des variétés qui l'embelliffent, mais ce $\frac{1}{3}$ le choifit encore pour ordonner de fon Mode renverfé, en le revêtiffant de tous fes droits, jufqu'à lui preferire fa proportion triple, & à former fon harmonie de la fienne propre. Si *fol,* par exemple, dont l'harmonie eft $\left\{ \begin{smallmatrix} 12 & 15 & 18 \\ fol & fi & ré \end{smallmatrix} \right\}$, ordonne du Mode majeur, c'eft pour lors *mi* qui ordonne du mineur avec cette harmonie $\left\{ \begin{smallmatrix} 10 & 12 & 15 \\ mi & sol & si \end{smallmatrix} \right\}$, où $\frac{5}{mi}$ se subroge aux droits de son légiflateur, qui néanmoins s'y conferve celui d'être la feule caufe de la différence des effets qu'on éprouve entre les deux Modes; différence qui confifte dans le genre de la tierce, dont il occupe pour lors la place, outre qu'il livre encore fa tierce $\frac{15}{fi}$ à ce même *mi*, pour conftituer fon harmonie, en formant fa quinte $\frac{5}{mi} \frac{15}{fi}$. La même fubrogation s'obferve, de plus, entre les extrêmes de chaque proportion, c'eft-à-dire que l'antécédant du Mode majeur prête fon octave & fa tierce à celui du Mode mineur; ainfi des conféquens, finon que celui du mineur doit recevoir la proportion harmonique par-tout où il précède immédiatement fon terme moyen; terme qui ne fe défifte jamais des premiers droits qu'il a reçûs en naiffant, felon l'ordre du Tétracorde, & dont l'effet que nous en éprouvons dans tous les repos abfolus eft le même dans chaque Mode: de-là fuit natu-rellement un grand rapport entre ces deux Modes, à n'en juger que par leur renverfement. On peut voir d'ailleurs ce qui en eft rapporté dans mes autres Ouvrages.

Tout ceci fe confirme à l'oreille comme à la raifon dans les Trompettes & Cors de chaffe, qui font des corps fonores dont on ne peut tirer d'autres Sons que ceux qui naiffent de leurs parties aliquotes.

Non feulement le Son de la totalité de ces Inftrumens, con-fidéré comme principe fous l'idée de l'unité, & que nous appel-lerons *ut*, ne peut y trouver un antécédant, mais même l'octave & la 17.e ou tierce de l'antécédant, qu'on pourroit lui fuppofer, & qui en font la quarte & la fixte (confonances abfolument néceffaires dans l'ordre diatonique de tout octave) font fauffes dans toutes les parties aliquotes de ces mêmes Inftrumens, d'où l'on dit qu'elles lui font incommenfurables; fi bien qu'on voit & qu'on fent en même-temps par-là, l'impoffibilité de rendre ce principe ordonnateur d'un Mode, où fa quarte & fa fixte font fauffes, pour ne pas dire où ces confonances lui font interdites.

On voit donc aſſez que le principe n'a produit ſon harmonie que pour en favoriſer ſa quinte $\frac{3}{sol}$, en la rendant arbitre du Mode par la proportion triple que préſente naturellement $\frac{9}{re}$ à la ſuite de $\frac{1\ 3}{ut\ sol}$, dont les Sons réſonnent dans ces Inſtrumens avec leurs harmoniques; ſi bien que toute l'octave diatonique de ce ſol, ſavoir, ſol, la, ſi, ut, ré, mi, fa dièſe, ſol, y réſonne par conſéquent; & ſi l'on n'y diſtingue en particulier que les harmoniques de ut & de ſol, ſavoir, d'un côté ut, mi, ſol, & de l'autre ſol, ſi, ré, ce n'eſt ici ni la faute de la Nature, ni celle de l'Inſtrument: prenons-nous en aux bornes de nos facultés, qui ne nous permettent pas de pouvoir tirer de ces Inſtrumens les Sons de leur $\frac{1}{27}$, ni de leur $\frac{1}{45}$, qui ſont préciſément les harmoniques de ré, ainſi $\frac{9\ \ 27\ \ 45}{re\ \ la\ \ fa\ dièse}$, dont les rapports ſont entre eux comme $\frac{1\ 3\ 5}{ut\ sol\ mi}$. Nous voyons donc effectivement ſol établi pour ordonnateur par ut, qui l'aide en même-temps de ſon octave & de ſa tierce mi, pour en former la quarte & la ſixte juſtes.

Dans ces mêmes inſtrumens, l'accord de la proportion arithmétique, renverſée de l'harmonique, s'entend entre les Sons $\frac{10\ \ 12\ \ 15}{mi\ sol\ si}$, où les octaves du $\frac{1}{5}$ & du $\frac{1}{3}$ ſont à 10 & à 12, où ce $\frac{1}{3}$ forme la tierce mineure du $\frac{1}{5}$, & où $\frac{1}{15}$, tierce de ce $\frac{1}{5}$, conſtitue l'harmonie du $\frac{1}{3}$, dont il eſt quinte. Ainſi l'oreille & la raiſon y concourent également pour nous convaincre, & ſur le renverſement entre ces deux proportions, d'où ſuit celle du Mode majeur en mineur, & ſur l'agréable effet que nous en éprouvons. Tout l'ordre diatonique du mineur s'entendroit même dans les aliquotes des corps ſonores en queſtion, ſi l'on avoit la faculté d'en pouvoir tirer les Sons: au reſte, les fondamentaux de cette dernière proportion triple ne peuvent ſe prendre qu'entre les termes 5, 15, 45; ce qui doit être indifférent.

Dans ces Inſtrumens encore, du moins dans les Cors, une aſſez bonne partie des aliquotes réſonne; j'en ai ouï tirer juſqu'au

Son de la 19.e qui eſt la triple quinte. Ces aliquotes, d'ailleurs, ſuivent l'ordre le plus naturel des nombres: reſte à ſavoir lequel a produit l'autre dans la Nature, & c'eſt ce qu'on tâchera de développer dans la ſuite. Il y a plus,. & l'on doit juger par-là combien ces Inſtrumens ſont ſoûmis aux loix de la Nature, quoique notre propre Ouvrage, puiſque tout ce qui n'eſt pas harmonique de 1, de 3 & de 5, y eſt toûjours faux, relativement au prin- cipe 1 ou à ſes identiques. Ne cherchons donc plus, ſuppoſé qu'on y ait penſé, où qu'on y penſe, la raiſon pourquoi le corps ſo- nore borne la réſonnance de ſes aliquotes à ſon $\frac{1}{5}$. pour nos oreilles; la voilà bien conſtatée, comme on la trouvera par-tout où l'on en voudra faire l'épreuve, bien entendu que les mêmes rapports, relativement à 3 & à 5, ſeront dans le même cas.

De la Proportion quintuple.

S'il doit ſe trouver un degré qui conduiſe du demi-ton au ton déjà connu, ce n'eſt que de la proportion quintuple qu'on peut le recevoir: il s'appelle *demi-ton mineur*, pour le diſtinguer du premier, qui s'appelle *majeur*.

Suivons en effet cette proportion dans ſes harmoniques, ſavoir,

ut mi ſol dièſe
1   5   25

: comparons à part leurs harmoniques, nous trouve- rons entre $\underset{25}{ſol\ diéſe}$ & $\underset{24}{ſol}$, quinte de $\underset{1}{ut}$, où 24 eſt quatrième octave de $\underset{3}{ſol}$, ce demi-ton mineur, qui, avec le majeur, forme le ton mineur. Ajoûtons-y un quatrième terme, ſavoir, $\underset{125}{ſi\ diéſe}$, nous aurons le quart de ton entre ce $\underset{125}{ſi\ diéſe}$ & $\underset{128}{ut}$, porté à ſa 7.e octave, en quoi diffèrent ces deux demi-tons.

Le nouveau demi-ton augmente de cinq degrés la gamme, qui pour lors en a douze; & la nouvelle marche fondamentale que cette dernière proportion introduit, jointe à la triple, don- nant occaſion d'y varier les termes moyens de chacun des deux Modes déjà connus juſqu'au nombre de 24, attendu que chacun des fons peut y ordonner du Mode mineur comme du majeur, cela jette une variété confidérable dans la Mufique. Mais en même-temps, comme la proportion triple fournit des tons de deux efpèces, différenciés toûjours par les mêmes épithètes de majeur & de mineur, quoiqu'il n'y ait que le Comma de 80 à 81 de différence, il arrive que ce qui étoit ton majeur dans un certain ordre déterminé par une tonique, devient fouvent mineur dans le même ordre déterminé par une autre tonique; fi bien que les rapports donnés aux demi-tons par les proportions précédentes, ne compofant que le ton mineur, favoir 15, 16 d'un côté, & 24, 25 de l'autre, il fe trouve des cas, toûjours juftifiés par les mêmes proportions, où, pour former le ton majeur, le demi-ton majeur augmente d'un Comma, quand le demi-ton mineur conferve fon premier rapport. Par exemple, dans le ton majeur de 24 à 27, où le demi-ton mineur conferve fon premier rapport de 24 à 25, le demi-ton majeur 15, 16, eft forcé d'augmenter d'un Comma dans le rapport de 25 à 27. Le con-traire arrive pour former le ton majeur de $\frac{ut}{8}$ à $\frac{re}{9}$ avec les deux mêmes demi-tons; & c'eft pour lors le demi-ton mineur qui augmente d'un Comma, parce que le majeur y conferve fon premier rapport: fur quoi les Curieux peuvent fe fatisfaire, par le calcul, en tirant chaque demi-ton de fa première fource.

Il fe trouve ici des approximations infenfibles: jamais perfonne, par exemple, n'a fenti, ni ne fentira, la différence entre le ton majeur & le mineur, à plus forte raifon celles d'intervalles plus petits, comme demi-tons & quarts de tons: les Grecs n'ont prefque jamais connu que le ton majeur. Ce n'eft pas de l'intervalle en particulier que naît le fentiment de fon rapport, c'eft toûjours l'harmonie des termes de la proportion triple, décidée par tel ou tel ordonnateur, dit Tonique, qui détermine la juftefle de ce rapport. N'y a-t-il pas jufqu'à des confonances altérées d'un Comma (b)!

Le demi-ton majeur eft auffi naturel que le ton; le mineur au contraire ne s'apprécie & ne s'entonne que par artifice, & le

(b) Voyez ma Démonftration, &c. pages 55 & fuivantes.

quart de ton point du tout. On trouve cependant le moyen de faire fentir l'effet de ce quart de ton, fans qu'on puiffe l'exprimer, à la faveur d'une certaine fucceffion d'harmonie (c).

On diftingue, par le titre de *genre*, l'harmonie & la mélodie, où préfide l'un des deux demi-tons & le quart de ton. L'ordre naturel, où préfide feul le demi-ton majeur, s'appelle *diatonique*; dès que le mineur s'y rencontre, l'ordre eft *chromatique*, & avec le quart de ton il eft *enharmonique*.

Origine des Diffonances.

On a reconnu de tout temps l'empire de l'harmonie; on lui a comparé en conféquence tout ce que la Nature a pû nous préfenter: on a reconnu en même-temps qu'elle n'étoit compofée que de confonances, données par une proportion; & de leurs différences on a tiré des diffonances, celles-là même que forment, de l'un à l'autre, les moindres degrés naturels à la voix, & compofés de petits intervalles, appelés tons & demi-tons, fur lefquels on a fondé tous les fyftèmes de Mufique, tant anciens que modernes, jufqu'à mon Traité de l'Harmonie; fyftèmes qui n'ont jamais eu que la mélodie pour objet, où l'on n'a foupçonné l'harmonie qu'à la faveur du fentiment & de l'expérience, & d'où l'on n'a pû tirer aucun indice favorable à la diffonance harmonique; ce qui a fait conjecturer qu'elle n'étoit dûe qu'à l'Art (d).

Ne fe trouve-t-il pas-là une contradiction manifefte entre le fentiment & la raifon? n'a-t-on pas cru bien certainement fonder les fyftèmes de Mufique fur ce qu'il y a de plus naturel? & comment a-t-on pû s'imaginer, après cela, que les diffonances, dont ces mêmes fyftèmes font compofés, ne fuffent que l'ouvrage de l'Art? Puifque la Nature ne s'explique qu'harmoniquement dans la réfonnance du corps fonore, pouvoit-on les puifer, ces diffonances, dans une autre fource? Quel aveuglement! Si j'ai tergiverfé moi-même fur ce fujet dans mes deux premiers Ouvrages, du moins n'ai-je pas voulu prononcer dans les derniers:

(c) *Voyez* ma Démonftration, &c. *page* 100.

(d) Tel eft encore le fentiment des Encyclopédiftes, au mot *Diffonance*, *pages* 1049 & 1050.

je prévoyois déjà ce que je ne pouvois encore concevoir, faute d'avoir fû tirer du principe toutes les conféquences dont il eft fufceptible.

Comment le Géomètre, qui a reconnu l'harmonie dans une proportion continue: qui ne l'a généralement confidérée que dans fes moindres termes, où elle n'eft compofée que de deux tierces: qui a vû la diffonance harmonique fimplement formée d'une nouvelle tierce ajoûtée à ces deux premières: qui a dû fentir & voir que cette nouvelle tierce donnoit, par fon renverfement, les tons & demi-tons qui compofent les degrés diatoniques de tous les fyftèmes de Mufique: lui à qui les proportions à quatre termes font, pour le moins, auffi familières que les continues, & qui fait fi bien faire ufage des quatrièmes proportionnelles: comment, dis-je, ce Géomètre ne s'eft-il jamais avifé de ce dernier ufage dans une circonftance où tout l'invitoit d'y avoir recours, où la fimple expérience devient le plus fidèle interprète des loix de la Nature? On connoît affez par-là l'erreur de tous les temps fur un point auffi effentiel.

Soit effectivement ajoûtée une quatrième proportionnelle géométrique à cette proportion harmonique $\overset{sol\ fi\ ré}{12\ 15\ 18}$, en même-temps qu'à cette arithmétique, $\overset{mi\ sol\ fi}{10\ 12\ 15}$, c'eft-à-dire, avant l'antécédant de l'une & après le conféquent de l'autre, où elles fe confondent pour lors, nous aurons $\overset{mi\ sol\ fi\ ré}{10\ 12\ 15\ 18}$, qui donnent une feptième de $\overset{mi}{10}$ à $\overset{ré}{18}$, dont le ton mineur $\overset{ré\ mi}{9\ 10}$ eft renverfé. Affemblons cette même proportion arithmétique avec cette autre harmonique $\overset{ut\ mi\ sol}{8\ 10\ 12}$, une pareille proportionnelle, dans un ordre oppofé au précédent, où les deux proportions fe confondront également, fournira dans $\overset{ut\ mi\ sol\ fi}{8\ 10\ 12\ 15}$ une nouvelle feptième de $\overset{ut}{8}$ à $\overset{fi}{15}$, dont le demi-ton majeur $\overset{fi\ ut}{15\ 16}$ eft renverfé.

A ne s'en rapporter qu'au jugement de l'oreille, qui confond le ton mineur avec le majeur, sans pouvoir distinguer la moindre différence, quoiqu'ils diffèrent d'un Comma, ne croiroit-on pas tenir toutes les dissonances des précédentes proportionnelles, lorsque cependant le ton majeur n'en peut être produit? L'Harmonie refuseroit-elle de le recevoir dans son sein, ou bien lui conserveroit-elle une origine encore plus distinguée, conséquemment aux droits de supériorité dont il est revêtu dans le diatonique? ce qui ne peut s'expliquer qu'en reprenant la chose dès sa source.

Sachant que le terme moyen d'une proportion triple représente par-tout son principe, écoutons-le: nous nous sentirons naturellement portés à lui faire succéder l'un de ses harmoniques, entre lesquels son conséquent, sa quinte, sa dominante tient le premier rang. Tenons-nous-en donc à ces deux Sons fondamentaux, on sera peut-être surpris de voir naître de leur seule succession alternative tout ce qu'il y a de plus naturel, & par conséquent de plus parfait en harmonie & en mélodie. On en voit naître d'abord les deux seules *cadences* (*e*), dont toutes les autres dérivent (*f*). Si le terme moyen passe à son conséquent, on y desire une suite, du moins que celui-ci retourne à sa source, d'où la *cadence* est appelée *irrégulière*; mais il n'y retourne pas plûtôt, qu'on ne desire plus rien, tout y paroît absolument terminé: aussi la cadence en est-elle appelée *parfaite*. Dans ces cadences ainsi formées de deux Sons fondamentaux, le premier les annonce & le dernier les termine: d'un côté, le premier reçoit le titre de sous-dominante, qui pour lors est l'antécédant, bien qu'il soit ici le terme moyen, formant avec son conséquent la cadence que formeroit avec lui son antécédant; & de l'autre, on l'appelle dominante, comme dominant ou précédant le terme moyen dont il doit être suivi. Quant au dernier qui les termine, il est toûjours terme moyen, dit Tonique, ou censé tel.

Examinons à présent ce qui nous est naturellement suggéré

(*e*) Cadence signifie repos, conclusion.

(*f*) Voyez le Chapitre VII du Code de Musique, articles VI, VII, VIII, IX, X & XV, pages 84, 87, 88 & 93.

entre

entre l'harmonie du conféquent, dit dominante, & celle du terme moyen, dit tonique, lorfqu'ils fe fuccèdent, nous ferons tous portés à faire defcendre la quinte du conféquent d'un ton majeur fur le terme moyen, & à y faire monter d'un demi-ton majeur fa tierce majeure. Soit donné $ré$ pour conféquent, dont l'harmonie eft $\overset{ré\ la\ fa\ diéfe}{9\ 27\ 45}$; voyez fi, pendant que $\overset{ré}{9}$ paffera à fon terme moyen $\overset{fol}{3}$, vous n'y ferez pas naturellement defcendre $\overset{la}{27}$ d'un ton majeur dans cet ordre $\overset{la\ fol}{27\ 24}$, & monter $\overset{fa\ diéfe}{45}$ d'un demi-ton majeur dans cet ordre $\overset{fa\ diéfe\ fol}{45\ 48}$, 48 & 24 étant les octaves identiques de 3.

Je ne cite que ce qui eft naturellement infpiré: on fait affez que la quinte $\overset{la}{27}$ peut auffi-bien monter d'un ton mineur fur la tierce $\overset{fi}{30}$ de $\overset{fol}{24}$, que defcendre fur ce fol; mais il faut que la volonté y ait part, & qu'un peu d'expérience y engage: encore n'entendons-nous guère les moins expérimentés paffer à cette tierce fi, qu'en y defcendant d'un demi-ton majeur à la fuite de la feptième du conféquent, feptième qui pour lors leur eft naturellement infpirée fans y penfer.

Toutes ces infpirations font effectivement fondées par la Nature même. Non feulement il eft jufte & naturel que tout ce qui appartient au produit rentre avec lui dans le fein de fon générateur, mais il falloit que cela fût infpiré pour nous rendre, d'un autre côté, l'ordre diatonique tout auffi naturel que l'harmonique. Que dis-je? cet ordre diatonique nous a tellement féduits dès le premier moment que la Mufique s'eft emparée de nos oreilles, qu'il nous a fait abfolument négliger l'harmonique: tous les fyftèmes de Mufique ne le prouvent que trop.

Ce penchant forcé, de faire tomber l'harmonie du conféquent fur le feul terme moyen dans toute conclufion de chant, exclut pour lors la tierce de celui-ci; d'où le genre du Mode ne fe trouve

Dd

point annoncé. Or, comme c'est sur ce genre que se détermine à l'oreille le plus ou le moins de rapport entre les modes successifs, il ne suffit pas de la faire entendre cette tierce; il semble que, comme la moins parfaite consonance, elle ait besoin de quelques appuis, & c'est pour lors la dissonance harmonique qui lui en tient lieu, en la faisant desirer. On la voit cette dissonance se former entre les extrêmes d'une proportion triple; on ne la voit possible d'ailleurs que dans l'harmonie du conséquent, à laquelle se joint l'antécédant, pour lui servir de septième & s'unir, par ce moyen, avec lui pour rentrer ensemble dans l'harmonie de leur terme moyen, où cet antécédant prépare l'oreille à recevoir le sentiment du genre dont le mode annoncé doit être susceptible. Ici l'édifice n'est construit que des matériaux fondamentaux, nulle addition étrangère n'y participe: prenons pour exemple cet accord, $\underset{36}{ré}\ \underset{45}{fa\,diese}\ \underset{54}{la}\ \underset{64}{ut}$, n'y voyons-nous pas l'antécédant $\underset{64}{ut}$, sixième octave de $\underset{1}{ut}$, former la septième du conséquent $\underset{36}{ré}$, deuxième octave de $\underset{9}{ré}$, dont le terme moyen est $\underset{3}{sol}$? & ces termes de la septième, $\underset{36}{ré}\ \underset{64}{ut}$, ne sont-ils pas les identiques du ton majeur $\underset{8}{ut}\ \underset{9}{ré}$, qui en est renversé? Si la quatrième proportionnelle n'y a point de part, jugeons des moyens par leurs effets; il ne s'agit que de la *cadence parfaite*, de la seule qui fournisse les plus grandes variétés dont l'harmonie & la mélodie soient susceptibles *(f)*.

L'origine du demi-ton majeur a-t-elle besoin d'une autre source que la *cadence parfaite!* n'y est-elle pas aussi-bien décidée que celle du ton majeur? n'est-ce pas dans la même cadence que ce demi-ton exerce tout son empire, puisqu'on n'y entend pas plûtôt la tierce majeure du conséquent, dit dominante, qu'on se sent forcé de monter au terme moyen, dit tonique, par l'in-

(f) Voyez le Chapitre VII du Code de Musique, articles VI, VII, VIII, IX & XV, pages 84, 87, 88 & 93.

tervalle d'un demi-on majeur? Sentiment univerſel, qui a fait donner à cette tierce majeure le titre de *note ſenſible*. Ces deux ſeuls intervalles, le ton majeur & le demi-ton majeur, ne décident-ils pas d'ailleurs de tous les degrés qui compoſent le diatonique, & même le chromatique, puiſque le ton mineur n'eſt appelé d'un côté que pour former la tierce majeure avec le ton majeur, & que le demi-ton mineur n'eſt appelé de l'autre que pour former le ton avec le demi-ton majeur? Bien plus, le ton mineur ne produit que de fauſſes conſonances avec le demi-ton qu'il peut avoiſiner: auſſi ces conſonances ne ſont-elles qu'accidentelles dans l'ordre diatonique, n'appartenant jamais à l'harmonie d'aucun des ſons fondamentaux de la proportion qui détermine cet ordre (g).

Cependant il falloit une origine particulière au ton mineur; où les deux proportions, l'harmonique & l'arithmétique, ſe confondiſſent avec une même quatrième proportionnelle, pour établir un *double emploi (h)*, qui fait prendre naturellement le change à l'oreille entre deux ſons fondamentaux ſuſceptibles de la même harmonie.

Remarquons d'abord que le principe n'ayant point d'antécédant, ne peut ſouffrir par conſéquent dans ſon harmonie aucun ſon au deſſous du ſien, c'eſt-à-dire plus grave; donc la proportionnelle ajoûtée au deſſous de la proportion harmonique dans cet ordre,

$$\begin{array}{cccc} mi & ſol & ſi & ré \\ 10 & 12 & 15 & 18 \end{array},$$ ne peut y être admiſe qu'au deſſus dans cet ordre,

$$\begin{array}{cccc} ſol & ſi & ré & mi \\ 12 & 15 & 18 & 20 \end{array},$$ au lieu qu'elle reſte au deſſus de la proportion arithmétique, telle que la Nature l'y a placée. Ces deux proportions, confondues pour lors avec la même proportionnelle, ſont préciſément celles qui tombent en partage, ſavoir, l'harmonique à l'antécédant de la proportion triple, ſur laquelle le Mode eſt fondé, & l'arithmétique au quatrième terme qu'on y ajoûte,

(g) *Voyez* dans ma *Démonſtration*, &c. *pages 55 & ſuivantes.*
(h) *Voyez* dans le *Code de Muſique* ce qui concerne le *Double emploi*, *pages 48 & 88 ; & dans la Génération harmonique, pages 115, 116, 117 & 118.*

pour que toute la marche diatonique puiſſe ſe renfermer dans l'étendue de l'octave du terme moyen; ſi bien que l'oreille, guidée par la ſeule harmonie, ſous-entend toûjours en cette rencontre le ſon fondamental, qui ſuit avec ſon voiſin, quel qu'il ſoit, l'ordre de la proportion triple *(i)*.

Remarquons de plus la préciſion de la Nature dans ſa prodigalité: dans les deux ſeuls ſons que le corps ſonore fait entendre avec celui de ſa totalité, tout eſt produit, tout eſt donné, tout eſt révélé, tout eſt démontré, tant en harmonie qu'en mélodie. Le premier des deux, ſavoir la quinte, conſtitue non ſeulement l'harmonie avec ſon générateur *(k)*, il conſtitue encore tout l'ordre diatonique avec ſa propre harmonie, comme on vient de s'en aſſurer, en voyant ſa quinte former le ton, & ſa tierce majeure former le demi-ton dans la cadence parfaite qu'il annonce & que termine ſon générateur. D'un autre côté, ce générateur ſe rend antécédant de ſa quinte, reçoit, en conſéquence d'une quatrième proportionnelle, la diſſonance néceſſaire pour annoncer la cadence irrégulière que cette quinte peut terminer, & nous enſeigne par-là ce qu'on doit pratiquer lorſque, comme ordonnateur ou terme moyen, il terminera lui-même une pareille cadence. On voit donc naître d'abord de cette première quinte la ſource de tout ce que l'harmonie & la mélodie ont de plus parfait *(l)*. Quant au dernier, ſavoir la tierce majeure, il eſt ſeul réſervé pour varier les genres, comme on doit s'en ſouvenir. On ſera peut-être ſurpris ſur la fin de l'Ouvrage d'apprendre qu'à la réſerve des genres, tout ceci ſe trouve déjà déclaré dans le plus ancien Tétracorde dont les Grecs nous aient fait part.

Du Principe.

Pour nous préſenter un infini dont on ne puiſſe imaginer ni le commencement ni la fin, le principe ſe place juſtement au centre de ſes multiples & ſous-multiples; loi qu'il impoſe en

---

(i) Ceci rappelle le quatrième terme ajoûté à la proportion triple, dont il eſt queſtion à la *page 199*.

(k) Ibidem.

(l) Ibidem.

même-temps aux ordonnateurs 2, 3 & 5, d'où suivent encore des progressions à l'infini du côté de chaque extrême de leurs proportions. Pour nous prouver ensuite qu'il est le premier & l'unique, qu'aucun ne le surpasse, il force les corps plus grands que le sien à se diviser en ses unissons, à se réunir à son unité, à s'incorporer, pour ainsi dire, dans son tout; de sorte que se conservant toûjours sans la moindre désunion dans son entier, il engendre néanmoins une infinité de parties, qu'il contient par conséquent sans pouvoir être contenu. Que penser d'un tel prodige? Un pareil principe nous seroit-il communiqué avec tant d'évidence de supériorité, engendrant toutes les proportions & progressions, & assignant à chacun de ses premiers produits des prérogatives particulières & subordonnées selon son ordre de génération, ce qu'il faut bien remarquer, s'il n'en découloit une infinité de connoissances utiles? Tant de Philosophes anciens & modernes, qui se sont livrés à l'étude de la Musique, & qui ont employé tant de veilles & tant de travaux pour tâcher de pénétrer la profondeur de sa partie scientifique, ne l'auroient pas fait assurément, s'ils n'eussent senti qu'on pouvoit en tirer des avantages bien plus précieux que ceux qui résultent de la seule partie de l'Art.

C'étoit au seul sens de l'ouïe qu'étoit réservée la découverte d'un phénomène où se développe un principe, dont l'universalité ne peut guère se contester: le reconnoître pour celui de l'harmonie, n'est-ce pas lui accorder tacitement le même empire sur toute autre science? car enfin, par-tout où les proportions commandent, l'harmonie doit régner; notre instinct nous le dit chaque jour, par l'application que nous faisons de cette harmonie aux choses qui ont quelques rapports entr'elles, pendant que la raison n'ose y souscrire. Toûjours sourd à la voix de la Nature, qui cependant a précisément choisi le son pour mieux se faire entendre, le Géomètre a prétendu jusqu'à présent, le compas à la main, déterminer les rapports harmoniques, lorsqu'au contraire c'est à ces rapports de déterminer les ouvertures de ce compas, si l'on se souvient de ce qu'on en a déjà dit dans l'Introduction.

Pour nous apprendre à nous servir de compas dans les rapports

de quelques objets que ce soit, le sens de l'ouïe en appelle justement deux autres à son secours, savoir, la vûe & le toucher,
afin de nous avertir, en cas de besoin, sur les accidens qui
peuvent n'être pas de son domaine; droit que les autres sens
n'ont nullement sur le sien, pour juger des objets de leur ressort.
Représentons-nous, par exemple, le $\frac{1}{2}$ & le $\frac{1}{4}$ échapper à l'oreille,
l'œil & le doigt avertissent que du moins ils frémissent ; d'où
nous devons conclurre que leur résonnance est indubitable, puisque
le $\frac{1}{3}$ & le $\frac{1}{5}$ résonnent, & qu'apparemment cette résonnance du
$\frac{1}{2}$ & du $\frac{1}{4}$ se confond dans celle du Son qui les meut, c'est-à-
dire, de leur principe. Le silence des multiples n'offre-t-il rien
à l'oreille qui puisse en faire tirer quelques conséquences ? l'œil
nous en fait voir le frémissement & les divisions, pendant que,
pour une plus grande certitude, on y sent au tact, & les ventres
de vibrations, & les nœuds qui les divisent. A quoi bon ces
connoissances pour la pratique & la jouissance de l'art ? pourquoi
deux sens étrangers, & qui paroissent s'y trouver inutiles, y
sont-ils appelés ? Il y a là sans doute quelques raisons cachées
qu'il importe de développer : mais peut-on les méconnoître ces
raisons ! & ne voit-on pas assez que ces deux nouveaux sens ne
sont appelés au secours de l'oreille que pour que nous puissions
profiter, en faveur de leurs objets particuliers, des véritables
rapports sur lesquels nous puissions établir des principes solides,
tels que les proportions, & pour que nous sachions au juste
quelle en doit être la mesure ? ce qu'il faut bien remarquer
encore.

Ici la Nature se rend Géomètre, pour nous apprendre à le
devenir; & si l'on a pû se passer d'un si puissant secours, rendons-en grace à cet instinct, à ce sentiment vif & profond, mais
confus & ténébreux, par lequel on est conduit à des vérités dont
on n'est pas en état de se rendre compte, & dont la connoissance
ne nous parvient qu'à force d'expériences & de tâtonnemens.
Que n'en a-t-il pas coûté au Géomètre pour arriver à la certitude
des proportions ! & cette certitude d'expérience approche-t-elle
de celle que nous tenons aujourd'hui du Corps sonore ?

Conséquences des Réflexions précédentes pour l'origine
des Sciences.

Comment la Musique a-t-elle pû se communiquer aux hommes?
pourquoi prend-elle tant d'empire sur nos ames? pourquoi se
trouve-t-il dans la Nature un phénomène capable de nous en
faire développer les mystères? pourquoi ne peut-il s'en trouver
un pareil du ressort de tout autre sens que de celui de l'ouïe?
Pourquoi n'est-ce que dans l'acoustique qu'on peut prendre une
connoissance certaine des rapports? les Sciences n'en tireroient-
elles pas leur origine, puisque le principe d'où naissent les moyens
d'opérer, de découvrir & de démontrer, s'y trouve renfermé?
Pourquoi tous les systèmes de Musique n'ont-ils été présentés,
jusqu'au Traité de l'Harmonie, que dans un ordre diatonique,
tel que *ut ré mi fa, &c!* Pourquoi les Philosophes de tous les
temps se sont-ils donné tant de soins pour pénétrer dans les secrets
de cet Art? & pourquoi s'y sont-ils tous égarés?

On va trouver réponse à tout, mais sans y suivre exactement
l'ordre des questions: j'y rappellerai d'ailleurs quelques remarques
que j'ai déjà faites dans d'autres Ouvrages comme dans celui-ci,
& dont l'application à l'objet présent en sera peut-être mieux
sentir le prix qu'on ne l'a fait encore.

En attribuant la science infuse à Adam, comme quelques-uns
l'ont fait, tout est dit: mais considérons l'homme tel que nous
pouvons le concevoir; voyons-le tomber des nues avec sa compagne sur une terre inculte, où tout n'offre à ses yeux que confusion, de quelque côté qu'il regarde; imaginons-le d'ailleurs plein
d'esprit, d'imagination & de jugement: son premier soin sera
sans doute de chercher à s'instruire, du moins pour subvenir à
ses besoins: mais quel fruit pourra-t-il tirer de ce qu'il aperçoit,
même des astres? Si dans l'espace d'une année, par exemple, il
peut juger que la différence des saisons est occasionnée par le cours
d'un astre qui l'éclaire, s'il en voit un autre suivre à peu près une
pareille carrière, il n'en est que plus embarrassé pour trouver les
moyens de comprendre comment cela se fait: bien-tôt une

affluence d'autres aftres s'offre à fes yeux; il ne peut que s'y perdre. Repréfentons-nous le temps qu'il faut pour imaginer & fabriquer tout ce qui peut conduire à quelques découvertes fur ce fujet, nous nous y perdrons nous-mêmes. Sont-ce là d'ailleurs fes befoins les plus preffans? comme on ne peut fuppofer à ce premier homme un langage formé, d'autant qu'il ne peut connoître encore prefqu'aucune des chofes auxquelles il doit avoir recours, on le voit ne pouvoir s'exprimer avec fa compagne que par différentes inflexions de la voix, fecondées de quelques geftes. Or c'eft dans ces différentes inflexions, bien pluftôt que dans un difcours fuivi, que le hafard peut produire entre les fons une confonance, dont il fuffit d'être une fois frappé, pour que le plaifir qu'on en éprouve engage à la répéter. Il n'en faut pas davantage pour arriver à la connoiffance de la Mufique; qu'on y penfe bien? Cette connoiffance a-t-elle pû avoir une autre fource parmi nous? Mettons encore, fi l'on veut, que l'effet de la confonance ait été occafionné par quelques bruits de l'air, comme, par exemple, lorfque le vent fouffle dans différentes cavités fonores; tout eft égal: une confonance en amène une autre à l'oreille, & bien-tôt enfuite les degrés qui conduifent de l'une à l'autre. Mais avons-nous befoin de ces moyens pour prouver que l'homme a dû naturellement chanter dans tous les temps? D'où, par exemple, les Sauvages ont-ils appris à chanter, eux qui n'ont aucune méthode, & qui chantent auffi jufte que nous? Si cet art leur a paffé de père en fils, quel a été le premier père? pourquoi ne feroit-ce pas le premier de tous? La fantaifie de chanter prend dans tant de fituations différentes, même fans en avoir la moindre notion, fans favoir ce qu'on fait, fans y penfer, qu'elle peut fort bien être venue à celui-ci pluftôt qu'à celui-là. Jubal, à qui l'on attribue l'invention des Inftrumens, ne l'a pû faire fans avoir une jufte idée d'un parfait rapport entre les intervalles que formoient ces Inftrumens. Adam n'eft mort que 56 ans avant la naiffance de Lamech (m), père de ce Jubal; donc celui-ci peut avoir vû

(m) Voyez la Généalogie d'Adam, dans l'abrégé chronologique de l'Hiftoire des Juifs; l'Hiftoire de l'ancien Teftament, par le P. Calmet, *page 203*; & Moréri, au mot *Jubal*.

Adam

entre Adam ; donc ce dernier, ou du moins l'un de ses descendans avant Jubal, a pû chanter le premier. Mettons que ce soit ce Jubal même *(n)*, n'importe : on peut toûjours, dans une pareille circonstance, attribuer au père l'ouvrage de l'un des siens : d'ailleurs nous sommes passivement harmoniques ; notre voix est un corps sonore, que présente toûjours le premier Son qu'on entonne sans aucun pressentiment de Musique, sans y penser, & pour lors c'est de son harmonie, sinon, de l'harmonie de l'un de ses harmoniques, que naît en nous le sentiment du juste rapport que doit avoir avec ce premier Son celui qu'on lui fait succéder, comme le prouvent notre propre expérience, les Instrumens artificiels, la Nature même.

Si l'on se souvient de ce qui se trouve précisément spécifié dans l'article de la Proportion triple & dans celui de l'Origine des dissonances, savoir, que la quinte constitue l'harmonie, & que la quinte de cette quinte constitue l'ordre diatonique *(o)*, on en doit bien conclure en faveur de cette quinte : aussi est-elle de tous les intervalles le premier qui se présente à l'oreille la moins expérimentée lorsqu'on chante pour la première fois sans y penser ; j'en ai fait plus d'une épreuve avec des personnes encore vivantes, qui peuvent en rendre compte. Le Musicien même peut éprouver qu'en laissant aller sa voix sans dessein, la quinte s'y présentera plustôt que la tierce ou la quarte *(p)*, pourvû que le premier Son soit un peu grave.

D'où pourroit naître en effet le sentiment d'un Son qu'on voudra faire succéder à un premier, donné sans aucune prédilection, si ce n'est de l'harmonie de celui-ci, que sa quinte constitue avec lui ? jugeons-en par les Trompettes & Cors de chasse, qui ne sont que l'ouvrage de l'homme, pendant que nous sommes l'ouvrage de la Nature même. Si l'on est obligé de céder aux parties aliquotes de ces corps sonores pour pouvoir en tirer de justes rapports

(n) Ipse fuit pater canentium citharâ & organo. Genèse, cap. IV. verf. 21.
(o) Pages 199 & 208.
(p) Si l'on monte de quarte, c'est le même Son dont elle est formée qui pour lors sert de guide à l'oreille, autrement dit, qui est le générateur ou l'ordonnateur inspiré.

E e

entre leurs différens Sons, à plus forte raison notre oreille qui guide la voix, doit-elle se comporter de même; & si l'ordre des Sons de ces Instrumens commence par la quinte après l'octave, en cette sorte $\overset{2}{ut}\,\overset{3}{sol}$, pourquoi n'en ferions-nous pas autant dès que nous ne pensons à rien qui puisse nous distraire de nos fonctions naturelles? Il y a plus, étant arrivé à la triple octave de $\overset{1}{ut}$, censé le son de la totalité de ces mêmes corps sonores, non seulement le diatonique commence en montant par la quinte $\overset{9}{ré}$ de cette première quinte $\overset{3}{sol}$, en cette sorte $\overset{8}{ut}\,\overset{9}{ré}$, mais il finit encore, toûjours en montant à la quatrième octave de $\overset{1}{ut}$, après la 17.e ou tierce $\overset{15}{si}$ de la même première quinte $\overset{3}{sol}$, en cette sorte $\overset{15}{si}\,\overset{16}{ut}$ (q). Voilà donc l'unique succession naturelle possible entre les Sons, & donnée par la seule quinte que fait résonner avec lui le corps sonore, le générateur, le principe, rendu par un seul son de notre voix comme par celui de la totalité de ces Instrumens artificiels, dans lesquels d'autres propriétés très-essentielles ont encore été reconnues à la *page 202.*

Si dans les systèmes diatoniques se trouvent des tons en différence d'un Comma, selon l'exposé de l'article qui a pour titre, *Origine des dissonances, page 206,* cette différence, insensible à l'oreille, est ce qui rend sur-tout très-imparfaits les systèmes de Musique Grecs & Chinois.

Je demande à présent lequel des deux rapports du dissonant, comme sont le ton & le demi-ton, ou du consonant, comme sont la quinte & la tierce, aura pû fixer le premier l'attention d'un homme tout neuf sur cet article? Le dissonant, dans sa succession, devient très-indifférent, & dans son ensemble choque toûjours l'oreille jusqu'à ce qu'il soit suivi du consonant: celui-ci

(q) Ces deux rapports 8, 9 & 15, 16 forment précisément le ton & le demi-ton dont tous les systèmes diatoniques sont composés, à l'exception du demi-ton que Pythagore a employé dans le sien, pour des raisons déjà alléguées.

plaît au contraire dès qu'on l'entend, soit dans sa succession, soit dans son ensemble. Or, de quelque consonance qu'on soit frappé, le plaisir qu'on reçoit à l'entendre fixe l'attention; & dans la situation supposée, lorsque tout est de conséquence, qu'on n'a rien à négliger pour tâcher de s'instruire, quelle idée ne doit-on pas se faire d'un premier sentiment de rapports, dont rien d'approchant ne s'offre à la vûe, de quelque côté qu'on la porte! Imagine-t-on seulement qu'en ce dernier cas un rapport soit de quelque conséquence? en reçoit-on une satisfaction capable de fixer l'attention? le conçoit-on? pense-t-on qu'il soit propre à quelque usage? & si l'on mesure les corps qui le composent, quel fruit en tirer, dès qu'on ne sait pas quelle en peut être l'utilité! Il n'en est pas de même d'un rapport harmonique, on se plaît à l'entendre: plus on se le rappelle, plus le plaisir augmente, & dèslors un homme capable de réflexion peut fort bien se représenter qu'un plaisir pareil ne lui est pas donné en vain, & que des rapports agréables pour un sens doivent l'être également pour un autre: sa curiosité lui fait chercher les moyens de s'en instruire plus à fond; il imagine un instrument qui puisse rendre les Sons de la consonance dont il est affecté, un Monocorde, par exemple, dont il pince ou racle la corde, & dont la résonance lui aura peut-être fait entendre l'harmonie complète (r); sinon il glisse un doigt sur la corde, en s'y arrêtant de temps en temps, jusqu'à ce que dans l'une de ses parties, séparées par le doigt, il entende un son qui s'accorde avec celui de la corde totale; & pour lors, mesurant la distance qu'il y a de son doigt jusqu'au bout de la corde, il en connoît la différence d'avec la longueur de cette corde; mais il n'est pas plustôt arrivé à sa moitié qu'il en distingue l'octave, sa 12.ᵉ à son tiers, sa 15.ᵉ à son quart, sa 17.ᵉ à son cinquième, l'octave de sa 12.ᵉ à son sixième, puis une discordance générale

---

(r) Le fait existe de tout temps; pourquoi le premier homme n'en auroit-il pas été frappé! S'il nous a échappé pendant long temps, ce fait, & si l'on n'en a pas sû tirer, après en avoir été convaincu, de justes conséquences, cela ne pourroit-il pas s'attribuer à la trop grande préoccupation où nous ont tenus quelques-unes de ces mêmes conséquences, dont on a cru pouvoir se contenter, & qui auront occasionné des démarches tout-à-fait opposées à celles qui auroient pû en faire découvrir les propriétés!

à son septième, où il s'arrête par conséquent. Non content de
cette épreuve, il veut savoir ce qui pourroit naître de cordes
accordées à l'inverse de ces dernières consonances, relativement
à la corde entière qu'il fait résonner le plus fortement qu'il lui
est possible, & trouve effectivement un ordre pareil au premier,
mais renversé, dans le frémissement de ces cordes. Il voit celle
qui fait l'octave se diviser en deux, ainsi de l'une à l'autre; la
12.ᵉ se diviser en trois, la 15.ᵉ en quatre, & la 17.ᵉ en cinq.
Ne pouvant être long-temps sans reconnoître l'identité des
octaves, comme la suite va nous l'apprendre, il s'en tient à cette
dernière division, d'autant que c'est la plus petite partie dont
il ait distingué le Son, dans la supposition qu'il aura été frappé
d'abord de l'harmonie complette. Il imagine en ce moment des
signes, qui ne peuvent être que les nombres mêmes, pour se
rappeler, par leur moyen, la consonance dont il voudra faire
usage: & dès-lors il reconnoît que ce sont à peu près les mêmes
signes qui lui sont venus en idée lorsqu'il a voulu s'assurer de la
différente quantité des objets qui se sont présentés à sa vûe. Le
voilà donc instruit sur le fait des nombres, sur les rapports qu'ils
peuvent former entr'eux, & sur leur plus ou moins de perfections,
bien autrement que les Auteurs à qui les Grecs attribuent l'invention de ces nombres & l'arithmétique: ceux-ci n'ont eu que
l'instinct pour guide; celui-là reçoit le tout, au contraire, de la
Nature même, qui s'en explique formellement dans le phénomène
du corps sonore. Que lui aura-t-il coûté, en effet, d'ajoûter
autant d'unités qu'il aura voulu les unes aux autres, pour arriver
à telle quantité qu'il lui aura plu? En ajoûtant d'ailleurs les cinq
premiers nombres à eux-mêmes, n'aura-t-il pas eu 10?
& qui sait si dès-lors le zéro ne lui est pas venu à l'esprit pour
multiplier les dixaines? Réfléchissant de nouveau sur ce qu'il
n'a distingué que les sons du $\frac{1}{3}$ & du $\frac{1}{5}$ dans la résonance du
corps sonore, son monocorde, j'imagine le voir surpris comme
d'admiration de n'y avoir pas distingué de même les Sons du $\frac{1}{2}$
& du $\frac{1}{4}$, qui sont de bien plus grandes parties, sur-tout après les
avoir entendus en plaçant son doigt sur ce demi & sur ce quart
de la corde; mais un homme pénétrant n'est pas long-temps à

reconnoître que ce silence, dans la résonance du corps sonore, ne peut naître que de la grande concordance entre les octaves que forment ce $\frac{1}{3}$ & ce $\frac{1}{5}$, qui se confondent pour lors dans le Son même qui les engendre; confusion qui peut aisément le convaincre de leur identité. S'il conclud de la première progression, 1, 2, 3, 4, 5, &c. qu'ajoûter quelque nombre que ce soit à lui-même, comme l'unité s'y ajoûte, ce doit être tout un, n'est-il pas dans le cas de se demander, si 2 s'ajoûte à 1 pour avoir 3, & à 3 pour avoir 5, pourquoi donc le monocorde me défend-il de l'ajoûter à 5 pour avoir 7, à moins que je ne veuille me départir des loix prescrites jusqu'à présent par une harmonie bornée à 5, ou, pour mieux dire, au $\frac{1}{5}$? Il y a là quelques raisons cachées qu'il faut tâcher de développer, dit-il en lui-même, comme je le suppose: revenant sur ses pas; d'où vient, dit-il, comme je le suppose encore, que ces bornes servent également à l'harmonie que je distingue dans 1, $\frac{1}{3}$, $\frac{1}{5}$, & aux octaves 1, $\frac{1}{2}$, $\frac{1}{4}$ que je ne distingue pas en même temps? sans doute que ces deux ordres décident, chacun en son particulier, de quelque chose d'essentiel? En effet, voyant que l'unité se double à 2, & 2 à 4, il double également ce $\frac{1}{4}$; & ainsi du double à son double il trouve toûjours des octaves, toûjours la même identité. Or, sans aller plus loin, le voilà au fait des proportions, du moins de la multiplication, de la division par les aliquotes, & de l'addition par les aliquantes. Convaincu d'ailleurs des rapports donnés par les consonances entendues, & dont les signes qu'elles engendrent lui présentent ces mêmes rapports, il est tout simple qu'à la faveur de ces signes, pour ne pas dire de ces nombres, il reconnoisse quantité d'autres rapports dans la comparaison qu'il lui est libre de faire entre les différens termes produits par les différentes progressions; car un homme intelligent, qui sur-tout a besoin de s'instruire, doit conclurre aisément qu'il lui est libre d'employer telle consonance qu'il lui plaira, pour la multiplier selon le modèle qu'il en a reçu de l'octave, d'autant plus qu'une pareille multiplication ne lui donnera jamais que la même consonance, comme il l'a éprouvé dans la double, qui ne lui a donné que des octaves. Le voilà donc encore arrivé, par ses fréquentes recherches, du moins aux

progreſſions triples & quintuples; progreſſions qu'il aura pû également appliquer à quelque nombre que ce ſoit. Reſte à ſavoir
l'uſage qu'il en aura pû faire, auſſi-bien que de l'harmonie,
dont on ne peut pas croire qu'il ſe ſoit départi, comme l'ont
fait tous ceux qui ont écrit ſur la Muſique, & qui ne l'ont preſque
jamais citée, cette harmonie, que comme un hors-d'œuvre,
capable ſeulement de leur procurer l'ordre diatonique qui débute
en montant d'un ton; ordre qui nous a tous ſéduits, ſelon ce
qui paroîtra dans la ſuite.

En ſuppoſant ces connoiſſances à Adam, cela ne s'éloigneroit
pas du ſentiment de quelques Auteurs qui lui ont ſuppoſé de
leur côté la ſcience infuſe; ce qu'il faudroit cependant réduire,
comme je le crois, pour n'en pas trop dire, à la connoiſſance
des principes qui peuvent y conduire: pourquoi ne ſeroit-il pas
du moins le premier des Aſtronomes, lui qui poſſédoit la connoiſſance des rapports, & à qui chacun des ſiens pouvoit fournir
des moyens d'aller en avant, des Inſtrumens même propres à cet
effet? L'hiſtoire ne dit-elle pas que tels & tels, qui pouvoient
avoir déjà l'âge de raiſon de ſon vivant, ont inventé, celui-ci
telle choſe, celui-là telle autre? Ne ſeroit-on pas mieux fondé
ſur ſon compte que ſur celui des Chaldéens, qu'on dit n'avoir
pas été *verſés dans la Géométrie* & avoir manqué *des inſtrumens néceſſaires pour faire des obſervations juſtes en Aſtronomie* (t)! Mais
laiſſons tous ces ſoupçons, que je ne rappelle que pour en prouver la poſſibilité, & voyons ſi effectivement Adam ne doit pas
être l'Auteur de ce Tétracorde *ſi ut ré mi*, qui débute par le
demi-ton en montant, & que les Grecs n'ont fait que citer en
l'abandonnant, pour ſe livrer au ſyſtème inſpiré naturellement
par le ton en montant après le premier Son donné *(u)*.

Sans doute qu'après avoir éprouvé plus d'une fois l'effet des
conſonances, ce premier homme n'a guère pû ſe défendre de cet
ordre, inſpiré naturellement, dont je viens de parler; mais non
content d'un ordre dont il n'avoit rien pû reconnoître dans toutes
ſes expériences, il s'eſt rappelé l'harmonie & s'eſt apparemment

(t) *Voyez* Aſtronomie dans l'Encyclopédie.
(u) *Page 199.*

repréſenté qu'en donnant une ſucceſſion aux conſonances, la même harmonie pourroit bien lui rendre le même ordre : dès-lors, ne voyant de progreſſions poſſibles que la double, qui ne lui donne rien de nouveau, il la prend pour modèle, en éprou-vant ce qui pourroit naître de la triple, inſpirée d'ailleurs par la 12.ᵉ dite quinte, qui la première ſe préſente à l'oreille *(x)*. Il trouve effectivement une partie de cet ordre, rendue par l'une des conſonances de chacun des Sons qui ſe ſuccèdent en quintes ; mais ne pouvant arriver à ſon but par ce moyen, où le premier Son monte de quinte, il éprouve de le faire deſcendre, & dans le moment même il voit ſa progreſſion ſe continuer autant qu'il lui plaît, en lui procurant l'ordre qu'il cherche dans le ſeul Heptacorde, où il ne s'agit que d'ajoûter l'octave du premier Son donné, ou de le faire commencer par le deuxième juſqu'à ſon octave, pour avoir l'ordre inſpiré *(y)*. Charmé de cette épreuve, dont il reçoit déjà l'agrément de l'harmonie & de la mélodie, il y reconnoît tous les moyens de s'éclairer ſur ce qu'il y a de plus naturel, & par conſéquent de plus parfait en Muſique ; moyens qui n'ont pû manquer de ſe préſenter plus d'une fois à ſon oreille, comme ils ſe préſentent à tout moment aux oreilles les moins expérimentées.

Ce Tétracorde eſt le produit du principe qui donne toutes les cadences naturelles en Muſique *(z)* : la *parfaite* ſe reconnoît en montant de deux en deux Sons, ſi *ut* & *ré mi*. pendant que le conſéquent paſſe à ſon terme moyen *ſol ut* ; & l'*irrégulière* de même en deſcendant, *mi ré* & *ré ut*, pendant que ce terme moyen paſſe à ſon conſéquent *ut ſol*. Là ſe découvre en même temps la ſupé-riorité de l'octave & de la quinte : ſi les tierces n'y ont qu'une ſeule route, l'une en montant toûjours d'un demi-ton dans la *cadence parfaite*, l'autre en deſcendant dans l'*irrégulière*, l'octave & la quinte ſont au contraire libres dans leur marche ; elles peuvent également monter ou deſcendre dans chaque cadence : auſſi ſe trouvent-elles dans le milieu lorſque les autres n'occupent

(x) Page 217.
(y) Voyez l'Heptacorde, page 201.
(z) Page 208.

que les extrémités. Ne nous y trompons pas, toute la Musique est fondée sur ces deux seules cadences *(a)* : les moins expérimentés veulent-ils terminer un chant (qu'on me pardonne des répétitions qui me paroissent importantes), ne montent-ils pas naturellement d'un demi-ton, & ne descendent-ils pas d'un ton sur le Son par lequel ils le finissent? ne descendent-ils pas encore de quinte, ou ne montent-ils pas de quarte dans le même cas, le tout sans y penser? cela se confirme chaque jour jusque dans les cris des rues lorsqu'on les chante. Quelle conséquence ne devoient donc pas tirer d'une pareille inspiration, à laquelle nous sommes tous forcés de céder, des Philosophes qui vouloient pénétrer dans un Art qu'ils regardoient comme une science! pour peu qu'ils eussent fait attention à cette *cadence parfaite*, dont rien n'échappe à qui que ce soit dans sa marche, leur propre expérience leur auroit fait sentir & voir, sans aucune recherche, sans que la volonté s'en mêlât, que toute harmonie du conséquent se terminoit sur le terme moyen; mais ce *fi*, qui annonce une pareille cadence, pouvoit-on mieux le placer qu'à la tête du Tétracorde? n'est-ce pas cette *note sensible (b)*, avouée tacitement de tous ceux qui suivent l'ordre de la gamme en montant, & qui se sentent forcés de monter à *ut* après ce même *fi !*

Pouvoit-on mieux s'y prendre que de réduire en quatre notes des principes dont on pût tirer toutes les conséquences nécessaires pour un Art aussi étendu, sur-tout dans un temps où, faute de moyens propres à mettre ses idées au jour, on ne pouvoit guère s'expliquer qu'en peu de mots, sur-tout encore en y supposant du mystère au sujet de la progression sur laquelle ces principes sont établis, puisqu'il semble qu'ils en aient été séparés exprès? Si les Chinois & Pythagore suivent cette progression, les systèmes qu'ils en ont tirés n'ont nul rapport entr'eux, non plus qu'avec le Tétracorde.

Croira-t-on que l'Auteur du Tétracorde ignorât tous les principes que je viens d'en déduire, & qui s'en déduisent naturellement dès qu'on en a la clef? Qui sait mieux le mot de l'énigme

(a) Voyez page 205.
(b) Voyez l'Origine des Dissonances, page 211.

que

que celui qui la propofe? S'il s'eft paffé près de fix mille ans
avant qu'on ait pû la deviner, cette enigme, on ne voit que
l'empire du ton par où débute l'octave en montant diatoniquement, auquel on puiffe imputer l'aveuglement général. Qui fait
fi dès le temps de cet Auteur la Mufique n'avoit pas déjà fait
de grands progrès, en harmonie même? Tant de fecrets de l'antiquité nous ont échappé, comme je l'ai déjà dit, que celui-ci
pourroit bien être du nombre.

N'oublions pas que qui que ce foit n'entonnera jamais naturellement le demi-ton en montant après un premier Son donné, il faut
abfolument que la volonté y ait part, même avec un peu d'expérience; & c'eft fans doute pour cette raifon qu'on a négligé un
principe dont on auroit tiré de grandes lumières pour la théorie,
comme pour la pratique de l'Art : mais n'y fongeons plus maintenant, & tâchons de démêler comment la progreffion triple &
fon produit, le Tétracorde, ont pû nous parvenir.

Noé, prévenu fur fa deftinée (c), ne dut pas manquer vrai-
femblablement de fe munir de tout ce qu'il pouvoit croire propre
à quelques ufages; de forte que la progreffion triple, même le
Tétracorde, auffi-bien que les Inftrumens de Mufique, pouvoient
fort bien en faire partie, d'autant plus encore qu'on pouvoit avoir
déjà tiré quelques avantages de la progreffion fur ce qui regarde
les Sciences, felon ce qui a déjà paru; mais ce Patriarche, trop
occupé de fon établiffement fur la nouvelle terre qu'il alloit habi-
ter, put bien négliger d'abord ce qui lui étoit pour lors le moins
de conféquence, laiffant la liberté, ou pluftôt ordonnant à fes
enfans de vifiter les mémoires qu'il avoit recueillis, pour lui en
rendre compte. Or, ne peut-il pas fe faire que la progreffion foit
tombée entre les mains de l'un, & le Tétracorde entre les mains de
l'autre, & que ceux-ci, ne voyant pas le temps propice pour en
faire ufage, les aient portés en différens lieux? Il eft vrai que
l'époque des Chinois n'eft guère éloignée du Déluge, puifqu'elle
précède de treize ans celle où l'on commença d'élever la tour de

(c) Voyez l'Hiftoire de l'ancien & du nouveau Teftament de Dom Calmet,
pages 3, 4 & 5.

Ff

Babel; mais ceux-là mêmes qui travailloient à la conſtruction de cette tour, ne pouvoient-ils pas avoir déjà fait leurs réflexions ſur une pareille progreſſion, ſoit un fils de Noé, ſoit d'autres à qui ce fils l'aura tranſmiſe, & qui auront enſuite paſſé en Chine, même en Égypte, ſi l'on veut, le Tétracorde pouvant avoir été porté en d'autres lieux? tout cela eſt probable.

Mettons que les Chinois ſe vantent à tort d'avoir connu la progreſſion triple 2277 ans avant J. C. ſans s'en dire cependant les inventeurs; mettons que Pythagore l'ait reçûe des Égyptiens: de qui ces deux peuples l'ont-ils reçûe eux-mêmes? S'il peut reſter des doutes là-deſſus, du moins on ne peut douter que la progreſſion triple n'ait été d'abord appliquée à la Muſique, que le premier des Tétracordes n'en ſoit le produit, & que ce Tétracorde n'ait dû exiſter avant la fabrique des Inſtrumens; & c'eſt ce qu'il faut bien peſer, en ſe rappelant toutes les raiſons précédentes, pour y diſtinguer ce qui peut n'être que du reſſort de l'inſtinct d'avec le principe qui le guide.

Si Pythagore a ſimplement tiré de la progreſſion triple des tons & demi-tons, pour en former ce ſyſtème diatonique naturel à tous, ſans s'occuper de la juſteſſe de leurs rapports, & cela dans l'ordre de l'analyſe, où les nombres préſentent des multiples, les Chinois au contraire, ſcrupuleux à la rigueur de ſuivre les loix de la Synthèſe, que preſcrit la Nature, ne ſe ſont pas ſimplement contentés de les imiter en tout, ces loix, mais ils ont pouſſé le ſcrupule juſqu'à prendre pour tierce mineure le terme même de la ſixte majeure qui en eſt renverſée (d), ne s'agiſſant que de porter ce terme à l'une de ſes octaves pour en former cette tierce mineure; ſi bien que leur ſyſtème peut ſe prendre de ces deux façons, *ſol la ut ré mi*, ou *ut ré mi ſol la*, en conſervant d'un côté le rapport de la tierce mineure, *la ut*, & de l'autre celui de ſixte majeure *ut la*, ſans altérer le Mode, où *ut* préſide toûjours comme terme moyen de la proportion triple, en cette ſorte:

(d) Dans l'Introduction, *page 192*:

		TIERCE MAJEURE.		
Intervalles d'une note à l'autre . . ton-maj.r tierce min.re		ton – majeur	idem.
Syſtême chinois. . . . . ſol la	ut	ré	mi
Conſonances que forment les notes du ſyſtême avec leur Baſſe fondamentale. 5.te 3.ce	8.e	5.te	3.ce
Baſſe fondamentale. . . . . ut fa	ut	ſol	ut
Proportion triple. . . . . 3. 1.	3.	9.	3.

Dès que le nom des notes n'altère point les rapports, il eſt indifférent que le terme moyen s'appelle *ut, ſol,* ou comme on voudra.

On croiroit volontiers que le demi-ton ſeroit exclu de ce ſyſtême, & qu'on l'auroit fait débuter par *ſol* pluſtôt que par *ut,* pour le ſoûmettre à la proportion triple; bien que la raiſon de cette excluſion puiſſe ſe tirer de ce que le demi-ton néceſſaire ne peut ſe prendre que dans un trop grand éloignement, ſavoir, à la cinquième quinte de 1, 243.

Un pareil défaut de rapports entre les ſyſtêmes de Pythagore & des Chinois, où même le premier des Tétracordes n'eſt point rappelé, prouve aſſez que leurs Auteurs ne ſe ſont rien communiqué, que la ſeule progreſſion triple eſt tombée entre leurs mains, & que le Tétracorde a paſſé en d'autres, le tout en différens temps, par la voie de quelques deſcendans de Noé. On ne voit pas en effet comment la progreſſion & le Tétracorde peuvent être parvenus autrement entre les mains de peuples, qui ne donnent aucunes connoiſſances par leſquelles on puiſſe ſoupçonner qu'ils en ſont les auteurs.

Ce que j'ai ſuppoſé dans les opérations du premier homme, ſur l'objet dont il s'agit, n'eſt exactement que ce que j'ai éprouvé moi-même dans la gradation des connoiſſances que mes études & mes recherches m'ont procurées. Quant à la manière dont la progreſſion triple eſt parvenue aux Chinois & à Pythagore, dont les ſyſtêmes de Muſique prouvent évidemment qu'ils en ont fait uſage, & cela, ſans être accompagnée du Tétracorde *ſi ut ré mi,* j'y ai ſuivi ſimplement l'ordre hiſtorique, qui attribue à Jubal l'invention des Inſtrumens. Quoi qu'il en ſoit, les premiers ne s'en difent point les auteurs: le dernier femble en avoir fait un myftère, & nul Auteur n'en fait mention: une citation feulement, de *Joannes Meurfius*, dans le *Denarius Pythagoricus*, par où débute la queftion fuivante, ajoûte encore à la preuve au fujet de Pythagore.

QUESTION DÉCISIVE.

Les Sectateurs de Pythagore, c'eft-à-dire, tous les Géomètres connus, n'auroient-ils pas pris le change avec lui fur fon opinion en faveur des nombres, fçavoir, *Que la puiffance du nombre 3 s'étend fur la Mufique univerfelle, qu'il la compofe, & même la Géométrie bien plus fupérieurement encore (e)!* ce qu'il faut examiner.

Le nombre a-t-il quelque empire fur l'oreille? eft-ce par lui que naît en nous le fentiment des confonances & du plus ou moins de perfection entr'elles? quelle vertu peut avoir le nombre avant qu'on ait trouvé le rapport d'une confonance? eft-ce lui ou l'oreille qui guide les jambes du compas, jufqu'à ce qu'elles foient aux points fixes qui font entendre cette confonance dans fa parfaite jufteffe, dont l'oreille eft le feul juge? C'eft donc la confonance qui, en déterminant la mefure, détermine les nombres qui doivent l'indiquer. Croira-t-on jamais que le nombre ait la vertu de faire divifer une corde, lorfqu'on la voit forcée de fe divifer en deux par l'octave, en trois par la 12e, en quatre par la 15e, en cinq par la 17e, &c. & lorfqu'on y voit en même temps un ordre de perfection, dont les nombres, auffi-bien que notre perception, fuivent la loi? Quelle autre vertu ont les nombres, en ce cas, finon de repréfenter les divifions auxquelles chaque confonance foûmet la corde, & par le nombre defquelles chacune de ces confonances eft reconnue? Pourquoi d'ailleurs l'œil & le tact viennent-ils fe joindre à l'oreille, fi ce n'eft pour que, par leur moyen, nous puiffions prendre l'intelli-

(e) A la tête du premier Chapitre du *Joannis Meurfi Denarius Pythagoricus*, on lit: *Numeros invenit Minerva, aut Palamedes; Arithmeticen Pithagoras; ejufque, & Sectatorum, de numeris opinio.* Puis à la *page 42*, où il s'agit du nombre 3, on lit à la dixième ligne: *Muficæ quoque univerfæ poteftas, ac compofitio; & vero Geometriæ vel maximè.*

gence des rapports, de leurs prérogatives, de leur ordre de perfection, des nombres prescrits par les divisions d'où naissent ces
rapports, & pour que nous puissions profiter enfin de ces mêmes
rapports indiqués par les nombres, en faveur de tout autre objet.
Voir le tout produit dans l'instant même que le corps sonore
résonne, le voir se diviser, pour que ce qui peut échapper au
sens de l'ouïe puisse nous être communiqué, sur sa décision, par
le canal de deux autres sens, quelle est l'intelligence humaine
qui ne s'y perdroit pas, si la chose n'étoit en même temps sensible & visible au point de pouvoir la concevoir?

Remarquons bien à présent que toutes les règles de calcul
établies sur les nombres, par le moyen desquelles on a si bien
réussi dans quantité de belles découvertes, trouvent leur principe même dans les différens produits du corps sonore; & ces
succès doivent d'autant moins surprendre, qu'il est tout naturel
que les nombres aient pû tenir lieu, en ce cas, de ce qu'ils représentent. Excusons donc Pyrrhon, lorsqu'il dit, *l'esprit de l'homme
est trop borné pour rien découvrir dans les vérités naturelles;* ce
que Bayle confirme de son côté (ſ). Pourroit-on imaginer en
effet qu'à la faveur de simples signes on pût arriver à quelques
vérités? Ne falloit-il pas, pour satisfaire la raison, voir ou sentir
du moins ce qui pouvoit donner à ces signes la puissance qu'on
leur attribue? A quel point ne l'a-t-on pas portée, cette puissance,
si l'on écoute cent dix-sept Pythagoriciens, cités par *Meursius,*
sans y comprendre quelques anonymes? Or, la raison ne doit-
elle pas être bien satisfaite aujourd'hui, lorsque nous voyons &
sentons dans le seul phénomène dont nos sens puissent nous faire
tirer de justes conséquences, la source de ces mêmes signes? Si
plusieurs Sciences se sont soûmises, pour ainsi dire, aux règles
établies sur les nombres, il n'en a pas été de même du générateur de ces nombres: en vain s'est-il présenté le premier à
Pythagore, ce générateur, savoir, l'octave & la quinte, sur lesquelles se fondent toutes les proportions & progressions; il ne
s'en est servi que pour en tirer de moindres intervalles dont il
a formé son système, qu'il a sans doute regardé comme le fon-

(ſ) Dans Bayle, au mot *Pyrrhon.*

Ff iij

dement de *la Mufique univerfelle*, en attribuant cette qualité aux
fept notes de ce fyftème pluftôt qu'au nombre 3, qui les lui a
données dans la progreffion qu'il en a formée. C'eft ainfi qu'en
embraffant les branches & négligeant la racine, ce Philofophe
a renverfé tout l'ordre établi dans le corps fonore par la Nature
même: c'eft ainfi pareillement que fe font conduits & fe conduifent encore tous les Géomètres; fi bien que rebutés de leurs
recherches fur la Mufique, qu'ils foupçonnoient grandement être
le feul rayon d'où devoit partir la lumière, comme le prouvent
tous les Écrits fur ce fujet, ils l'ont enfin abandonnée, non comme
le Renard, qui, dans la fable, difoit que le raifin n'étoit pas
encore mûr, mais en le taxant de ne pouvoir jamais mûrir.

Tout annonce dans le *Denarius, &c.* que Pythagore & fes
Sectateurs regardoient fon fyftème comme repréfentant la *Mufique
univerfelle*; autrement ce Philofophe, les Arithméticiens & les
Muficiens n'auroient jamais taxé le nombre 7 d'être parfait par
nature. *Numerus feptimus eft perfectus naturâ, ut teftantur Pythagoras,
& Arithmetici. ac Mufici, pag. 79 & 80.* Auroit-on conclu
de la forte en faveur de ce nombre, exclu même de l'harmonie,
fi l'on n'eût pas cru que toute la Mufique étoit renfermée dans
un fyftème diatonique, où fe trouvent effectivement les fept notes
qui en forment tous les degrés naturels à la voix? Dans quel
autre cas que celui-ci la Nature pouvoit-elle être mife en com-
promis? c'eft de là fans doute qu'on s'eft figuré tout ce qu'on
attribue à ce nombre. Si Pythagore n'eût pas reconnu pour
Mufique univerfelle le produit, tel qu'il l'a découvert, d'une progreffion triple, s'en feroit-il tenu à un feul nombre? auroit-il
pû laiffer échapper à fa perfpicacité les nombres 2 & 5, l'un
comme fource de toute proportion & progreffion, puifqu'étant
double de l'unité, il fuffit de le doubler lui-même pour y reconnoître cette vérité; l'autre comme complétant l'harmonie, où,
comparé à 3, il forme la fixte majeure; & comparé à 6, octave
de ce 3, il forme la tierce mineure, après avoir formé la tierce
majeure avec 4, octave de fon générateur, ces deux tierces
compofant la quinte de la même façon qui avoit dû lui donner
la compofition de l'octave par la quinte & la quarte, felon la

tradition? Ce Philosophe n'y auroit-il pas bien-tôt reconnu la défectuosité de son système, si sa prévention en faveur de sa première découverte, ne l'eût pas retenu dans l'erreur de croire qu'il avoit tout obtenu de son nombre 3? Voyez-le parler des autres nombres, il n'y est plus question de Musique, si ce n'est qu'il cite 5 comme indiquant la quinte dans l'ordre des moindres degrés de la gamme naturels à la voix, *pages 69 & 70 du Denarius.*

Intéresser la Nature en faveur du nombre 7, qui ne se rencontre naturellement que dans les sept notes de la gamme, sans l'appeler en faveur du nombre 3, dont on a obtenu ces sept notes, n'est-ce pas une seconde fois prendre le change? Pythagore l'auroit-il fait exprès pour dépayser ses Disciples? c'est ce que nous examinerons encore. On voit du moins que son oreille n'a pas eu beaucoup de part dans ses opinions, si ce n'est dans les consonances sur lesquelles il s'est fondé.

Prenons-nous en à ce système diatonique, naturellement inspiré par le ton en montant dans son début, où le demi-ton ne se présente jamais à quiconque s'y livre sans y penser, si les Philosophes & Géomètres se sont également arrêtés dans leurs recherches harmoniques: tout le prouve, & les systèmes donnés jusqu'au Traité de l'harmonie, & les règles établies en conséquence, tant pour la théorie que pour la pratique, & les raisonnemens imaginés par une infinité d'Auteurs pour soûtenir leurs opinions.

Quelques progrès qu'on ait faits dans la Géométrie avant Pythagore, il faut qu'on n'en ait pû tirer de grands avantages, puisque les Sectateurs de ce Philosophe, ceux même qui avoient été ses disciples, n'ont point compris que son système de Musique fût totalement extrait de la progression triple: ce qui est d'autant plus croyable, qu'on le cite pour Inventeur de l'Arithmétique; seul moyen propre à indiquer les rapports d'une manière à les rendre applicables aux différens objets qui se présentent à nos sens. On ne peut donc, cela posé, prendre pour époque du temps où les Sciences ont pû se communiquer de main en main, que celui où vivoit Pythagore.

Ce Philosophe s'est justement trouvé muni des deux seuls moyens capables de le faire pénétrer dans les Sciences, & dont on le dit également inventeur, savoir, l'arithmétique généralement adoptée, & les rapports harmoniques généralement abandonnés. Or, il s'agit maintenant de savoir lequel des deux moyens a dû le conduire à l'autre. Dira-t-on que le nombre lui a donné le sentiment des consonances sur lesquelles il a fondé son système? rien ne seroit plus absurde. Il n'y a d'ailleurs qu'à se rappeler la source de ses opérations (qu'on les lui ait supposées ou non) pour juger sur le champ que c'est de ces mêmes consonances qu'il a obtenu, non pas simplement les nombres, mais principalement leurs différentes propriétés, qu'aucun autre objet ne pouvoit lui procurer, quelqu'effort d'imagination qu'il eût pû faire, à moins que l'oreille, à tout moment frappée des rapports harmoniques, n'y eût conduit son instinct sans en connoître la source; mais laissons cela pour un instant. Eudoxe, contemporain de Platon, n'a-t-il pas découvert la proportion harmonique? en auroit-il fallu davantage pour aller en avant, si le principe en eût été connu?

Revenons aux opérations de Pythagore. Après avoir entendu, dit-on, différens sons naître d'une enclume, &c. il suspendit des poids à des cordes, pour juger des rapports entre ces différens sons: sans doute qu'il lui fallut varier la charge des poids jusqu'à ce que les cordes lui fissent entendre les consonances dont il fut affecté, savoir, l'octave, la quinte & la quarte. Ce fut pour lors que comparant entr'eux les différens poids, il trouva que l'octave lui donnoit le rapport de 1 à 2, la quinte celui de 1 ou de 2 à 3, & la quarte celui de 3 à 4 ou à 8 (g). Voyant ensuite une octave de 2 à 4, pareille à celle de 1 à 2, il ne lui fut pas difficile d'en continuer la progression, appelée *double*; mais n'y trouvant aucune variété, ce qui pût aisément lui en faire soupçonner l'identité, comme le confirme son système, où les octaves sont par-tout sous-entendues, il éprouva ce qui pourroit naître de la *triple* que lui indiquoit la quinte 1, 3; & bien-tôt dans les différens termes qui la composent, comparés entr'eux, il trouva différens rapports, parmi lesquels il choisit ceux qui

_____

(g) Il me semble avoir lû en quelqu'endroit qu'il y avoit la différence d'une octave entre les rapports donnés par la tension, & ceux qui résultent des divisions ou des vibrations.

lui

lui donnoient ce systême diatonique naturellement inspiré, &
dont ses oreilles pouvoient avoir été rebattues dès son enfance,
sans y considérer cependant si les rapports étoient bien exacts,
parce que la différence d'un Comma, qui doit se rencontrer entre
les tons & demi-tons de ce systême, est insensible : aussi ce défaut
d'attention lui fit-il employer des tons & un demi-ton qui
rendent les tierces & les sixtes discordantes, d'où il conclut
qu'elles étoient telles, aussi-bien que ses Sectateurs, même pendant
plusieurs siècles après lui ; mais cela n'empêcha pas qu'il n'en
pût tirer de grandes lumières pour l'Arithmétique. Il suffit de se
rappeler, pour cela, ce qu'Adam a pû tirer de ses opérations
en Musique (h), en les supposant même pareilles aux opérations
que l'Histoire accorde à Pythagore, & qui chez l'un & l'autre
ont pû naître du même principe, savoir, que l'un aura été frappé
de différens Sons rendus par différentes inflexions de sa voix ;
ou par l'air agité dans différentes cavités sonores, de même que
l'autre les a entendus au bruit des différens coups de marteau
sur une enclume, avec cette différence cependant que celui-ci
pouvoit avoir déjà beaucoup d'acquit que le premier n'avoit pas ;
car il en faut bien moins croire *Meursius*, qui donne à Pythagore
l'invention de l'Arithmétique, que *Polydore Vergile*, qui convient
seulement que ce Philosophe l'a considérablement amplifiée (i).
Seroit-il probable, en effet, qu'on n'eût du moins pas eu quelques
notions de l'Arithmétique avant ce temps-là ? Au reste, quoi qu'on
en puisse dire, ce n'est que dans la Musique que peuvent se
puiser les différentes propriétés des nombres. Les règles de
division & d'addition, comme je l'ai déjà dit, ne sont-elles pas
assignées par les divisions particulières du corps sonore, & par
celles auxquelles il contraint ses aliquantes ou multiples ? la mul-

(h) *Page* 220.
(i) Dans le *De rerum inventoribus
Polydori Vergilii, Urbinatis*, on lit à la
page 74, au sujet de l'Arithmétique,
*Pythagoras multum amplificasse dici-
tur, Geometria, &c.* Mais ce qui fait
à mon propos, savoir, que les différentes
propriétés des nombres n'ont pû être
tirées que de la Musique, c'est que

non seulement l'Arithmétique paroît
avoir été dans son adolescence jusqu'à
Pythagore, puisqu'il l'a considérablement amplifiée, mais de tous les Inventeurs de la Musique, aucun n'est cité
par Polydore Vergile pour avoir reconnu les rapports harmoniques, même
chez les Égyptiens, comme on peut le
voir dans son Chapitre XIV, *page* 55.

tiplication ne l'eſt-elle pas par les progreſſions? les proportions, dont émanent ces progreſſions, n'en peuvent-elles pas venir à l'eſprit? Les différens rapports que le tout produit, joint à ce tout différemment combiné, ne peuvent-ils pas faire naître dans l'idée une infinité de règles qui répondent à tous les différens objets, ſur le compte deſquels on ne peut s'inſtruire qu'à la faveur de l'Arithmétique? l'Algèbre eſt-elle autre choſe qu'une arithmétique? l'analyſe a-t-elle une autre ſource?

Tout ce qui me ſurprend, c'eſt que ſi Pythagore a tiré une partie de ſes connoiſſances des Égyptiens, & ſi la progreſſion triple s'y trouve compriſe, il faut qu'il y ait eu bien du myſtère, & chez les Maîtres, & chez le Diſciple: ſe pourroit-il autrement qu'aucun Égyptien n'eût été reconnu pour inventeur de cette progreſſion, ou du moins pour l'avoir publiée? Comment Pytha-gore a-t-il eu la force de cacher à ſes Élèves le principe de ſon ſyſtème? a-t-il pû croire le tenir du nombre 3 pluſtôt que de la quinte qui engendre ce nombre? ne l'a-t-il pas entendue cette quinte avant que de ſavoir le nombre qu'elle déterminoit pour l'indiquer? L'amour propre l'auroit-il ſéduit au point de s'être regardé comme l'Auteur des loix de la Nature? ſéduction qui n'a que trop prévalu, puiſque ces mêmes loix ſont encore exclu-ſivement attribuées à l'Arithmétique.

Quelque gloire que ſe ſoit acquiſe le Géomètre dans l'invention de l'*analyſe*, où ſes ſuccès ſont dignes d'admiration, vû les dif-ficultés qu'il lui a fallu ſurmonter, en y ſuivant une route dia-métralement oppoſée à celle qui devoit ſe préſenter naturellement à ſon eſprit, il s'en faut bien que cette Science ſoit encore à ſon comble. *L'analyſe*, dit-on dans l'Encyclopédie, au mot Analyſe, *démontrée par le P. Reynaud, &c. Quoiqu'il s'y ſoit gliſſé quelques erreurs, c'eſt cependant juſqu'à préſent l'Ouvrage le plus complet que nous ayons ſur l'analyſe.* Lorſque dans l'Encyclopédie, loin de remédier aux erreurs annoncées, on ne dit pas ſeulement en quoi elles conſiſtent, cela laiſſe bien du ſoupçon contre la choſe même: auſſi les Géomètres n'y ſont-ils pas toûjours d'ac-cord entr'eux. Ne s'y ſeroit-on pas trompé ſur quelques points? y a-t-on bien ſuivi par-tout les loix de la Nature, elle qui ne

peut fe tromper, ni par conféquent nous tromper? Nieroit-on
que le corps fonore fût l'ouvrage de la Nature, lorfqu'on trouve
dans ce phénomène une racine d'où naiffent, dans l'ordre le plus
régulier & de la manière la plus fimple, le tronc, les branches,
enfin tout jufqu'aux fruits; lorfque dans ce tronc même réfident
toutes les proportions qui compofent en même-temps l'harmonie,
le tout ne formant d'abord qu'un feul Son à l'oreille & ne pré-
fentant non plus qu'un feul corps à l'œil, comment peut-on s'é-
loigner des loix qui s'enfuivent? N'y trouvant que des proportions continues, on voit qu'aucune quatrième proportionnelle ne
peut être ajoûtée à ces proportions que géométriquement, encore en
altère-t-elle toûjours la perfection: on voit encore que l'harmonie
complète n'en peut être féparée; cependant, fans aller plus loin,
rien de tout cela n'eft exactement obfervé en Géométrie. Proportions à quatre termes plus recommandées que les continues;
du moins dans les Élémens de Géométrie. On ne dit point que
le quatrième terme en altère la perfection: qu'il y foit ajoûté
géométriquement ou non, cela eft indifférent; jamais l'harmonie
n'eft complète dans les proportions harmoniques données pour
exemples, quoique l'un ne puiffe exifter fans l'autre. Liberté toute
entière de remplir de diffonances la proportion arithmétique dans
les règles données pour la former. Je ne dis rien de plus, d'autant
que j'ignore fi cela eft de quelque conféquence en Géométrie;
je fais feulement que la perfection n'eft point à négliger, fur-tout
celle qui nous eft annoncée par le feul phénomène d'où nous
puiffions tirer de juftes conféquences. Je n'ai d'autres teintures
de Géométrie que celles que j'ai pû puifer dans mon Art (k),
c'eft pourquoi j'efpère qu'on voudra bien me pardonner la témé-
rité de ces dernières réflexions. Quand je confidère cependant
que trois de nos fens fe trouvent en concurrence dans la Mufique
feulement, l'un pour nous faire éprouver dans l'harmonie des
charmes affez puiffans pour exciter notre curiofité à pénétrer dans
fes myftères, les deux autres pour nous faire arriver à la connoiffance de ces myftères, non feulement en voyant & fentant au
tact en quoi confiftent les rapports des effets éprouvés, rapports

(k) Page 214.

fur lefquels s'élève tout l'édifice, mais encore pour nous indiquer les fignes qui doivent les répréfenter, & dont on puiffe faire ufage avec certitude & connoiffance de caufe, & par conféquent avec fuccès, relativement à tout autre objet, fur-tout à ceux auxquels nos befoins mêmes nous forcent d'avoir recours, je crois voir clairement que c'eft l'unique moyen ~~dont~~ la Nature ait pû fe fervir, conféquemment aux bornes de nos facultés, pour nous inftruire.

Combien ce *rel maxime* (1), ajoûté à la puiffance du nombre fur la Géométrie, n'ajoûte-t-il pas en même-temps à celle de la Mufique fur cette Science, en y fuppofant le change, qui me paroît indubitable! car enfin, quelle conféquence Pythagore auroit-il pû tirer de ce nombre feul plûtôt que d'un autre, s'il ne l'eût pas mis à quelques épreuves? & quelle en a pû être l'épreuve, fi ce n'eft d'en avoir imaginé la progreffion? mais en ce cas pourquoi plûtôt 3 que 2, qui fe préfente naturellement le premier, & fur lequel par conféquent il femble que nos idées doivent fe fixer d'abord? On ne voit pas d'ailleurs, qu'en fait de progreffion, la triple doive être préférée à la double fans quelques raifons; & quelle en a pû être la raifon, fi ce n'eft le fruit qu'on en peut tirer? Or, y.a-t-il dans la Nature quelques objets du reffort de tout autre fens que celui de l'ouïe, qui offrent plus de variété dans une progreffion que dans l'autre? réflexion inutile d'ailleurs, puifque Pythagore eft reconnu pour le premier qui ait découvert les rapports harmoniques, & qu'il eft plus que probable que c'eft dans la Mufique qu'il a puifé fon amplification de l'Arithmétique: auffi ne s'arrête-t-il nullement à la progreffion double, bien qu'elle ait dû fe préfenter la première à fon imagination, parce qu'elle ne produit aucune variété dans le fond mufical; au lieu que la comparaifon réciproque de chaque terme d'une progreffion triple lui a donné des rapports fuffifans pour lui laiffer croire qu'ils compofoient parfaitement entr'eux ce fyftème diatonique, qu'il a bien pû regarder comme la *Mufique univerfelle*, d'autant plus que (outre ce qu'on a déjà dû remarquer fur ce fujet) toutes les cordes ajoûtées aux Lyres jufqu'à lui n'avoient d'autres vertus

(1) *Voyez* la note de la page 228.

que de répéter le même Diapason des sept notes de la gamme en plus ou moins de cordes, c'est-à-dire, d'une quarte, d'une quinte, d'une octave, selon la portée de leurs Auteurs, & dont apparemment le sentiment d'aucun autre intervalle n'avoit encore saisi les oreilles. Que pourroient faire de plus en effet tous ces petits intervalles produits par les différens calculs d'Aristoxène & autres, sinon que d'amuser les Géomètres, en blessant les oreilles dans l'ordre des systèmes imaginés en conséquence? Ainsi, le tout bien considéré, on voit le Géomètre lui-même accorder à la Musique un empire sur toutes les Sciences, puisqu'on ne les tient que de la Géométrie, & qu'ayant adopté les rapports numériques pour guides dans toutes ses opérations, en convenant que les Sciences sont fondées sur les proportions, on ne trouve dans la Nature d'autre principe de ces proportions que le corps sonore, mais d'une manière qu'on ne peut trop admirer, & qui, comme je l'ai déjà dit, surpasse notre intelligence.

J'ignore ce qu'on objectera à toutes mes Réflexions, c'est pourquoi je prie le Lecteur de les peser si bien, qu'il puisse en juger par lui-même, & qu'en cas de quelques contradictions, il tâche y distinguer les raisonnemens d'avec la raison, la vraisemblance d'avec la vérité, l'opinion d'avec ce qui est démontré, la supposition d'avec le principe, les apparences d'avec le réel, & sur-tout les fleurs, dont on ne s'occupe que trop, d'avec les fruits qu'on néglige le plus souvent.

F I N.